廖仲恺集

何香凝题

中 华 书 局

图书在版编目(CIP)数据

廖仲恺集/广东省社会科学院历史研究所编. – 3
版. – 北京:中华书局,2011.9
(中国近代人物文集丛书)
ISBN 978 – 7 – 101 – 08090 – 2

Ⅰ. 廖… Ⅱ. 广… Ⅲ. 廖仲恺(1877～1925) – 文
集 Ⅳ. D693.09 – 53

中国版本图书馆 CIP 数据核字(2011)第 130729 号

中国近代人物文集丛书
廖 仲 恺 集
广东省社会科学院历史研究所 编

*

中 华 书 局 出 版 发 行
(北京市丰台区太平桥西里 38 号 100073)
http://www.zhbc.com.cn
E – mail:zhbc@ zhbc.com.cn

北京瑞古冠中印刷厂印刷

*

850×1168 毫米 1/32・9¾印张・4 插页・250 千字
1963 年 5 月第 1 版 1983 年 5 月第 2 版
2011 年 9 月第 3 版 2011 年 9 月北京第 3 次印刷
印数:20001 – 22000 册 定价:30.00 元
ISBN 978 – 7 – 101 – 08090 – 2

廖仲恺像

1908年廖仲恺何香凝
和子女合影于日本

1916年在日本与孙中
山等合影

1924年摄于韶关

1924年摄于韶关

囑訣內子

後事兒居獨任勞莫教辜負女中豪

我身雖去靈明在左膝依屠門抱穀刀

生無足羨死奚悲宇宙循環璪法機

四誤世

卅十五年廬起若好從解脫悟前非

廖仲恺手迹

增 订 说 明

由原中国科学院广州哲学社会科学研究所（现改为广东省社会科学院）编辑的《廖仲恺集》，出版近二十年了。由于历史科学研究和学术交流的开展，新的历史资料陆续发掘，未被编进《廖仲恺集》的廖仲恺的著述也有所发现；加以《廖仲恺集》初版存在的一些错误，亦须纠正。因此，有必要对《廖仲恺集》进行增补和修订。

这次重版，增补了六十多篇著述，其中大部分是廖仲恺在一九二三年以后所发表的演说、通电和布告。这些著述，在一定程度上反映了当时廖仲恺对财政统一、国民党改组、收回租界、商团事件以及工农运动等方面所持的积极态度和所采取的具体措施，更进一步表现了廖仲恺坚定的革命民主主义者的立场。

这次重版除改正初版时的文字和标点错误外，还订正了若干篇写作或发表时间的错误。所有初版或新增补的著述，都按写作或发表时间先后重新排列。

这次增订工作，由暨南大学历史系余炎光同志（原系中国科学院广州哲学社会科学研究所历史研究室研究人员、本书初版的编者之一）负责。特此向支持此项工作的暨南大学历史系致谢。

编 者

一九八二年六月

前　言

　　廖仲恺原名恩煦亦名夷白,仲恺是他的字,办《民报》的时候还用过"屠富"笔名,广东省惠阳县人。父亲是赴美国的华工,后来积聚所得,才成为商人。他于1877年旧历三月初十日出生于美国加利福尼亚州之旧金山。1893年回国以后,正是中国对日战争失败,戊戌变法失败,义和团反帝斗争失败,民族危机严重的时候。年青的廖仲恺在二十二岁时与何香凝结婚,在1902年东渡日本,1903年参加了孙中山领导的革命运动。1905年同盟会成立,他担任同盟会总部的会计长,并曾先后潜回天津、吉林,从事发展革命势力的活动。在这个时期中,廖仲恺曾被选为中国留学生会会长,经常和留学生中的保皇派进行斗争。廖仲恺是同盟会土地纲领的宣传者。这个纲领是以美国经济学者亨利·乔治的理论为依据的。在1905年10月出版的《民报》第一号上发表的亨利·乔治所著的《进步与贫乏》的一部分,就是廖仲恺翻译的,这也在一定程度上反映了他在这个时期的思想状况。

　　辛亥革命后,廖仲恺回广东,任广东军政府总参议,兼理财政,并积极地参加了孙中山领导的反袁斗争。1913年,二次革命失败,他随孙中山再度亡命日本。中华革命党组成,廖仲恺被选为党的财政部副部长,协同孙中山奔走于上海、广东等地,从事反袁、护法的斗争,在筹措革命经费的活动上,廖仲恺作出了很大的努力,为孙中山的得力助手之一。编入本书的《致饶潜川、黄德源、曾允明、口经国函》和《致郑螺生函》等是反映廖仲恺在这个时期的活动的书札。

1919年，"护法"失败，孙中山宣布改组中华革命党为中国国民党，廖仲恺和朱执信等创办《建设》杂志于上海，作为宣传革命理论的阵地。

在这期间，廖仲恺翻译了《全民政治》、《进步与贫乏》等书，并在《建设》、《星期评论》杂志上发表了《三大民权》、《中国人民和领土在新国家建设上之关系》、《革命继续的工夫》、《立法部之两院制、国民全体议决制及财政监督》等文，介绍了欧美的资产阶级民主和议会制度，同时也批判了欧美议会制度存在的缺陷，致力于传播孙中山的"民权主义"的学说。

1921年，孙中山回粤就任大总统，任廖仲恺为广东省财政厅长兼财政部次长。1922年6月，陈炯明叛变，廖仲恺被囚于石井兵工厂，至8月始获释放。他在被囚期间所写的《壬戌六月禁锢中闻变有感》、《一剪梅》、《金缕曲》等诗词中，反映了反军阀斗争的意志。

1922年9月，为了深入商讨联俄、联共问题，廖仲恺受孙中山委托，和苏俄代表越飞同赴日本会谈。由于与越飞的相处，他得到了不少关于苏俄的知识，从而竭力拥护孙中山实行联俄、联共、扶助农工的政策，以进行反帝反封建的斗争。这次会谈和后来同中国共产党人的接触，是廖仲恺思想转变的重要关键。

1923年，廖仲恺担任广东省长和国民党临时中央委员。1924年国民党改组后，被选为中央执行委员，并先后担任工人部长、农民部长、黄埔军校党代表、广东省长、财政部长、军需总监等要职。从1923年到1925年，在反对帝国主义、军阀官僚和国民党右派的斗争中，在支持工农运动特别是支持省港大罢工和巩固广东革命根据地的斗争中，廖仲恺起了重要的作用。在孙中山逝世以后，他更积极为贯彻联俄、联共、扶助农工三大政策而坚决斗争。他在这个时期的著述，鲜明地反映了他的资产阶级革命派的思想。

在《中国实业的现状及产业落后的原因》、《帝国主义侵略史谈》等演说中，特别是在《革命派与反革命派》这篇有代表性的论文中，表现了他对反帝反封建的民主革命的正确观点。

在《追悼列宁大会演说》、《农民运动所当注意之要点》、《农民解放的方法》等演说，以及在省港罢工委员会的历次报告中，在《支援江门油业工人通电》、《致王天任函》、《致胡汉民函》、《致郑润琦漾电》等函电中，都表现了廖仲恺对于贯彻执行孙中山的三大政策是坚决的。

此外，在《救国的三要件》、《革命党应有的精神》、《在黄埔军校之政治演讲》等演说中，他都强调了建立以三民主义为指导的军队的重要意义。稍后，他在《对教导团全体官兵演说》、《对黄埔军校第三期入伍生训话》中，号召军队应为实现孙中山的遗志而奋斗，对当时建立革命武装和准备北伐战争是有积极作用的。

当然，作为资产阶级民主革命派的政治活动家的廖仲恺，不能不有他的局限性。他对工农群众在中国革命中的作用的认识，是比较模糊的，对社会主义亦不够充分了解。但是，尽管这样，廖仲恺毕竟是一个坚决的革命民主主义者，他的革命活动和著述，对当时反对国民党右派的斗争起了积极作用。也正是因为这个缘故，帝国主义分子和国民党右派，才必欲将他置之死地而后快。1925年8月20日，他终于被国民党右派主使的暴徒所暗杀，为革命献出了生命。

廖仲恺的著述，散失很多。汇集成册的只有1926年春出版的《廖仲恺集》。该集虽已包括了他的大部分论著和演说，但是还极不完备，且有不少讹误。我们这次重新编辑他的文集时，从《星期评论》、《上海民国日报》以及当年出版的有关廖仲恺的演讲集等报刊中，补充了一些材料。

编入本集的著述，基本上按发表时间的先后排列，力求反映他在各个历史时期的主要思想。本集所收文字，凡能查明原文出处者,都根据原文作了校对;对文字上明显的错误之处,作了必要的改正。文章的标题,绝大部分是原有的,只有函电部分的标题是编者加的。文中的外国地名、人名,与现在通用的译名颇不一致,为保持原貌,未加改动,其中比较重要的作了简略注释。

本集在编辑过程中,得到中国科学院近代史研究所和中山大学历史系中国近现代史教研组的协助。中山大学历史系李坚同志并参加了本集的部分编辑工作。特此致谢。

编　者

一九六一年五月

目　录

1

在广东省议会讨论地税换契案时所作的说明①

（一九一二年六月十二日）

目前孙先生② 发起土地国有问题，亦宜先从租税着手。而欲整顿租税，又必以换契为前提。现拟凡于前清政府税有三联印契者，将旧契呈验换发新照。卖契定为值百抽二，典契收百分之一五。……其价值准由民间自由呈报，惟声明如将来政府或收用此土地时，即照所报数目给价，可以不虞有少报之弊。

原载1912年6月20日上海《民立报》，

据《民立报》刊印

致东海十六护沙处咨文③

（一九一二年十月二十三日）

案准

贵处以护沙地方辽阔，所隔乡市甚远，恳暂借银五千元，为护沙处及池、健各营伙食之用等由，呈奉都督行司照发，即经遵照办理，嗣准贵处咨称，所有派遣护沙之池字、健字两营，饷项系赴陆

---

① 本文从上海《民立报》关于广东省议会讨论地税换契案的报导中录出。廖仲恺以广东军政府财政司长身份出席这次会议，并作了案由说明。这是说明的记要。

② 孙先生即指孙中山。

③ 本文是廖仲恺任广东军政府财政司长时发出的咨文。

军司请领等由,当以该两营饷项,系由陆军司请领, 则在司署借过伙食银五千元,自应在于池、健各营请领九月薪饷项下扣还, 解司清款,分别咨请查照办理各在案。

兹准陆军司先将池、健等营预借伙食银五千元支出,咨司核收见复,仍请先行印发回照备案等由到司,准此除饬理财课于十月十五号将解还前项预借伙食银五千元照数收入, 并将解批先行印发回照暨咨复陆军司查照外,相应咨会贵处,希为查照施行。此咨
广东军政府办理东海十六护沙处

廖仲恺

中华民国元年十月二十三日

原件藏中国革命博物馆,据原件刊印

关于续筑黄沙海坦布告①

(一九一三年七月十日)

案据商人叶德谦呈请续筑黄沙海坦, 迭经函准内务司饬令土木课查勘估复,并准税务司查明于河道并无窒碍,复饬据何生德勘明,共税一百二十亩,划出留大马路及横直马路共用去水坦填地四十一亩外,实剩建盖地七十九亩,每亩拟估值价银一百元, 绘图呈复前来,当经函准,计分处核明照准,复司照办,复经何委员缴图照绘印发该商,饬据将建盖地七十九亩价银七千九百元缴司,并饬照章绘图贴税呈缴粤海关查照,暨委员卢季槐前在照点在案。现据呈复点交清楚,除给发照示管业及行县知照外,为此布告各商民人

---

① 本件为廖仲恺任广东省财政司长时发出的布告,原题为布告第二百八十八号,现标题是编者加的。

等,一体遵照。特此布告。

廖仲恺

中华民国二年七月十日

原件藏广东革命历史博物馆,据原件刊印

致 居 正 函①

(一九一六年三月十四日)

觉生兄大鉴:

获野事究如何,能成功否?念甚。昨晚接执信电称,广府军②已起,此为四军之一,本约先后发动,日间当有接踵而起者。惟此间报于粤事,无所记载,真迟滞也。山东事如何?此间所购机关铳五枚枝,如山东能急举,可拨兄处用也。专此敬请

大安

弟仲恺手启　三月十四日

原件复印件藏中国革命博物馆,

据原件复印件刊印

---

①　原件未标明年代,从内容分析,应为1916年,时居正任中华革命军东北军司令官,在山东领导反袁斗争。

②　指朱执信领导的广州附近的民军。

致饶潜川黄德源曾允明□经国函

（一九一七年七月十一日）

潜川、德源、允明、经国① 先生钧鉴：

　　顷阅公等六月一日致中山先生书，敬悉一切。前付来致英公② 赙仪柒百伍拾两，收妥后已于六月廿四日函复，陈府谢帖亦经廿九日寄上，统希查收。债券③ 等件，商务印书馆不便代寄，盖恐到埠时仍被检查也。前由神户商店寄泗水债券，曾夹入货内寄往亦被检，故贵处之债券仍俟人带为宜矣！

　　中山先生于鱼日④ 乘兵舰归粤，整军经武，以靖国难。吾党目的不仅反对复辟，且图建设真正之共和国家。想公等于创造共和之时，已竭力扶助。今共和国家已被奸人推倒，应共任维持之责。际兹吾党义军发展之秋，尤望速筹款项，以济军用，是所切祷。至黄君馥生⑤ 办理党务卓著劳绩，应否给奖之处，候陈中山先生核复。谨此代复。并颂

均安

廖仲恺代复　七月十一日

原件存中山大学，据原件刊印

---

　　① 黄德源是仰光华侨。根据1917年孙中山曾致函饶潜川、黄德源，1918年孙中山致函曾允明、黄德源、饶潜川、□金坛，几个人的名字常在一起，可知本函四人均为仰光华侨。惟经国一人，其姓待考。

　　② 陈其美字英士，1916年5月18日在上海被袁世凯派人刺死。1917年孙中山曾发出通告，醵资安葬陈其美。

　　③ 中华革命党为向华侨募款，曾发行"中华革命党债券"。债券分一千元、一百元、十元、五元、一元五种，正面印钱数与孙文签字，背面印债券章程。

　　④ 1917年6月12日，北京政府总统黎元洪下令解散国会。孙中山号召护法，西南各省响应。7月1日，张勋在北京拥溥仪复辟。7月6日（鱼日）孙中山由上海乘军舰赴广州，组织护法政府。7月12日段祺瑞击败张勋，取消复辟。7月17日孙中山到达广州。

　　⑤ 黄馥生是仰光华侨。

致郑螺生函①

（一九一七年七月二十七日）

继成先生台鉴：

展读阁下致中山先生书，敬悉伟论精详，莫不感佩。□□中山先生归粤②后，已电招议员到粤，照常集会，□期组织□案，统一机关。现议员已陆续南下赴粤，深望同志诸君，速筹□款，接济急需，以利进行而收一劳永逸之效。是所切祷。此复，并颂
台安

廖仲恺手启　七月廿七日
据《南洋霹雳华侨革命史迹》刊原函影印本刊印

致饶潜川黄德源函

（一九一七年八月二十三日）

潜川、德源两先生暨诸同志先生均鉴：

接七月十八日致中山先生来函，备悉一切。至筹款简章，亦已阅过，办法尚称妥善。现军兴需财孔亟，务望从速筹款，陆续汇沪，以应军用③。函称支部长不负责任，且有贪鄙行为。如果属实，自

---

① 郑螺生字继成，南洋霹雳华侨。原函影印本有许多字迹不清，只得以□号代之。

② 1917年7月17日孙中山由上海到达广州，组织军政府，进行护法。

③ 1917年7月12日，段祺瑞击溃张勋之后，北京政府以冯国璋为总统，段祺瑞为国务总理。孙中山于7月17日到达广州，19日电段祺瑞，要求北京政府惩办1916年洪宪祸首与本年复辟罪犯，恢复国会，恢复约法。段祺瑞顽固不悟，于是开始了护法战争。

当先行劝令辞职,另举廉能为妥。现西南各省极为巩固,大兵一出,不难扫穴犁庭。愿同志诸公竭力鼓吹筹款。至盼!专此奉复。

即请

公安

廖仲恺手启　八月廿二日

原件存中山大学,据原件刊印

致育航莫京函①

(一九一八年二月十二日)

育航、莫京两兄公鉴:

　　弟符八日自上海来东,十一日到东京,十二日与弟恺共访田中。据云该印件随时可运出,但须汕头受取人将"南通中央银行创立事务所"招牌挂起,则可以在海关正式输出,而在汕头之入口手续则须完全由尊处打理。弟等答以现在汕头入口必无问题,事务所街名现虽尚未能定,已开一地址付之如下:汕头盐运副使李海云转交南通中央银行创立事务所马育航收。船载之件,已约定今日有回复。现在(一)请即在汕头先将此项事务所办起,悬挂招牌并通知海云,以免两不照会;(二)海关处务须豫为关照,免入口有阻滞;(三)育航兄须速回汕,或专派一妥人管理此件,以免点交时有弊;(四)银行照形式上做足,恐万一须经调查始准出口,则汕头方面事务所总须象样也;(五)现在所有费用暂由孙先生支出,俟运到

---

　　① 本件为原拟稿,是从朱执信的遗物中捡出。原件未署发函人和年月。从内容判断,当为朱执信、廖仲恺二人联名于1918年2月发出的致马育航、黄强二人的信件。马育航是陈炯明的高级幕僚,时任惠潮梅军务督办处总参议(督办由陈炯明以援闽粤军总司令兼任);黄强,字莫京,时任援闽粤军总司令部副官长。

后统算;(六)以上之件均须急办,因船载有时非常便当,则数日可以载出亦不可知,深恐临时措手不及。以上各节,请打电与竞公,弟等不另致信。各种印件数目,请莫京兄在省一问刘纪文(士敏土厂),即知其详。银行应刻之小图章,已在此处查察,有精巧剞工,即行代刻。专此即请

大安

执　信、仲　恺① 二月十二日

原稿藏中国革命博物馆,据原稿刊印

致陈炯明电

(一九一八年三月十六日)

汕头陈总司令鉴②:

运署有炮两尊,茂之允给尊处,请飞电来索。又盐款存署,请电军府督署指拨军饷。函详。恺。谏。

原稿复印件藏中国革命博物馆,
据原稿复印件刊印

致朱执信电③

(一九一八年四月二十五日)

日本东京菊池转朱执信:

---

① 原件无后款,此处是编者所加。
② 时陈炯明任援闽粤军总司令,驻节汕头。
③ 原稿未标明年代,据内容分析,似为1918年。

函悉。先生意如债券不能印,请即归。阿登①昨来探兄归讯。归否请自定。南雄为匪占,已由滇军规复。恺。

原稿复印件藏中国革命博物馆,
据原稿复印件刊印

拟 通 电 稿②

(一九一九年五月以前)

民国肇建,百政未举,内乱频作,推其根源,乃由徒求政府之强有力,而以兵力窒塞各省民治发展之机,利用秘密外交以召全国人民之毒害,反之者始期以兵去兵,终至以暴易暴。今者国会军政府承全国人民之旨响,有永久和平之企画,若不思改弦更张,恐必类饮酖止渴。今日急务,在于废督裁兵,此已成为舆论,将见实行。顾兵不能徒裁,必有所恃以裁之之力,力不能求之于外,故裁兵之担责任者必仍为握兵之人,惟于地方困苦无所关怀者,不能有自戕以苏生民之心。故各省之人,自裁各省之兵者,裁兵之善法,前事所可师而行之,必自先将各省之兵调归各原省始,原中央派异省之兵以监临各省,本非所以推诚去猜,护国护法之师旅食他省,亦军兴权宜之计,久之将令人忘其功思其过,怙恶遂非固不可矣,始于恩终于怨又非计也。要之,裁兵之责中央全任之,裁兵之事各省自为之,未裁之先,各军须归之原省,既裁之后,将士宜教之改业,则永久和平有基矣。今日之军官固不乏恬退忠靖者,然如束之高阁,彼必复思鼓鼙,欲无生事之人,必有安人之业。南北将士,战争之

---

① 李福林,字登同。

② 本件为廖仲恺亲笔的原拟稿,从朱执信的遗物中检出。原件无上下款和日期,已否发出未详。从内容判断,原稿当为1919年所写。

外,所学尠闻,故必于已退军职之将校,授以不关军事之智识,补其向所未习,而开其新生活之途。其在士兵,类由农工应义,从军既久,田庐不完,而边省荒隅,正待开辟,官贷其旅费,吏保其不被侵欺,则买犊销兵,岂所不愿。或以为裁兵之费既巨,更加以施教兴业,力恐不胜,不知裁兵清饷之外,假定平均人给百元,当不过一年饷额,一劳永逸,何乐不为。近者美国凯旋兵士,人给三千金,以彼例此,知非多也。若但知兵宜裁,不问所裁者何往,则凡失业之士,所致力者不外变形以恢复其军职,而佳兵之结果随之,惜一时之费,而毁百年之功,智者所不宜出也。

裁兵之后,必注重于各省自治,八年以来,中央愈求统一,愈致分裂,此无他故也,误认助成统一之地方分权为敌,而反以破坏统一之武力专制为友而已。冗兵既去,民治初新,各省长官必由民选,内部行政之事当仰成于省会,中央但持大体,勿涉细微,则国政必不纷歧,民心亦自然固结,否则以集权为标志,先离地方之心,又欲强行政府所是,而以兵力继之,必且复循故辙,再开乱端矣。

又今日选举采复选制,弊害昭然,众所同认,以一省一国之政,寄诸数百议员,而不慎之于始,尚何民治之可言。救弊起废,必用普通直接选举,议会政治,庶几可以实现也。

又外交失败,原因在于秘密,但谓某人亲某国,谓某事为某国所迫成,责以取消,促责去职,本非彻底之图,而受责者呼冤辩妄,一面秘其所作,不以告人,尤为谬戾。夫国民之间,岂无亲疏厚薄,苟顺民心以为政,亲日亲美,何足讳言,若其外交不惬民意,则虽无所亲,犹为非也。外交秘密之说,本与专制政治相连,今日欧洲各国创巨痛深,始有排斥秘密外交之决定,我国外交秘之于国民,而不秘之于他国,尤祸乱之阶。欲使民国永固,国际地位不摇,必当以废止秘密外交,撤去八年来一切未经人民认可之国际束缚,为首义矣。

和会当议之件至多，而除国会应绝对主张恢复外，上述四事，尤为重要中之重要者。故陈所怀，以备选择，切冀当代不以个人利害关怀者，其为研检，无以莲扣，而玉尔言。

原稿藏中国革命博物馆，据原稿刊印

三 大 民 权

（一九一九年七月十三日）

（一）

中国现在的情形，真是再坏没有了。南方有政府，北方也有政府。北方政府里有无数无形的政府，南方政府里也有无数无形的政府。南方有南方的军阀，人民无可奈何；北方有北方的军阀，人民也无可奈何。南方的正当国会，要议一个民国宪法也就议不来；北方的伪造国会，要组一个他的内阁也就组不成。仗是两方都没得兵去打，和是两方都没得人去讲。北方的总统就天天说是要辞，南方的总裁就时时说要跑。这十几星期继续闹的还不是那些玩儿吗？全国的政局，简直象个死物僵尸，动也动不了，更说不到行政上去了。若说是南北不好，试把他再分一个东西，那便怎样呢？恐怕还是一样的坏吧。化学家说，拿同原素同分量的物料合在一齐，所化成的物质，是同一样的，若是不把物料的原素和分量移动变换，比方说拿水的成分，硬要他变油，这是绝对没有的事。说是有的，就是骗人的把戏了。

（二）

无论那一个社会、那一个国家，对于他组织的分子，总要有一个制裁,有一个拘束力。社会越没有了制裁,那社会就越散漫,那社会里的恶就越增长。国家失了他的拘束力,那国家的状态,就是无政府的状态了。所以我以为中国政治上毛病的原因,并不在南北东西关系,却是在国家权力失了他原本的位置。若是回复不了他的位置,那就无论拿这国家来怎么样分合,毛病还是跟着来,还是不可救的。却是要回复他的位置,我们先要考究这国权应该在什么地方,目下在什么地方,看个清楚,才有回复的办法。

(三)

国家政府能够活动,是要对人对物都有一种力量。这力量就是权,这权是由最高的主权发生出来。在立法方面活动的就是立法权,在行政方面活动的就是行政权,在司法方面活动的就是司法权。却是这最高的主权是在谁身上的呢?谁是主权的主体呢?若是君主的国家,有说主权是在君主,有说是在国会,也有说是在国家全体。但是民主国家的主权总是在人民。我们中国既然叫做中华民国,主权的主体,当然就是人民。现在在法律上、制度上人民的主权,中途被强盗抢了去,所以人民的主权很不完全。然而在事实上还是有的,不过大家都不晓得。仿佛神经衰弱的人,手里拿了平时不很注意的物事,不去用他,却就忘了,到象是没有这物事一样。人民忘记这权,不用这权,这权就象是那些拥兵的军人,和依傍军人的政客所专有的,飞扬跋扈到没人能管,没法去治,民国政府的拘束力,也就不能行到他们身上。这最高主权者的人民,反象是看把戏看呆了,到火烧戏园子的时候,再也想不起用他手里的东西去扑灭这破坏的火。偶然有人提醒他说,你手里拿的家伙,不用,要来干什么?人民才醒觉起来。从前有没有这物事,是不晓得;这回晓得也是很随便的试一试。却这一试真利害,北京根深蒂固的几个大官也就罢免了,政府对于欧洲和会的约也不敢签了。政治上叫做民权,就是这个骨子;外国叫做直接民政,就是这个化身。不过人家的是一个法律上、制度上具体的权,我们的是一个偶发的、不规则的民众的力罢了。要把这民众的力弄成一个具体的民权,这是我们最大的目的。

(四)

现在美洲、欧洲、澳洲有好些地方的人民,享有三个大大的民权。英美国人叫他做 Initiative, Referendum and Recall;我们译他第一个叫做"创制权",第二个"复决权",第三个"罢官权"。

人民前回罢免卖国贼这种要求,就是事实上施行他的罢官权了。不过他们外国行的,是要按照法律,用一种请求书,把这官吏该罢免的事由写在上面,由提议人先签了名,再送到别人家里求赞成的签名。所签的姓名,够了法定的数目,比方说是有选举权的人数百分之十或二十,那就可由全体投票决定这官该不该罢免。若是赞成的票多数,这官是一定罢的。比我们只要求,罢不罢的权不操在我们自己手里,就差得远了。

复决权的用途,简单说,就是人民不赞成政府一种法律或政策,也照上头所说差不多的法定手续,由人民投票决定这事该不该停止。我们中国到处决议反对北京政府在欧洲和约签字,也象是行他不规则的复决权。二十年前李鸿章做两广总督时候,他要公开赌博来筹款,叫做筹办海防经费。南海县里有一个大乡叫做九江乡,向来地方自治是很讲究的,全乡议决,不许有人在他乡里承饷开赌。那时的总督,也只好就将他这乡做例外,不把章程通行下去。这也象是行使不规则的复决权。

第一个创制权,是人民创建一种法律制度,或是强迫国会议定一种法律制度的权。中国国民若是有了这个民权,民国长了八年制不成一个宪法的毛病,也就没有了。

(五)

凡世界上的政治制度，都是跟着必要生长出来的。外国有这必要，外国就采这制度。中国有这必要，中国也应该采用这制度。国民若是有了这三种民权，还怕有拥兵的军人吗？还怕有卖国的阴谋的盗贼吗？还怕有政治不澄清那一天吗？国民有了这三种的民权，民国的主权才算是实在回复到原本国民的身上，中国政治上的毛病，虽不敢说是完全救治好，也就差不多要好了八九分了。诸君要详细研究这制度的内容和办法，请看八月一日出世的《建设》杂志，有两篇译文，是专讲这个问题的。这短篇也就不能透彻的说了。

原载于1919年7月13日《星期评论》
第六号，据《星期评论》刊印

女子解放从那里做起

（一九一九年七月二十七日）

国民的一半，是女子合成的。国家里社会里一半的任务，是女子担负的。女子的地位和他的境遇，影响到他的精神上、道德上、体魄上、心理上是很大的。由他的精神、道德、体魄、心理影响到他的任务。再由他的任务影响到男子，到社会全体、国家全体，象投一块石头下水，他所起的波澜，自然一个个地扩张到满池都是这个波澜为止。所以女子解放这个问题，就是国家、社会、男子解放的问题了。

对于这种大问题，应该有个彻底的大答案，著者可就不敢承认有这个大胆，并不是怕女子解放了就有害的缘故，却怕是解放不

13

到家,连自己也就是解放不到家的缘故。不是爱他的缘故,是利己的缘故。

现在说女子解放,是不是从国家、社会、男子这三个立脚点观察研究出来的解放方法,就算完满了呢?我就不敢相信说是的。要是这样的解放,只可算是比较的、半面的解放,却不算完满的、彻底的解放。要做这工夫,这改革,是要从人类上女子本身上著想,才算是真解放。却是这事只好要求人家帮忙,不能依赖人家完全代劳的。

无论要造那一个解放,总要靠自己自觉、自己要求、自己奋斗。从道德上、知识上、体育上准备过自己解放的手段,一面自己去解放,一面自己去准备,这解放才有点光明。要是靠着这未解放的国家,未解放的社会,未解放的男子,来说人类上女子本身上的解放,这就叫做楚囚对泣,不晓得什么时候才有解放那一天。到那时候,不说是我牵累了他,也就会说他牵累了我了。中国现在的情形,岂不是这样的吗。所以我主张女子自力的解放,就是这个道理。

原载于1919年7月27日《星期评论》
第八号,据《星期评论》刊印

中国人民和领土在新国家建设上之关系

(一九一九年八、九月)

构成近世国家最要紧的要素,就是人民、领土、主权三件物事,这是近来国家学者的通说。我们要研究中国这个国家,要怎么样才能够构成得稳当呢?换一句话说,就是要怎么样才能够建设得完全呢？要答这个问题，自然要把中国里这最要紧的三件物事本身之性质，彼此相互之关系，和他们在中国所显的现象，所发生之影响，仔仔细细的研究起来，才有完全的希望。那么样讲的建设，然后建设的真义，才有能够认得清楚。不过这工夫是很大的，要弄起来，却要弄成一本很多页数的书了。就是勉强办到，也不象是做杂志的材料。所以记者单拿中国人民和领土在新国家建设上之关系，做个题目，却注重在交通一层，发挥发挥。要说是不完全，也只好说个没得法子罢了。

中国人扯谎最普通的，第一就是中国四万万人这一句话。据前清宣统二年民政部的统计，是三万万四千二百六十三万九千，但是同一年的海关预计表，就说是四万万三千八百四十二万五千。这两个都是中国政府的机关，然而列出来的人口表，两个数目，相差整九千多万，这一差就要把美国怎么多的人数差去了。照这样看来，中国人口的确数，虽是没有一个人晓得，然而其多也就可观了。说到中国领土的面积，那更象是猜谜一样。中国政府向来也就没有测量过全国的地方，面积的计算说是四千万方里，或是四百万方咪哩，这不过跟着外国人说的。但是因为中国自家没有一个的确的标准，所以外国也有两样的说法：一个说的是四百二十七万八千三百五十二方咪哩；但是士丹佛的地理图志，算的是四百三十七万六千方咪哩。拿中国人自家所常说的，和士丹佛所算的来比较，差不多就要少了一省大的面积，那就比青岛问题丧失的多了。中国领土面积的确数，也是没有一个人晓得，然而其阔也就可知了。

拿象这样人民不明不白的多，领土不明不白的阔的旧材料，却要建设一个新民国起来，到底是一件可乐观的事呢？还是一件可悲观的事呢？现在暂不说记者的私见，先把一个顶顶有名的大学者，一个顶顶有名的大政治家，两种的议论，来答这个问题，比较看看，也是一件有趣的消遣。卢梭说的是："大概小国比大国强些的

15

例是很多的,大国地方越多,行政就越困难。……所有这些行政费,就是枯竭人民的脂膏。……政府要厉行法律,去防弊除害,或者要平很远地方的乱,力量就不很大,也不很快当。……有许多情形不同气候不同的省分,政治的形式也是不同的。却不能拿一样的法律行下去。……人材是要埋没的,希望是不能达的,恶人在群众里头是不能惩戒的。……行政长官,管不了怎些事,治国的就是下级的官。……所以国太大了,就会自家毁灭自家。"这就是卢梭大国不能治的理论。亚力山大·咸美尔顿(Alexander Hamilton)是美国开国的大政治家,他说的是:"地方越小,人民对于强暴政府,要组织一种有系统有规律的反抗,是越困难的。他的力量,是越容易打消的。他的运动和准备的消息,是比较晓得快些。反抗运动初起的时候,那专制者拿了军队在手上,马上就可以到的。……大地方的人民所有自然的力量,比较政府人为的力量总大些,所以反抗专制的事,大地方自然是合适些。"这就是咸美尔顿大国容易做成民国的理论。到底这两种议论,是谁的对呢?

记者以为咸美尔顿说的,和中华民国所以能够成功,能够保存,能够屡次不给中央政府的暴威压倒的原因,简直是一样。卢梭说的呢,也就和我们国里的政治情形,和它不能自然进化的景象,没有什么分别。那不是都对了的吗?我们却要记得卢梭是一百多年前的人,那时候的机械,还没有进步,人类抵抗天然的本领,是很有限的,到处都要碰着时间、空间的障碍。他又生在瑞士,四面都是大山。在政治上他主张的,又是直接民政。他的环境和主张是如此,那就以为最理想的、最易治的是小国。广土众民,是无益有损的了。这种见解,不止卢梭是如此,古代政治学家、哲学家之亚里士多德,也是以为国里人口最多只要到能够达生活的目的,而且眼睛可以望得尽的,这就最好。照这样看,现在人已经多了,地已经大了的中国,难道就要请外人来帮帮忙、宰割瓜分,剩下一块很有

16

限的地方,一团很有限的人民,才能够救药,才能够建设的吗?

诸君不要听卢梭、亚里士多德的话,马上就要悲观。他们的旧思想、旧眼光,拿来判断我们新国家建设的前途,是很不对路的。怎么说呢?第一、就是我们的时代,是念世纪的新时代。这时代里有许多的便宜,他们当时是得不到的。象那蒸汽、电气、水力应用、空气压榨的机器,也不晓得发明了多少,和他们听天打卦的时代是不同的。现在不要说是移山塞海,就是说飞天遁地,除是不想干,要干就行。所以天然的障碍,也就不是一件很可怕的东西。可怕的到还是人不肯干去,要是大家努力干去,却没有不能除的障碍。第二、就是我们的民国,是这新时代里的新国。这"新"字的意味,不但是国名的新,而且是疆土的新。不但是精神的新,并且是物质的新。诸君还记得欧洲人初到美洲的时候,那里可不是老早有了红人种的部落的吗?又不是老早有了秘鲁的古国的吗?为什么欧洲人偏要叫它做新世界呢?为什么现在的美国人,还是把这红人种遗留给他们的新世界,拿来自负呢?非洲那些地方,还不是很古的古董吗?为什么欧洲人侵略到那些地方,就要叫它做新天地呢?我们中国的历史,虽是很旧,它的地力,却一点没有开发,它的富源,却一点未有开通。中国的新青年,如果要在这里听天打卦,不去除了那些建设的障碍,来利用这个祖先遗留来的处女地,做成一个新国家,那就当真是最旧的旧古董了,比较非洲的、美洲的古国,还要旧了。要是努力去弄一个新建设,那时中国的新,不要说是欧洲的旧国家是比不上我们的,就是最新的美国,也不见得比得上我们的了。拿这样旧国家的底子,来变成一个新国家,把从前闷死了的无穷的物产,要它活泼泼的输出;从前压死了的民生商业,要它热腾腾的发达。那么样的国家,就是地方越大,人口越多,越有用处。

我们要拿怎么多的人民,怎么大的领土,来建设一个逼新的国家。要这两种组织的国家要素,能够发挥他最大的用处,第一要紧的，就是全国的交通机关非改良不可。这交通机关第一要紧的就是铁路。光是靠这几匹骡马和两条粗腿，在这大陆国里是使不得的。中国现在的铁路，总共有多少呢？实在只得六千四百六十七咪哩。中国十八省的面积算他是一百八十九万多丁方咪哩。拿这个数目来和铁路的咪数比较，每一百丁方咪哩里，才得一个0.3的数目，还不够一咪哩铁路呢。中国十八省的人口，算他是三万万二千七百万。拿他来和铁路的哩数比较，每一万人里，也只得一个小数点以下的数目(0.19)，也是不够一咪哩。要是把东三省、蒙古、西藏这几个地多人少的地方算在里头，那更微乎其微了。除了沿海沿江，轮船可以交通的，和现在有了一点铁路的地方以外，所有那些土地和居民，实在除了国家派去一班强盗的官和人民拿出几文租税的钱以外，国家和地方，甲省的居民和乙省的居民，到底有什么关系没有呢？恐怕就没有了。美国的人地学家蝉步女史（Semple）说的："居民支持他的人口，他要的土地面积越大，这土地和居民的关系，越不密切，他的社会组织的程式越低。"然而在别个地方他又说："一个国家能够利用他的天然的条件，它的土地，就成了和国家不能分的分子。土地改变居民，居民又去改良土地，这两个相互的作用，越弄越紧，弄到土地和居民，也是不可分的。"蝉步女史后一段的话，是很不错的。不过没有铁路，那天然的条件，却怎样去利用他呢？所以我们中国历史上，说到那些南征北讨、开疆辟地的皇帝，不怨他劳民伤财，就要骂他好大喜功，也就因为牺牲无数生命财产，征服了那些人民土地，都是和国计民生没有交涉的，所以人民也就不愿意。和现在外国得了殖民地，做他们原料的府库，货物的销场的，简直是天渊之隔。就是英国在美国没有独立的时候，当时加拿大的地方，是法国占领了的。刚碰着法国人和那些红种土人开仗，英国就乘机去抢加拿大。然而当时英国人就有很多反对，他们以为得了加拿大，也不过和得了美洲西方殖民地一样的没有用处。英国来的货物，也运不进去；内地出的原料，也搬不出来；不过多了些地方，让由英国来的人，去那里自生自灭完了。到美国民主的新国家成了以后，那情形就不同了。美国的领土，虽没有中国的大，然而也有四百万方咪哩。人民没有中国的多，也有差不多一万万。却是它的铁路交通就是世界上第一。所以它的总体的富，和个人的富，也就是世界上第一。记者要我们建设新国家的新青年，注意这一点，所以把美国窝尔加博士(Guy Morrison Walker)所著的《文明之衡度》(The Measure of Civilization)这书里的表，抄出来给诸君看看。

年　别	人　口　数	铁路哩数	国内贸易额	全国总富额
1850	23,191,876	9,021	$2,000,000,000	$7,135,780,000
1860	31,443,321	20,626	3,500,000,000	16,159,616,068
1870	38,558,371	52,922	6,250,000,000	30,068,518,507
1880	50,155,783	93,262	7,750,000,000	43,642,000,000
1890	62,622,250	166,703	12,000,000,000	65,037,091,197
1900	76,303,387	193,345	18,000,000,000	94,300,000,000
1910	91,900,000	240,000	30,000,000,000	130,000,000,000

诸君要晓得，美国的领土，是比我们十八省的土地面积，差不多要大两倍。它还有一个缺点，就是人口太少。美国吃这人少的亏，就比我们所怕的人多的亏还大些。怎么说呢？因为在交通不便的时代，人口越少，它的地方却越觉得太大。到了交通利便的时代，到处的地方都可以开辟，到处的矿山都可以开发，却是人口就不够用了，所以就要不顾人道，去买黑奴替他们做苦工了。更希奇的就是有一省地方，因为人口太少，就创一个摩尔门(Mormon)教，叫个男的，可以娶几十个女的，替他们赶快生儿子，来繁殖他的人

口。四十年前的时候,不要说没有禁华工的例,实在当时每年去的几万华工,就是他们来求的。美国大半的铁路,就是我们华工替他筑的。照前头那表看来,美国铁路的咪数越增加,自然生殖的、和外国移来的人口也就越增加,全国的贸易和财产额也就越增加。靠着铁路一个政策,就建设成那么样一个新世界。拿它的物力、财力,结束了这回世界的大战争,几几乎就要号令天下。那难怪窝尔加博士,要拿铁路的轨条,来做个测量文明的尺了。现在各强国里铁路和人口的比较,也不妨列出来给大家参考参考。

国　　　别	人　口　数	铁路咪数	每一万人里占有铁路咪哩数
英　　　国	45,216,000	23,280	5.14
法　　　国	38,961,000	24,915	6.38
德　　　国	64,900,000	36,235	5.58
澳　　　国	32,475,000	10,000	3.08
俄　　　国	160,000,000	35,347	2.21
日　　　本	53,362,682	7,073	1.32
美　　　国	91,900,000	240,000	26.11

这是一千九百零十年的统计

　　照这表看来,这七个国里,除了俄国,就算美国人最多、地最大,却是一万人里,就有二十六咪哩零十一的铁路,给人民用。俄国人民和领土,都比美国多些大些,然而一万人里,只有二咪哩零廿一铁路。我们中国领土的大,比俄国差不离很近,人口却是多了一倍有多,拿现在全国所有六千多咪哩的铁路算,一万人里,却就很难看得象有铁路的影子,不要说是用铁路了。经济上生产的三个要素里,最要紧的两个(人民、土地),中国占得顶多。却是生产上、物质上比俄国还差得远,跟不到美国是不消说的,也就是没有交通设备的缘故。进步、发达,这两句话,照他字面上看,应该就晓得,未有铁路,是不行的咯。社会上所有一切现象,一言以蔽之,不过是时间上、空间上的运动。而时间上、空间上的障碍,只有铁路交通能减除他。比方美国一万人有二十六咪哩多的铁路,美国火车,通常一点钟走六十咪哩,那就是这一万人一点钟里走的路和办的事,我们中国一万人,就要两天多工夫,才能够干得完。还有因此就不能办的,也不晓得多少。这人民和土地的要素,岂不是眼睁睁的就糟蹋完吗。

照前段所说,美国建设后,一天天发达的情形看来,那广土众民两件物事的本身,在国家建设上,当然是个利不是个害,是很明白的了。但世上常有些志行薄弱的人,自己不想个正当方法奋斗去,却敛着手等候那黄金时代来碰他。或是受了现在国家社会种种恶制度的恩惠,发了无数不义之财,对于国家社会里悲惨的状况,不认为自家的责任,却想归咎于天然不可抗力。所以开口就说什么"人满之患",闭口就说什么"中国不得了,为的是这人满的缘故。"这种话柄,我耳朵里也不晓得装了多少。却是这话不完全是他们凭空造来的,也有个来历,我且把这来历说给大家听听。

十八世纪末了的时候,英国教士里有位学者,叫马罗达司①。因为当时有位理想家叫哥特温②很受了些法国革命思潮和卢梭学说的影响,著了本《政治正义》和一篇《研究者》的论文,对于当时政治制度和社会组织,猛烈地攻击。他以为民间所有的苦处,都是从那里来的。要是拿人的理想,把国家社会改造过,那时候人类的幸福就圆满了。马罗达司和他父亲讨论这社会理想,起了兴会,就著成一本《人口论》(千七百九十八年出版),驳哥特温的学说。开端就

---

① 马罗达司,今译马尔萨斯(Malthus,Thomas Robert 1766—1834)。是英国牧师,反动的经济学家,资产阶级化的地主贵族的思想家、资本主义制度的辩护人,宣传仇视人类的人口论。

② 哥特温,今译威·葛德文(W.Godwin)。

引芙兰奇林①的话说：动植物的生殖性，是无穷无限的，除非是他生长到彼此不能相容，连生活的资料都没有了才止。要是地球没有别样的树木，比方说只有茴香一种，照他这样长法，慢慢地就会布满全球。要是世界没有别样的居民，比方说只有英国人，不到几代，也会填满世界。他的见地，以为地球面积，无论怎么样的宽，总是有个定限。动植物的生殖，要是任它自由，总要长到地上容不了、食料养不起的限度。马罗达斯根据这个前提，就推论到人口的增加，也不能逃这个例。旁引了美国北部的情形，和几家的纪录，作个证据，就推定人类要是没有什么障碍，他增加的速率，每二十五年要进一倍，这就叫等比级数的比例法。但是人口所占的土地越多，土地的生产，却就不能常跟人口一样的多。上等肥美的土地不够用，也就不能不用次等的，地的生产力，就渐渐的减少了。比方第一个二十五年，食料能一倍，和人口一样，到第二个二十五年，却就不能照这样的进法，只能照等差级数的比例法为止。比方人口的进法是1，2，4，8，16，32，64，128，256，食料的进法，不过是1，2，3，4，5，6，7，8，9。拿这两个数目比较，就越差越远。因此就结论到人口增加的快，土地生产是万赶不上的，能阻碍他的增加，就是灾害和罪恶两件东西。马罗达斯这议论，本要驳倒哥特温社会改良的理想，以为社会人人得个安乐，那时人口增加，没得阻碍，土地所长的东西不够，岂不是有人相食那一天吗。这书第一版出后，受了许多攻击驳论。马罗达司也觉得自家所说的不很完全，所以在第二版大加修正，把各国阻碍人口增加的实例，和历史上的证据，罗列出来，再加上一个道德上预防的制限，象婚姻的自制是的。这就是人口论的大概，这就是"人满之患"这话的祖宗了。

这人口论出了之后，受它影响的，固然是很多，象有名的经济

① 芙兰奇林，今译佛兰克林(Franklin，Benjamin 1706—1790)。美国政治学家，美国独立战争中杰出的领袖。

学家理嘉图,他的报酬递减的法则,和有名的生物学、进化学家达尔文,他的生存竞争的学说,都是的。却是反驳他的也很不少,最利害的恐怕是美国的亨利·佐治①了。亨利·佐治著了一本《进步与贫穷》(千八百八十年出版),主张单税法,废除土地私有制。他以为世界进步,就不该有贫穷。何以见得呢?因为人类有了一块地,用现有的知识,很可以生产些物事,能生产就不会有贫穷了。有贫穷的原因,就在社会里私有土地的制度,准那些有钱的人,垄断了无数的地皮,来食这不劳而得的利。还有些竟直丢荒了,来造他的打猎场、喂马地的。倒是要耕种的人,常常弄到无可立锥,连面包糠也没得食。这样社会的毛病,就不能一口子归咎到人口增加、土地不够上头去。他对于马罗达司所讲人口增加的法儿驳得很有趣。他以为照马罗达司的话,人口增加,要是让他自由生去,拿一个人算,二十五年长出两个,五十年四个,七十五年八个,一百年十六个,百二十五年三十二个,百五十年六十四个,照这样推算下去,那数目就很可怕了。他拿孔子的后代,来作个试验。孔子是中国的圣人,历代的皇帝都是很崇拜他,有爵位封给他的子孙的,总算是十分保护,十分自由的了。孔子死后二千一百五十年的时候,他的子孙,要是马罗达斯所说是真的呢,就该有859,559,193,106,709,670,198,710,528人。却是康熙年间,孔子死后二千一百五十年那一年,他的子孙,男丁只得一万一千人,就算有同数的女子,也不过是二万二千人。孔子是主张民庶的,二千多年,长出二万多人,已经是了不得的多了。别的人恐怕就未有这样的多,然而和马罗达

---

① 亨利·佐治,今译亨利·乔治(George,Henry 1839—1897)美国经济学家,著有《进步与贫困》一书。主张用"单一税"作为消除社会上一切弊害的办法。马克思批评这本书说:"亨利·乔治在理论上是个非常落后的人!他一点也不懂剩余价值的本质,即纠缠在那些已被视为剩余价值的独立存在部分,即利润、地租、利息等等的关系的空论里。……他的基本信条是:只要把地租付给国家,就一切顺利了。这原来是资产阶级经济学家的想法。"(1881年马克思给左尔格的信)

斯的数目，竟直差个天和地。亨利·佐治说：他这个算法，象对没有狗的孤岛的人，说狗尾是等比级数的长法，狗身的重量是等差级数的进法，狗身的重量，到五十磅的时候，狗尾也就长到三里多长，岂不是笑话吗。亨利·佐治却也承认马罗达斯这个算法，不过是个说明人口增加的法儿，不该十分注重的。所以他在别个方面，用个以子之矛，攻子之盾的办法，对于马罗达斯所引各处的凭据，从实例上驳他一顿。要是详细将这议论翻译出来，却很费事，而且无谓，只可把他所讲关于中国的大概说说。亨利·佐治以为印度、中国、爱尔兰三个地方，就是大家拿来造人口太多的铁证的。每一个地方，饿死的人和受了种种灾害、或是被逼跑到外洋的人，是很多的，却是他们为的是不是人口太多的原因呢？试拿印度、中国面积的总额，和人口的总数，比较一看，就晓得他两国决不是世界上人口最多的国。照边模和瓦古那的计算（这是据千八百七十三年的报告书的），印度一平方咪哩，只有一百三十二人，中国一平方咪哩，只有一百十九人，却是撒洼一平方咪哩，就有四百四十二人，比国四百四十一，英国四百二十二，荷国二百九十一，意国二百三十四，日本二百三十三。印度和中国，有好些地方，现在还用不到的，也有用得不很完全的，他们大多数的人民，应该就要很安饱的才对的啦。因为印度人决不是天生就是蠢东西，他们和我们是同种的。中国是有高等文明的地方，我们的祖先还在野蛮的时代，他们中国人，已经发明许多很要紧的物事。却是他们两国的人，何以苦到这个田地呢。可见这决不是人多土地养他们不起的缘故，完全是他们社会的组织，坏了他们的生产力，和抢了他们产业上即酬劳的缘故。亨利·佐治把印度人所受的英国统治和英国官的压制，弄到印度民不聊生的情形，说了一遍之后，就论到中国。他说中国的情形，也是和印度一样。中国虽有好些部分，是人很多的，却是下等人贫苦的原因，也和印度没有分别，不是受人多的害，却是受政治的害。人民的产业,到处都不得安稳,生产的吃亏很大,交易的障碍很多。政府是要来勒榨人民的,要保护身家,非捐个官不可。陆上的运输,靠的是两个肩膊;水上的运输,靠的是用人力或风力的民船。强盗是整队来的,饥荒是到处有的。人最少的地方,也是那么样。中国地方大、物产多,是人人晓得的,那能说地不够养人呢?亨利·佐治驳马罗达斯的议论,大概就是这样。

据我看来,人口增加,在文明进步的国家里,断不会为这缘故,弄到土地所出的东西不够养人的。怎么说呢?一方面因为科学发达,人类用这土地的本领,就大了许多。比方农学进步,就会改良种子,改良肥料,改良灌溉、栽培的方法,都可以战胜天然的。很多从前不能用的所谓不毛之地,也可以用来种东西。交通利便了之后,埋没在地下的矿物,都可抓出来给人类享用。无论怎么远的地方,都可以拿他有余的,来换他所要的物事。所以一个地方有饥荒,人不至于会饿死。一方面人口增加,是有个很自然的限度的。一般国民生活容易了,贫民阶级没有了,人民的平均寿数,自然是高些,养的儿女,自然是多些。却是一般男女知识的程度高了,男的怕家累,就会不娶亲,就是要娶亲,也比较晚些。女的能独立,就会怕嫁人,就是嫁了人,也不想多生育,害她的身体,妨她的娱乐。还有一样,多妻的毛病,自然消灭了,道德上预防的制限,就很有效力。用脑筋研究学问的人,生殖力比较是薄弱的,各国差不多有同一样的现象。医学发达,预防和治病的方法多了,人类抵抗疾病的力量也差了。照这几个相对抗的自然趋势看来,人口增加,断不会到可怕的程度,用不着那些灾害、罪恶、战争种种为人道之敌的东西来制限他。也不怕国家发达,文明进步了之后,人口会弄到领土装不下的。所以"人满之患"终归是一句傻话罢了。人满的患,在中国是不成问题的。成问题的,倒是"民穷财尽"这四个字。这四个字的根源,固然是在政治上,现在无论谁也看得很明白。无论那一方面

省 别	丁方咪哩	人 口	每一丁方咪哩人口	摘 要
安 徽	54,826	17,300,000	315	这表是照《字林西报》主笔伯尔和《北京天津时报》主笔胡特歇合编的《中国年书》(1818年)的表大概抄来的
浙 江	36,680	17,000,000	463	
直 隶	115,830	32,571,000	281	
福 建	46,332	13,100,000	282	
河 南	67,954	25,600,000	376	
湖 南	83,398	23,600,000	282	
湖 北	71,428	24,900,000	348	
江 苏	38,610	17,300,000	448	
甘 肃	125,483	5,000,000	40	
江 西	69,498	14,500,000	208	
广 东	100,000	27,700,000	277	二十二省人口总数 333,679,000 二十二省丁方咪哩 2,447,074 每丁方咪哩人口数 136.13
广 西	77,220	6,500,000	84	
贵 州	67,182	11,300,000	168	
山 西	81,853	10,000,000	122	
山 东	55,984	29,600,000	528	
陕 西	75,290	8,800,000	116	民政部所举数目为16,400,000,但是所调查的只该省七分五的地方。而海关所计的是七千八百多万,四川省除川边不算,人口倒是很密的,这表数目不大可靠,就此一端已可见了。
四 川	218,533	23,000,000	105	
云 南	145,714	8,500,000	58	
黑龙江 吉 林 奉 天	363,700	14,917,000	41	
新 疆	550,579	2,491,000	4	
蒙 古	1,367,953	1,700,000	1	
西 藏	463,320	6,500,000	14	
总 计	4,278,347	341,879,000	80	

当局的，也逃不了这个罪恶。也有在财产制度上的，现在研究近代社会问题的人，留心东欧政变经过的人，也很有点觉悟。这毛病，要是不想个法儿，将来是定规有的，不过现时还不很显。却是中国这一个民穷财尽的原因，——妨害国家社会经济发达的原因——是混在其他许多原因里面的。这就是人民没有移动的自由；生产没有调剂的方便；思想没有传播的效力。我们要从建设上弄个实在的国利民福，自然要把这三个大毛病除了才行的。我们中国人民在领土上分布的现象，是怎么样的呢？请看左列的表便明白了。

照这表看来，凡是沿海的省，或是大江、大河贯通的地方，象直隶、山东、江苏、浙江、福建、广东、安徽、江西、湖南、湖北、河南这些省分，因他天然的位置，和先代造下了的功德（比方运河之类），人口就比较的多，经济也比较的发达；其余深入的省分，却就差得远了。江苏、浙江、广东、福建那些地方，一般人民的知识程度，比较别省觉得开通些，也是这道理。却是这话也不过在中国里拿着一省和那一省比较说的，要是拿近世国家的眼光看来，都是有前头所说三个大毛病。现在为眉目清楚起见，分别来研究研究：

一、人民没有移动的自由。这移动的自由，不是法律上有没有的问题，乃是事实上能不能的问题。无论什么东西，法律上是空的，事实上才是真的。政府文告上说移民的，岂不是很多的吗。实在人民移动了多少呢？不要说由东一省跑到西一省，由南一省跑到北一省，花费时候、银子不知多少。就是象四川省里，由重庆上成都，广西省里，由梧州上桂林，竟直就要十天工夫。四川的行商，结个商队，打路①到广东，一往返、一停顿，就要一年。普通的贫民，除是沿途做叫化子之外，岂不是在路上就要饿死吗。那能够移得动呢。东三省有了南满铁

---

① 打路，广东俗语，意即走路或步行。

路、京奉铁路以后，山东、直隶的人民，有种田的时候，就望着东三省跑，收割完了，就回家的。也有很多搬家到那儿的。所以东三省就一天天的发达，比二十年前差得远了。而直隶、山东两省，也受益不少。广东、福建人，因为是近海，就望着外洋去，弄到英、美禁工，也还是想法子要去。为什么呢？第一、就是外洋到处有生活的好机会。第二、就是比向中国内地跑，容易得多，舒服得多。南洋群岛，外国人不到千分之一，开发那些地方的，完全就是广东、福建人，所以从前的荒烟蔓草，现在都变成银世界、钱树子了。由广东、福建去的苦力，也有许多变成大的小的资本家了。这些外洋华侨，有几百万人，食的、穿的、用的，大半都是中国输出去的东西，此外还有汇回家里的钱。从前总税务司赫德说：中国每年输入比较输出，多整一万万几千万两，全靠外洋华侨汇回中国的钱来弥补这缺。这就可见移民的关系了。中国深入的省分，交通不便的地方，矿产、森林、畜牧种种事业，都是等人去开发的，比外国好的机会多得很，可怜人民是去不得的。所以这些地方，在外国就是人民的宝库，却是在中国就变了国家的赘疣了。

二、生产没有调剂的方便。经济上生产这事体，在人的要素说，是要分工，在地的要素说，也是要分业，才能够发达，这是一定的道理。各处地方，应该要依它天然最有利的条件，来生产东西，那东西的品质数量，自然是向上的。就是要联合商量个改良，也便当些。养蚕、种桑最好的地方，不必定要兼种稻才得食。种甘蔗、橡胶最好的地方，不能兼养绵羊、骆驼，来造毛织的衣料穿。出铁炼钢的地方，不一定要有烟煤。产铜炼铜的地方，不必能种植。有无能够相通就罢了。却是中国里各省，省里各地方，四面有几个大山，就把他分成无数自足经济的小团体。食的、穿的、用的，通是要在这一块地长出来，不然就会饥寒。别处来的东西,贵得厉害,一般人民,就买不起。自家有余的东西,非便宜卖了,只有让他自家坏。比方海产物在上海值一元一斤的,到重庆就要加上四五倍的价。在四川本地出的鸡子,在广东一角钱只买三四个的,在那儿就可以买十来个。还有一层最要紧的,就是矿产那些笨重的东西,比方煤、铁这两种,都是机械工业的命脉,却是在离海岸、江边远的地方所出的,要是以现在的交通运了出来,他的价钱,就是禁止人家不用他的罢了。又比方近代机械生产的特色,就是多用原料、多造、多卖这三个宗旨。所以外国有资本的帝国主义,我们中国工商业政策,就是不学他这主义,要抵抗这主义的侵掠,却不能听托尔斯泰消极的话,说:"中国还是保存古代的生产方法,人民还比较安乐些,不要去模仿外国,中欧洲工业革命的毒。"何以不能呢?因为中国要是能关了门,能禁绝了人民的欲望,便罢了。要是不能呢,就不能不依近代生产的组织,在最有利条件之下,自家造东西,供给自家的用,工业革命的毒,是另有法儿防他的。却是中国无数自足经济的小团体里,这地方和那地方的交通,比隔一个国还费事,吸收各处的原料,差不多是很为难的。还有煤的问题,工人的问题,要顾虑的。就让一步说,原料、煤炭、工人一个地方里都有了,却是出产多了,就会象四川的鸡子,只有让他自家坏。要运出去,却是价钱高了,也是卖不去的,也不能和外国商品竞争的,结局还不是一样的亏本吗。从前听说,有人买了几副外国织机到云南,不到几年,连机器的铁质也锈坏了,恐怕也是这个缘故。亏本的勾当,未有人干。只有干那自足经济范围里的买卖,还可赚些微利。所以大部分的产业,是个停滞的,生活是个濒死的了。

　　三、思想没有传播的效力。国家、社会这两件物事,要他进步,总要他的分子思想进步才行。要建设个新国家,也得要把新思想灌输进一般的国民脑筋里,使他们对于这建设的事业,有个领会。民主的国家里,这点地方,是应该要特别注意到的。却是中国内地的居民,不止不能利用天然,却到处给天然困着。这不止物质上是如此,连思想上也是如此的。这凭据就在人民迷信里,可以发见。比方他们望见茫茫的大海,就当真信海里有海龙王;望见重重的大山,就说山里有什么神仙妖怪;连一块石头,也要雕上泰山石敢当五个字,见了就打拱作揖。风、雨、雷、电、水、火,凡是他们没得法儿对付的,都要拜拜。窝尔嘉博士说:"野蛮人最先有的知识,就是怕黑。因为天黑了,那些猛兽来害他们,他们的眼睛,是敌不过的,所以就要害怕。太阳、月亮,是给他们光的,保他们安存的,这就是古代崇拜太阳、月亮的原因。"到今还有许多人怕黑的,夜里还有拿这黑暗,来恐吓小孩,要他快睡着的。恐怕还是古代祖先遗传下来的东西了。还有个凭据,就是只有爱乡的心,没有国家思想。这是不能怪他们的。因为隔了几重的山,几重的水以外,到底是个什么地方,甚么景象,他们是不晓得的。就是由书本上得多少国家的概念,也是象个隔靴搔痒,不能十分确当。甲地方出了大大的变故,于乙地方没有什么影响,常有两三个月才能晓的。象这种情形,新思想怎么能传播得来呢。

这三个大毛病,就是中国民穷财尽最普遍的原因,也就是新国家建设上最大的阻碍,这都是从交通不便产生出来的。古代国家和最近世国家,政治上、经济上种种不同的地方,完全是受这交通不便的影响。蝉步女士在她所著《地理环境的势力》Influence of Geographic Environment(一九一一年)有这一段话说:"一国人民,为求他的进步,不止要扩张、增加他们和土地地方的关系,进步最理想的基础,是要扩张一国人民和世界之关系,使他们活动舞台和影响范围,扩张到世界。"蝉步女士有这样的大抱负,我们中国男儿听这话,不羞死也得要闷死了。所以要救中国,要建设中国,非从交通上着手不可。在一般政治问题,无论横的主张、竖的主张,都可以模模糊糊混得过去。但是这交通改良,无论什么政治家,无论那种政论家,要是对于国家人民,还有点诚心,替他们打算打算,是断不能抹煞的。这篇幅已经长得讨人厌,要将交通改良后那土地问题,再说下去,恐怕就要象天方夜谭,越说越长了,只可下次看个机会,再来研究罢。

原载于1919年8、9月《建设》第一卷
第一、二号,据《建设》刊印

全民政治论译本序①

(一九一九年八月)

《全民政治论》(Government by All the People),威尔确斯著(Delos F. Wilcox, Ph. D.)

此书别名为《创制权、复决权、罢官权于民政之作用》(The Initiative, the Referendum and the Recall as Instrument of Democracy)。此种制度之详细内容,阅者可于书中得之。兹为便利起见,述其大略,俾平日于欧美政治无暇考求之阅者,对于此三术语,先有一种概念,此亦译者一义务也。

创制权者,人民于一种限制之下,有提出请求书,要求公众投票,决定一种政事之兴废,或强迫国会通告法案之权也。复决权者,人民有受政府机关采访其意,而以投票决定立法机关所通过某种

---

① 原文刊在《全民政治论》译文之首,无标题。标题为编者所加。

法案之权也。罢官权者,人民于一种制限之下,有提出请求书,要求公众投票,决定所选举官吏应否罢免之权也。综此三者言之,或亦曰直接民权。此制度始于瑞士, 其国古无帝皇威力以行统一之治;且领土不多,分区狭小,不需中央立法机关,以行拟制的 fiction 代议政治,此其故一。十八世纪末期以往,卢梭自然法学说,风靡一时,所著《民约论》中,力排代议政治,以为英国人民虽以自由见夸,然而夷考其实,殊乏根据。纵有自由,亦仅为选举之当时;投票以后,更无所享。真有自由者,惟能直接立法之人民耳。此种人民主权之观念,所中于瑞士人心者,较他民族尤为深切,此其故二。有此二故,加以欧美一般所行代议制度政党政治之害,日以显著,世代愈进,流弊愈深。负社会改革之责者,靡不辇蹙,以图补救。而瑞士以此制之行,受毒殊鲜,乃因其自然之发达,益以人为之改良,更兼以交通教育之所利便,而此种制度,遂为世界所称颂,以为政治上之防腐剂矣。美国、澳洲、新西兰等处,实施此制,虽未甚久,适用范围之广狭,各处虽不一律,然而流风所播,势等燎原。观近世政治之趋向,有视此为磁石之指针者,非偶然也。

记者选译此本,有无限之意思及希望存焉。盖以我国国体则民主,政体则代议,两者之制,皆步武欧美,非所固有。则必将如何取法,而后国体、政体无所矛盾,代议制度能否跛行无弊,而与之相因而至之政党政治应否预为消毒,此之问题,关于民国建设之根本者至巨。欲图解决,不得不就此政体所由来之处,考其发生之蹊径何若,发达之程序何若,利弊之影响何若,借为后事之师。然后此书于吾国之价值,乃可得而衡量也。夫代议政治,原于英国,史家以为起自愚王约翰之世,人民要求大宪章,以束缚王权,于是有代议制度。然而去古稍远,史事朦胧,其发生之年月情形,学者间尚无定见。其间有可详者,则为义华一世之二十三年,召集所谓大模范国会(Great and Model Parliament),其后立法议会与前无大别。义华二世之十五年，以国会条例，准予立法府之组织，于此条例之下，立法权仍属于国王，不过需经贵族、僧侣之协赞耳。自是而后，国会遂与今制相若，然其代表议员，非贵族则僧侣，平民无预也。一千六百八十八年以前，英国王权，专制一切，议会职权，除租税案议决外，所余无几。是年革命结果，英国宪法之发达，于以促进一步，而权力之中心，乃由国王移于众议院矣。此之变迁虽曰重大，然而享其权者，仍属当时之地方豪族(country families)。由千八百二十八年至三十三年，五年之间，迭经破天荒之改革：一以代表及服官权利，许予非国教徒(一千八百二十八年)；一以免除加特力教①徒公权上一切之制限 (千八百二十九年)；一以选举权许予有一种财产资格之各区住民。豪族之势由是寖衰，而平民之声渐以得达。自时厥后，更经千八百三十五年之改革，以区之自治权，许予该地方内纳税之居民，豪族专占地方政治之弊，其迹遂绝。千八百四十六年之改革，废除谷米条例，取消保护贸易制度，大地主优越之权，不得不分惠于中流阶级。及夫千八百六十七年至八十五年之间，选举权财产上之资格，随每次改革而递轻；选举区之数目，亦随每次改正而增进。选民所布，偏于乡僻。英国民政之雏形，于是始具。而代议政治之名实，于形式上乃稍符矣。

综观此百数十年间，英国政权上之变迁，由贵族以及于平民，由最少数以及于较多数，其原因所在，约略可举：

其一、则由于学说上之影响也。亚丹斯密氏兴，从来之经济学说，为之一易，个人之自由活动，等如神圣之不可侵犯。皮理斯利(Priestly)所著《政治第一原则》(Essay on the First Principles of Government)，力言人生于社会，乃为互助，故国中大多数人之幸福，即为衡度该国一切事物至大之标准。其尤进者，斯为边

---

① 加特力教，今译天主教。英国以基督教为国教，对天主教徒有很多限制。1829年取消对天主教徒权利的限制，天主教徒才获得被选为议会议员和担负政府职务的权利。

沁最大多数人民之最大多数幸福说，及其善恶之别判于苦乐之辨。其关于立法原理之作，对于英国所行数种法律，以彼所立功利之标准，严为较勘，有不适合，指摘无遗，使知前人立法之不周，而个人自觉之足尚。约翰穆勒后起，更有以光大其说，功利主义与个人主义，并驾而驰。他如哥布登(Cobden)、伯古尔(Buckle)、斯宾塞之流亚，其说皆足以动当世，民权思想，遂以勃发而不可收矣。

其一、由于经济上之影响也。十九世纪初期，蒸气机械发明以后，生产方法迥与古异。中等阶级以骤富而大增其声势，而小民之无资产者，以其个人企业之精神能力，转瞬而致社会尊荣之地位。所谓资本之新贵族，日以增长，豪华之态，不徒可以比肩旧贵族，抑又过之，相与交游，无所惭怍。是于血族上理由，不足为社会上下之际识，而个人自觉自信之观念，因以普及于一般人民矣。英国政权之基础，初本置于土地所有权之上，洎夫产业革命以后，新兴家之欲得政治上、社会上权力，以满其富而且贵之欲望者，恒出重资以购土地。而当时以工业发达之故，地方人口，集中都市，农村景况，渐致萧条，所谓乡绅(squire)之贫乏者，其土地几尽为富民所吸受。从前为英国社会中坚之小地主，竟随政治上特权以俱去；而为社会经济毒害之大地主，亦随政治上解放以俱来。阿诺团卑①(Arnold Toynbee)所著《英国产业革命论》以为乡士之灭亡，虽由于经济上不可避之力，然而至于此极者，实为当时政治上形势所迫，盖不得已也。人民政治上之制限愈缩，选举权之范围愈广，则欲当选为代表，列席议会以据政柄者，不能不卑躬屈节于选民。阿斯吐哥士奇(Ostrogorski)所著《民政与政党之组织》述英国某贵族偕其夫人，为其友运动选举，过一屠户，请其投票助之。屠户应之曰，假能得一接吻之荣，将唯夫人之命是从。夫人诺之。遂为选举佳话。类此情形，不一而足。人民于以自觉其势力之所在，而民权之

---

① 阿诺团卑，今译汤因比。

34

要求,遂不可抗。

其一,由于外国政治之影响也。十八世纪末期,美国十三州脱离英国羁绊而独立,人权宣言,遂以发布;民主国家,因以成立。人民于政治上、宗教上、经济上所享之自由,殊非当时欧洲各国可比。自英国人民视之,不能无所感触者,势也。加以法国大革命后数十年间,人民要求政治解放之声,遍于欧洲大陆,风潮所及,几无人为之壁障可以御之者。英国政治向尚调和,而其民族互让之精神,与其统治阶级明敏之手腕,皆厘然卓著。一方面人民竞求参政,一方面当局曲为将顺,革命之惨祸,遂以不作;而所谓代议政治之下之王国民政(monachical democracy under the representative government),遂成英国政治之特色矣。

以上约略所举,不过影响于代议政治之民权发达之原因。然其制度上之运用,所谓实际政治,则全在政党之操纵民意。英国政治上,党派发生虽早,然在千八百三十二年以前,所称为王党①(Tories)、民党②(Whigs)者,不过一阶级中不同政见者之别称,或为议院以内之派别,既无具体之组织,亦与院外选民无涉。盖当时选举权范围不广,议员当选,非仗地方权力,即仗金钱买收,无所需于政党之组织。此外政治上团体之重要者,如反对谷米条例协会、反对奴隶制度协会等,其数虽多,然皆为一种目的而设,目的既达,即行解散,非有永久之生命者也。及选举权扩张之后,选民之数增加,现任或候补议员,欲于选举竞争获胜,不得不注意于选民资格之调查,有权者之登记,与夫投票者之运动。故千八百三十二年法案颁行,议院内之政党,遂扩于各选举区,渐以组织及于全国。随而伦敦有保守党(即王党改称)中央机关名曰加尔敦俱乐部(Ca-

---

① 王党,今译托利党,是地主贵族的政党。
② 民党,今译辉格党,是商人、工厂主的政党。

rton Club)。后数年(千八百三十六年),自由党亦设立本部,名曰改革俱乐部(Reform Club)与之对抗。于是长于运动之政客,纷投两党旗鼓之下,从事选举战争,而党弊自此始矣。政党为得选民同情起见,乃揭其对于政治上之宗旨主义,草为党纲政纲,以资号召,于演坛、报纸及著述上,力为鼓吹。每当普通或特别选举期前,以党所指定之候补者,强加于民意之上,而其方法有用金钱或礼物购买者。至国家以法律严禁之后,则以利益或地位为酬报。各选举区中之演说场内,唯恐听众之不为己党所吸集也,则于期前以提灯会景等布为行列,巡游街市。以敌党所揭主张之不当,所定候补者之不德不材诸点,编成歌谣,沿途高唱。而场内演说后之余兴,则有名姝之音乐会、舞蹈会、影画戏、白话剧等。而其演说固无不以地方选民之利益为前提,其所以谄媚愉悦之者,无微不至。及夫选举揭晓之后,除少数奔走运动之政客获利而外,则选民自选民,政客自政客。昨之所谓人民之友者,今则傲然国会议员;前之以选民之利益为词者,兹则以代表者非为一部,而为全体之辩。于是国会诸法案,凡有利益于民而不利益于党,或为利公众而不利私人者,皆难通过。关于改革弊政之案,决议更不容易。盖彼辈多生活于弊窦之中,除弊即以自杀,虽利天下不为也。议员中间有贤者,代表多数人利益,为公正人之主张,以宣泄民意。然为党议所限制者多,颖脱者少。至于保守党中,虽有新保守派(New Tories),自由党中,有新自由派(New Liberals)、职业联合会(Unionist)、劳动党(Labor Party),此外如爱尔兰国民党等,皆以所选出议员,代表各所属之特别利益。而劳动党更严限所属议员,于该阶级利益必尽代表之责。然以党派分而人数少,于多数取决制度之下,议案不易成立。夫议会内之多数,决不足代表民意之多数,明甚。故罗兰斯·罗威尔(A.Lawrence Lowell)论英国政治,以为代议政治,非一般社会弊病之万灵药,亦不足以满人民之希望。盖真有所见美国虽为民主，与英国国体不同，然而代议制度，及其他政治上要素，皆随其民族根性移植于新大陆，顾代表议院之不足为民意之反射，与夫民权之埋没于政党之污垢，较英国尤甚。考其千八百二十年所颁法案，规定数种文官任期为四年，其目的在总统选举获胜，可举数千受国家俸给之地位，为政客酬庸之具。总统更迭之际，官界一空，等于屠祭(hecatomb)，而政客美其名曰战利品之均分(division of spoils)，遂成所谓战利品制度(spoils system)。一州作俑，全国效尤。至霞利逊(Harrison)被选为总统(千八百四十年)，政客以共和党夺还政权，已功莫大，追随总统国务员之后要求席位者，街衢为之拥塞，总统白馆待见之客，满至无可立锥，由日出以至日昃，无所间断，不及见者，则度夜于回廊，以俟黎明再见。霞氏年老耄，就任仅一月，遂以烦扰致死。林肯于南北战争之际，在力持门特(Richmond)克复数日后，指求席位者语其所亲曰：今者战胜叛徒矣。然而有此辈，其危害民国较叛徒尤可畏。足见其受毒之深矣。盖美国自总统以至议员，靡不交受此种压迫，故行政腐败，无由肃清。千八百六十四年，共和党著名政治家查尔斯森马(Charles Sumner)，仿英国千八百五十三年所布文官竞争试验法，提出参议院，要求议决，以图救济。千八百六十七年以来，精崎氏(Jenks)亦继续提议，全国舆论为之后援，然皆不能通过，有诋为中国考试制度者。直至加尔斐尔特(Garfield)为总统，被求席位不得者暗杀以死(千八百八十年)，全国人心深受刺激，共和党不敢公然抵抗民意，致为民主党所乘，遂稍改方针，不示反对，而此案乃以一千八百八十三年成立。从前行政上之弊，稍以矫正。然而立法议会之不能完全代表民意如故。关于国利民福之改革案、法律案之不易通过，亦如故也。至于选举则全由政党政客操纵，候补者既由党议决定，则指令选民选之，俾投票之数不至分而失败。故时谚有称选举之年为黄狗之年者(Yellow dog's year)，盖谓党指定黄狗，则投黄狗票也。观此则美国人之施行创制权、复决权、罢官权，以辅代议制度之不足，而补政党政治之缺憾者，盖有自然矣。

中华民国成立八年，变乱侵寻，迄无宁岁，中间经改易国体者两次，违宪解散国会者两次。今者外患之亟，不可终日，而国内之议会问题，尚悬不决。全国政象，久已入于挛瘈麻痹之病的征候。求其根本原因，记者以为在于权力中心，傍落散失而不能聚。私人党派间之窃得一份者，各因其势，互为牵制，互相抵消，于是转机无或得动。夫中华民国主权在民，一切政治应由此发，亦由此受，是则既失之权力中心，应有所归。所需者，唯四万万之失主，自去追赃耳。顾主权回复之后，断不能集四万万人以议政事，则代表制度，实不可少。而所谓宪法外之政党机关，于民政之下，用以团结人民对于一种问题之意见，使不至纷歧过甚；鼓舞人民对于政治上兴味，使不致漠不关心；亦为补助机关之不宜阙者。然苟无创制权、复决权、罢官权相辅而行，其弊将如前述。故国人不欲于主权运用之根本上，有所思虑，则亦已矣。如其欲之，则此类直接民权之著述，实所以供此要求也。

兹谨序述原委，介绍威氏之著于读者。至于中国政治，万端俱废，人口调查，交通设备，无一能举。则此制现时不能适用于广大之行政区域，自是定论。但于都市及繁盛之县，与自治同时并举，必可实行，且收良效。而一国政事亦以施于此细胞或单位者，为最切近于人民也。穆勒约翰曰：政治制度者，人力之产物，非夏梦初醒，瞬眼而得；亦非如树木，植后即见成长，从兹不费工夫。吾愿国人，三复斯言。

原载于1919年8月《建设》第一卷
第一号，据《建设》刊印

钱币革命与建设

(一九一九年十、十一月)

民国元年冬,孙中山先生鉴于当时经济财政情形,国际压迫状态,乃本其独特之先见,草一小本,题曰《救亡策》①,毅然主张以货物为基础发行纸币,以代硬币之用,期以一举解决社会经济国家财政之困难,祛外国银行之掣肘。发表以后,非难四起。由于北京党派之煽动,资为政争攻击之具者有之。起于外人之嫉忌中国改革,恐失其把持玩弄之具者有之。(参观千九百十三年英人 Hosking 所著《The Creat Squeeze》小册。)夫以我国齐民数千年来所养成故息因循之锢习,闻非常之论议,辄惊骇却顾,不敢为理论上实行上之研究。而当时号称有新知识者,一方为沿袭之学说所拘牵,一方为周遭之情况所变化,故亦随风而靡,不能为亦不敢为独立自由之判断。加以贵金属之用为钱币已数千年,所中于人心者,根蒂深固,非翻天覆地之巨变,不易破世人之迷梦。由外人之怀有特殊目的者,起而乘其弱点,于是中山先生所贡献之救亡策,人皆以梦呓幻想视之,七年之间,沉没于不议不论之渊。苟非有此世界战乱,欧美各交战国所为经理财政之实例,金属钱币所显之缺点,则中山先生之策,将以梦呓幻想终矣。

夫废金银用纸币之说,不自中山先生始。其在中国则行之于元代(参考本期朱执信所著《中国古代之纸币》②)。其在外国,稍前于中山先生而倡之者,则有约翰阿依沙尔(John O. Yeiser),主张

---

① 当指孙中山1912年12月初所发表的《钱币革命》一文。

② 朱执信著《中国古代之纸币》,刊于《建设》第一卷第三号。

以劳力单位为基础而行纸币；斐沙尔教授（Prof. Irving Fisher）主张以计表为本位而行纸币。(参观斐沙尔教授所著《货币之购买力》一九一一年出版。)最近则废金之说，盛于英美。本年《纽约安那利斯特》(New York Annalist)杂志载埃士葛特(R. Estcourt)所著论文，题曰：《金本位将不为钱币之基础》，此篇足以揭发钱币之真理，阐明金属与泉币之关系，以证纸币之非不可行。吾人以其为外国学者公平无私之见，译录于左。吾国顽固误谬思想之扫除，于是篇之著，不无少补耳。

"黄金在泉币之地位，非必特异与重要，如昔者所拟。"经济家花拉尔(Farrer)此语，数日来未尝有会议纪其对此之观察者，当兹时会，特为著目。世人对于金之思想，虽本乎彼与泉币本身之关系，顾此外别有三事，人以为相与联属，以活动于重要部分者，是即价格、信用与证券。于斯三者，依次而说明之，则泉币问题了如指掌矣。

多数著述，恒证物价腾贵，由于金产之增加。此之事端，经名家巧为论列，故其结论，几无敢为质疑问难者。今者物价之增，与产金之减，人所引为危惧者，相并而至矣。主金钱物价说者，对于一八七三至一八九三凡二十年平和时代之间，物价相继跌落，然而前十年金之产额不进，后十年产额增百之五十，此种简明之事实，亦无所见。苟非蔽于经济学者之通说，以为研求，则仅就二千年前之史事，略为留心，已足知物价腾贵由于金多之说之非矣。赞成前说者惯以战时状态为例外，不假思索，偶被穷诘，则反而求诸通说，以谓信用基于金钱，而战时物价之昂，缘于信用之膨胀。此所谓信用者，非信用之本身，乃基于金钱信用之谓。故对于后说，亦须驳击，使不得援护前说。

诚信为信用之基础　兹之所论，乃附随于泉币三要点之次点，即信用是也。夫信用所基不在金钱而在诚信。诚信者，乃对于交易所获得之物，信其可以换得与原物有同市价之值者也。凡卖物者所需，不外一种合理的确信，以为彼将必得他物与所卖物有同等或较大之值。然而非金钱。其要点在于彼有此价值，至于他人则不必然。盖所与者非内容之值，不过其值足供卖者与买者之要求耳，市之义在此。故"一安士金价为金一安士"云者，语如循环，不成意义。夫一安士金价，常为金之市价，若以谷类算，则其价历年为二十四英斛(bushels)。今者其价为八英斛，因所定两者之物价然也。支票者，见即支款之票也。然而习惯上常有一日至四日之流通，故实际同属信用之器具，与六十日或九十日期票等。今于此两种器具，就受之者，以其所得转授他人，以为新生产品之代价者而观察之，则九十日期票，常计息折价卖却，以利用其所至得。于支票之所得，常存银行，有过九十日者。故流通期限之不同，于两者所以为信用器具之作用，无所变易，有效之基，与金无涉。此之事实，于两者皆无所择。两者之所得，除极少数现款外，皆非以得金为目的，只在得产物耳。以金故而为交易唯一重要之例，为操金业者，盖其产物则金也。然即此交易，亦同是为产物故。夫银行者，非能创造信用，只能对信用兑现，使化为钱币而已。惟其如是，故操银行业者，本此责任，以为信用于以确立。若银行于此有所怀疑，则将持此器具收款，而发出支票、期票者，应有以支付之。

第三，吾人当论证券。当世所称政府证券，赖准备金以为维持，人以此为自明之真理。顾事实不如是也。假令全国无一安士之金，于政府证券之真值，毫无减损。盖真值在全国人民之能力与元气耳。夫政府证券者何物乎？名义上则为政府允于某日支付金钱，事实上其真值只基于一种确信，以为证券期满之先,国民之元气能力必将致多量之富,政府以租税所得,必能赎回证券。故人民对于将来国民产业之信用,乃真予证券以价值。凡夫思想健全之人,对于美国总富之生产,以为远过于所出证券之数,到期支付殊易者,当无挟疑之余地。若以准备金实际上有裨于价值,则臆说耳。倘于证券通用期内,欲得多金以赎证券,则其为象,将至不幸。此种思想,等如使银行业者,尽贮所有存款于库,其为无用一也。一八七一年德课极大赔款于法,而以金钱支付之者,其范围比较极微。所支付者,几尽为商人所受之"交换手票"(bill of exchange),盖深知此票所以代表现存可市之货物者也。于此四万万二千五百万美金中,除以现金储于斯班多(Spandau)堡为战时基金者外,其大部分之富,于十八个月内,复归法国。德人睹此,为之愕然。德人由是知国际交换贸易之道,且深资于此次教训,苟非以彼国统治者之愚,陷国家于危亡者,其受益正无穷也。

金属泉币之价值　兹论金与泉币关系之本问题。此次战事,于意外方面,将久经认定之经济见地,忽然一变,而金之地位,亦不能出此例外。凡无定识者中百之九九,与夫经济财政专家之大多数,囿于先入之成见,以为金之问题,于彼盖已解决。惟极少数人,于此不能释然。近者之事,乃有以证少数人观察之不误。

今之要著,在明泉币之真相。夫今日用为钱币者,明日或亦为货物。如财政部证券为中介者(broker),买卖货物之一种。但在他人手中,则泉币也。金为矿主之货物,金属制造业者之商品,齿科医生之原料。计金之用于美术品者,占金产额之过半数。而钱币之物,无论其为金为纸,不过交易媒介之一部分耳。泉币之成也,由货物所换得之品,用充交易中准之具,

42

其目的不在消费，而在辗转流通以得他物为究竟。此种泉币之制限的概念，非由前人所授，盖事实如此，莫之然而然者也。

欲了解金之问题，必须就历史上情形之影响乎此者，略为观察。夫贵金属之高价，本与制币之需要无关。盖未有金钱之千百年前，金已用为泉币，其时盖未有巩固之政府及造币局也。宝石于已往及现在，亦供同一目的之用。故今日所当瞭然者，为钱币本体，实无价值可言，不过为法律所定之武断的尺度，且于既定之价值，与以一种名称而已。予钱币单位以内容价值之原因，在吾人受教以还，即以为钱币同于金属，金属同于物品。在昔此种思想，恰符事实。盖其时交易媒介，唯有金属，故交换价值以外，尚有内容价值，今则非其时矣。然而吾人尚墨守旧说，以金属为交易媒介，或以他种假设之事实，庇护其词，以为现所行者为金属本位，因实际用为交易媒介之证券，随时可转为金故。诚如所云，则世界现有之金，当与市场所有之货，同其价值，其为谬论明甚。然钱币之源始论理及其基础，固如是也。

吾人所行，实返乎物交物之原状，惟不以物品名其代价，而以既废之金属，用为量度价值之单位而表之已。今之泉币，几尽成于欠款之凭单。如政府纸币，为全国所保证者，副之以其他单据之保证稍弱者，由是递降，而至于寻常个人所发之支票。顾吾人犹依附以金属泉币代表之单位，而名之曰"元"，实则商业贸迁，固不以金属为也。今者交易团体之一方，无论其思虑如何，彼心目中唯有所需物品之数量，而信其可由凭单辗转授受之间得之者。例如工价之定，在生活费，而不在金钱及其他金属所费。譬以泉币单位核算工价，吾人所图，不在以单位换得金属，盖视单位为一种债务之记录，可以转授他人，以易物品而充生活也。

黄金与泉币　然则现在交易之道,无所需于金属泉币乎?则将应之曰:有之。金属泉币,有两作用,第其资格则各异。在内国贸易,则用为代表的钱币;在外国贸易,则用为物量之担保。于少数买卖,不必生信用关系之烦者,则宜取两方习惯上所认定各处皆有交换价值者,用为媒介,以资便易。此种媒介,由一国政府供给,或为代表的钱币,或为政府担保之纸币。政府于法权所及范围内流通之钱币及纸币,皆能从所选而予之值,一如赌博者之于筹码。各国之中,所况皆同;其不同者,唯国际贸易媒介,常需有物品价值,略过乎其所评定。顾此价值亦条约之结果,非其本身所自来者也。夫国际贸易数量之巨,惟赖"交换手票"以为支付,至盈虚结算之期,当有两国互认为同等法币(legal tender)之媒介,转移迁徙。此之媒介,通常为金,然亦不必尽是也。在昔以金属膺选,而以金为一种物品言之,历年平均,每金一安士,等于美国国币二十元六毫七。其时货物之生产分配,尚有自由竞争,托辣斯及各种联合,与夫维持虚伪价值之计划,尚未发明也。现在事实所证明者,为人属意于金之定量,不在金钱,而在金之物品。例如两国皆铸金币,政府之印,不过保证此币含有若干分量之纯金。得金钱者,在得其量,以代化验证明之生金耳。金钱之值,为附随的。从前国际契约上所称为刑罚条款或溶解条款者(penal or liquidative clauses),即于欠缺其他物品时,指定纯金之重量为之代。若所需金之重量有在,则不问其所易为何等物品,所费为若干价值之单位矣。此种办法,纵使一安士金所费非二十而为八十单位,亦须以证券足之。

国际贸易中所记金之数目,非以本位算,而以为有价物品算,既极明了,吾人乃复论内国泉币。统治者知一安士之贵金属,可易若干物品也,乃以一安士之金拆为数分,使以交换其他同值物品而予各部分以特别名称。当劣币或其他方法不足以扩张交易媒介以应商业之需要时，则惯以纸片书所需之价值于上，以代其用。此种纸片，或为主权者之债据，或为商业团体近代所常有之债据。此种债据，常以内容所约以金偿债者，与此外之约束竞优劣，而事实上每逢请求履行债务之顷，则破产随之。主权者所出之纸币，亦同此病。凡有对金为非常之要求者，无不立知金不可得，于是有停止兑换之举，至要求终息而后已。然其时商业所基，已不在为价值本位之泉币，而在为价值尺度之泉币矣。

"亚西尼"（assignat）之误用 常人每闻廓清泉币之基础及其关系于金者，必援法国第一次共和时代所出"亚西尼"纸币之结果，以相讥刺。问其所以失败之真因，则鲜有研究之者。顾吾人以若废金本位之拟制（fiction），则法国此例，正有以发明何物足为纸币巩固之基。夫"亚西尼"之不能达其目的，非坐不以金为基础之弊，而坐以地价为基础之弊，换词言之，即坐以可能的经济地租（potential economical rent）化成资本之价值为基础。盖可能的经济地租，固不能为泉币之保证也。银行发行纸币，未有以难利用之不动产为之基者，此则当然之事理。顾欲推行此原则，法当尽排所有地价，不以称贷故评定其所改良。泉币之发行，永不许建基于抵当权上。夫泉币之真限度，在实现之富，而不在可能的富，惟可能的富，于普通流转期限向例不过数月之内，有合理的证明，可自然成为流动财产者，则在例外。譬彼造船，需以纸币先给工值，因契约之结果，全船完成，即可供商业之用，是为泉币正当基础最适之例。此种办法，决不需金以为之佐。良币之精义，在为交换实现之富之手段，同时不至增长物价，以欺仰资一定之日给以为生活者。倘泉币有后者之缺点，则与赌具无异矣。土地虽为致富之源,然其本身非富也,特权专卖之价值,亦同此类。至于地上之农产,地下之矿产,若能于一定距离之内可与他物交换,则两者皆成为富,且可为泉币之基础。其基础之安否,则视其交换他种之富之接近如何,为正比例。是故金所以为泉币之基础,亦不过以其为商品之一种耳,岂有他哉。经济恐慌之季,所以遗害社会者,非因纸币超过准备金,实因纸币所出,过乎富之生产,遂成无准备之泉币。其足以酿成恐慌者,盖不止此,如架空股票,赝造纸币,或融通证券等所生之影响,皆同一辙。夫今人之需金,与前古之需金,靡或异致,皆于物质上,以其为富之一种而需之。知此物之欠缺也,则有竞争获得,以备非常者,而政府为防患未然起见,常停止金币发行,至人民心理回复原状而后已。

环乎泉币一切之困难,于最近将来,愈趋愈甚,由社会上对金及其他属于此者之注意,足以证明之矣。关于此种问题,英美两方之有责任者,咸提议不用金而储之于国库。此法固善,第恐提议此者,仅为弥缝一时之策,而非原则根本之图。彼曹为本能所驱,往往以结局连累所至,有不敢兴思及之者。果如所议,撤金不用,则不得不承认所谓金本位者,其性质全虚。所有以金支付之问题,一律停息。金之为用,等如他种物品,可供价值之尺度,不能视为本位。现在贸易上所行,已类金为政府所专卖,即以见诸实际,亦不过以理想迎合事实而已。

马革杜(Mc Adoo)为财政总长时,尝明言曰:"现时本国需金,为历古所无之巨。维持产金最高额,是为目前要著。"由国家立论,其为最良之策,固不待言,吾知国人靡不与财政总长同其希望。顾纵得金,亦不能遽信金无亏折之说。回溯已往二十年,其尤著者最后四年,负债证券既已流通于国内;但以其所纪数目,与现时产物较,增长如此其甚,则一毫当纪为五毫。今者确切之问题,在国民将借口虚伪之金本位,以五毫为基础,而以金支付之乎,抑以一毫为基础,而视金为物品乎?由前之说,则无论在何情况之下,物力有所不办。由后之说,则结局必当承认金已久失其本位之作用,而为价值之尺度矣。

《有罗威达评论》(Youroveta Review),为美国国际贸易之言论机关,其六月号登有斐沙尔教授论文一篇,题曰《巩固钱币》。其全文如左:

今者战争已过矣,泉币之大问题,将必相继而起。其中之主要者,将为如何可使钱币单位比较巩固之问题。倘此问题之科学的解决方法,无所发明,则非科学的解决方法,必将尝试。实则变更泉币之计划,而危险无穷者,已有先我言之者矣。

夫物价平准之剧变,世界历久受其害者,本在钱币购买力之变迁,而不原于一般多数物品之价值。吾人所用之金钱,重二五·八"格连"(grain),含九成纯金者,为重量一定单位,而复以价值一定单位之假面。

不巩固钱币之害,为数甚多,如混乱不安,社会之不公平、不满足、无秩序,皆是也。

凡因前时所缔契约,或以法律,或以习惯之故,其所得有一定或几于一定者,其苦尤甚。若生活费加倍,则钱币之实力所以购买生活品者,遂失其半。果如此例,凡取偿债务,其贷借契约以圆之定数成立者,其所受损失,一如在生活费不变之下,以五毫偿一元之债耳。

战事告终之顷,美国千数百万人,皆将有债券、贮蓄证书、保险证书,总值不下数十万万金钱。所有此数,当附加于数十万万银行存款,或抵当财产及各种证券之上。凡此单位,所以表国民财产之数者,有所参差,必影响于所有权者之利益。

以千数百万人民及契约中所规定之数十万万金钱所受之影响言之，则契约中所书金钱之为物，将如何乎？实为全世界关系至重要之问题也。

兹所需者无他，在巩固钱币，或予以标准，亦如吾人予"码"尺以标准耳。

巩固之钱币，在对于一定量数之物品，恒有常值。美国统计局，日常调查物价，其物价表所示，则现时不巩固钱币之行，各种重要物品，时而值多，时而值少，随物品本身之需要供给，且特因金之需要供给，而为变迁。其数目指示每月物价低昂之状者曰"指数"（index number）。

金钱重量，现既固定，故其购买力常变。今所提议者，在以购买力定钱币，故其重量亦当常变。

然则必如何而后金钱之重量可变乎？

现时金之流通，几全借纸币或金券，而金之本身，藏诸国库，若使金之流通唯借纸币一途，即有不便亦甚尠。故当排除金钱于吾人念虑之外，而以钱币为不过若干量数之生金，贮于国库者，至其量数，则随时改变。但于一时期中，常为划一而特定的，而于实际流通，则此一定量数之金，以纸币代表之。

今者一金条重二万五千八百"格连"，含纯分九成者，等于一千枚每重二五·八"格连"之金钱。事实上与析此金条为百分，每分印为十圆金钱无异。而此千元金钱之存在，实际亦与合之为金条，而以纸币代其流通无异也。

废去金条，除金条不能常称为一千元，当随所予于纸币之数目，或时而多，或时而少之外，于物质上无所更动。有金矿者，亦如现时之例，辇金于造币厂，而取代表纸币以为偿耳。售金于政府而得纸币，是即"金块自由存贮"者，恰符所谓金钱自由铸造之精神。故金得借代表纸币以为流转。不特此也，库

48

中之金,亦与现时无异,同供收赎纸币之用。制造装饰品者,操输出业者,可以纸币兑换于国库。此种交易,结局实为赎还金券,而通常兑金之目的,盖在输出与溶化也。

由是观之,自由铸造(实则自由存贮)及自由收赎,与现所行者无别,一则增加金块证券之数,即实际流通金额;他则减少之。

或有疑而问之者曰:顾以何种标准法则,使政府依据,以变钱币之重量乎?则将应之曰:所需以为改正之简单定限之标准,已在把握中,即物价指数表是也。

无论在何时期,倘于物价指数表中,发见理想定价之上增长百分之一,则此百分一之数,为政府所据以增钱币百分一重量之标的。

疑者或又问曰:何以知增加钱币百分一之重量,恰足以回复指数表中之平价于次月乎?则将应之曰:驱摩托车者之操纵舵轮也,不能先证回转轮机若干度,即无过与不及。吾人于此,其所知者亦相等。一月之中,万物交扰,纷纭综错,头绪不一,倘所改正者有过与不及,则下月之指数表将有以显之。绝对完全之改正,虽不可企,顾此月所不能改正者,将以发现于次月,以俟改正。则终局必有改正之一日也。

今取譬以明之,次月之指数,无所变更,仍为一〇一,则于钱币之重加百分一。倘再次之月,其指数为一〇〇 $\frac{1}{2}$;即长价百分之一半,则此时所加于钱币之重者,亦为百分之一半。由是类推,倘指数常较平准略高,则钱金之重,亦随而每月增益,无论其增至一"安士"或一吨也。

若较平准低落,假定为百分一,则钱币之重,亦当照减百分一。倘每月指数表所示,常在平准以下,则当时过重之钱币,应随而减轻,而使价值复趋于平。

由是观之，以畸重畸轻之作用，物价指数表于实际上永保适当之平准矣。

简单言之，改正之事，亦如人类一切之矫正，常不免有试验的性质，与夫错误。故少许参差，在所常有，但常有改正之时。吾人所倡自动之钱币，虽不能循所规划之绳墨而无误，顾所有参差，即予吾人以标准，而返乎初服。

每元之银行券及其他信用泉币，可以每元之纸币收赎。故此种证券当与纸币等值；而纸币则可向政府机关兑换同值之金。而每元之金，由政府专管机关依指数表随时改正其重量，使与物价表上所列重要物价相衡。

如是则物价平准摇动所生之恶影响可除，而钱币之所以为价值之尺度者，得其标准矣。

中国钱币制度不立，价格不一，其影响于国民经济及内外贸易者至巨。故最近十余年来，改革币制之要求，不只发生于民间，抑且见诸条约之规定。而为中国策者，或主张就现行银币立画一之制，或主张效法飞律滨、印度、南洋各殖民地制度，采金汇兑本位。欧战以还，欧美日本物价昂腾，金价低落，则又有趁此时机，改行金本位之议。要皆不离以物品中之夙称贵金属者为之基础，以供交易媒介价值标准之用。夫以中国现时钱币之紊，省自为制，于同一经济单位中，而无统一国币流通四境之内；加以补助货币之泛滥，不换纸币之扰乱，民以此窘，商以此病。于此种情况之下，欲仅就钱币一问题，图苟且一时之解决，至于民国宏大之建设，所以裨益国计民生于久远者，弃置不顾，则就现行银币，立画一之制，使副币与本币之数量相权，而于代表钱币之名实不符，因以不能维持额面价格者。如四川、湖南之纸币，北京中、交两行之银行券等，务使得与所代表之钱币兑换，未尝不可救时弊于目前，饰观听于全国。固不必假借利便国际贷借贸易等薄弱理由，为虚金本位、实金本位等

50

不彻底之改革。诚以金银内容之值,虽高下不同,顾其所以为交易之媒介,价值之标准者,拙劣维均,无所选于彼此。若谓欧美日本用金,而我用银,因金银差价所生贸易上之损失,常为用银国所担负;是则不知国际贸易之要著,在能保持输出输入之平衡。若国民之生产力不加,输入常远过于输出,则受损失者,当然为输入超过之国,无间乎其为用金用银也。假如中国生产状态如故,输出入状态如故,而仅以金代银用,则每年流出之正货以何弥补?金本位之设,于国计民生之根本,容有济乎?若谓金价常贵,银价常贱,由我用银国对其他用金国偿还债务之顷,我之损失殊甚,故主用金。则证以四十年前及今日金银之比价,可知其不尽然。此后金价之涨落如何,虽不敢妄为臆断,然以世界金融中枢之美国,已有盛倡废金作币之说,则将来金能保其钱币上地位与否,正属疑问。若金失其制币用途,世人对金之迷信已破,使与普通物品同视,则其价值远不如战前之高贵者,可断言也。金银之优劣问题,与本旨无关,故不详论。要之,废银用金,其无当于钱币根本革命,与舍金存银无异;所异者,惟金属之本质与其为物品之价值耳。

吾人主张钱币革命,其所根据之基本原理,果何在乎?代此而兴之具体的币制,当何如乎?是不可不先就钱币之性质、作用与夫贵金属之不堪任使,剖析而说明之。次及吾国特殊经济状况之所要求。再次乃述吾人凤所建议代此之具。

钱币之性质、作用及贵金属之不堪任使 钱币本体,无论为粟帛抑为金银,其性质所以别于他物者,在常辗转流通,而不供直接消费。故以布易粟,以粟易布,其事虽属交易而通有无,然而此粟与布,皆非钱币。盖出粟者志在得布以为衣,而出布者志在得粟以为食,如是者谓之"巴达"(barter)。"巴达"之义,在两方各得所需,而以直接消费为目的。作用竟于一度,范围限于两方,中间无他务介焉,而钱币则不然也。执钱币者,可随所需以市物,人皆乐受之,

51

而以之更授他人,为所受物品劳役之代价。由甲致之于乙,由乙致之于丙,复由丙而丁而戊,迁例转徙,无所终极。钱币之所以为钱币,胥存乎此。顾钱币、"巴达",质虽各殊,然皆以社会之生产消费作前提,而为满足人类欲望之手段。生产消费,任阙其一,则两者均无所用。是故钱币、"巴达",实为异性同株之物。经济社会,易事通工,局部供求,一赖钱币以资周转。至于隔地贸迁,与夫国际商业,以社会为单位而观厥效,则"巴达"之用多,而钱币之用寡矣。夫钱币之用,其要有三,曰:交易之媒介,价格之标准,购买力之贮藏是也。苟无交易之媒介,则买卖之事不行,买卖之事不行,则供求之迎合难逢,分工之利便弗获。无价格之标准,则物值之贵贱大小,失其尺度,赢负损益,靡知所届。无购买力之贮藏,则不能代表百货之价值,而劳动之结果,除原产物品外,无所附丽。故用为钱币之物类虽不一,要必能任此三者之务,经久不渝,而后得称为良币。必物之有定值、便取携、能耐久、易分割者,始足充数。而金银之所以历古今中外膺钱币之上选者,亦由当世认为兼具此四美质故也。近代以还,生产方法日新月异,机械之力用代人工;物质文明,挟人类欲望以俱进;贸易之巨,亘古未闻。而泉币与百货交流,遂成经济界所谓循环一大现象。充斯役者,金银硬币不及百一,而纸币、银行券、支票、期单等类,百逾九九。大抵国民经济愈发达,内外贸易愈繁盛,则硬币行用之范围亦愈狭小。故用金银本位,或金汇兑本位之国,其流通于市场者,最小数目则用副币;单位以上之数目,则用纸币;至于数目之大者,则皆用支票、期单为债权、债务之移转。其所谓本位钱币,或堆积于银行,或存储于国库,有如常平仓粟,以备灾荒而已。

欧战方兴,各交战国皆匿金币而用纸币,然尚可诿为战费过巨,徒金不足以济财用,不能不借纸币为弥缝补苴之策。至于日本,则欧战数年,正金之流入者以十余亿万元计,然于一般通用之银行券外,有一毫之纸币充斥市场,金银几全匿迹。古之称钱曰泉,以其性本流通故。今积而不流,则金虽尸本位钱币之名,而已失交易媒介之实。钱币学者间有为之解说,以为金币用为准备,使纸币银行券得行,是即钱币之分工作用;且以减硬币之磨损,而收钱币经济之便益。顾生产状态、交易方法变,斯钱币之本质亦不能不顺应此状态方法而变。此乃进化之程序使然,非人力所能如何者也。今夫本位钱币之于百物,其所以为价值之标准者,必其本身有不变之值而后可。有如尺之度短长,衡之权轻重,倘使尺失其度而衡丧其权,则其所以纪物之短长轻重者,决不足以取信。而钱币之用,亦犹是也。物价之定也,以各别之物品论,从主观则因乎其物所致之效用,从客观则因乎其物之供求暨生产所需之用费。以总体之物品论,则因乎流通泉币(currency)之总额,加以泉币流通之速度,以与当时所行贸易之总量较,而互相推移。一般物价之涨落,其原因盖本乎此。今使一国泉币总额中骤增钱币之数量,不论其为金为纸,而泉币流通之速度如故,贸易之总额亦如故,则钱币之购买力减,与所增之数量为反比例,一般物价遂如量以涨矣。

欧战以来,各交战国物价之昂腾,金价之低落,其故坐是。例如英国当战事方殷之际,每日战费恒六七百万磅,而其用途,则陆海空中之战具,从军将士之给养,皆为不生产之消耗。而行阵出数百万之壮丁,即农圃、商场缺数百万之劳力。出产不进,钱币激增,无怪乎物价飞涨,如响斯应。论者或以此为停止兑换使然,若纸币能与本位金币兑换,则其原值可复,虽多仍不为害。准此而言,将何以解金价之跌?墨守金属说者,于此当能恍然矣。北京中交两银行券,价格跌至五成。夫银行券为信用钱币之一种,银行之信用失,则其所发行之券自不得与本位钱币同视;加以凭空滥发,不能与所代表之钱币兑换,则其低折势所必至。然其所以比较银元低折五成,则以其中有属于滥发之数量,远过乎北京一隅贸易上之所需,致失价格之平准者;亦有属于商民冒险,以其货物与此种劣券交易,不能不提高市价。作为保险费者,此保险费占其中之若干成,则视乎商民所感危险之程度而定。今为便利计,假定五成折价之中,各居二五。一旦中交两行,规复兑换,则属于保险之二成五折价,在理论上,当然随危险之消灭而泯除。至于其余之二成五,若北京流通泉币之数量及其循环速率无稍收缩,而生产贸易之额不加大,则将由折价变为一般物价腾贵之现象,继续存于北京市场,不察者唯知中交两行之券于以复元,而不知其对于一般物品之购买力,已缘过增之量而耗减二成五。夫以中国经济界分裂之局面,钱币行用,限于地域,不能顺应全国经济自然之趋向以为伸缩者,更有以断其必然也。

要之,一经济单位中流通泉币(包括本位钱币、纸币、银行券、银行存款支票)总额之增减及其循环之弛缓,所以影响于一般物价之涨落者,有如前述。则钱币之数量,苟离乎社会生产、贸易上之原因而陡为增减,决不能保物价之平衡。即使所有者尽属金银,其事亦同一辙。盖金银亦与普通物品无异,其本身之效用,有一定界限存焉。倘使多如洪水,亦足以泛滥为害于天下。美洲新大陆发见之后,于十六世纪一百年间,由美洲输入欧洲之贵金属,方诸畴昔积存之总量多逾三倍;而以此世纪初期之物价与末期之物价较,其腾贵之率,约略相同;遂成欧洲当日所谓物价革命 (price revolution),此其最著之例也。

中国现时交通不便,矿业衰微,除曩存银之数量外,生银皆来自外国,而输入超过输出,已成中国国际贸易上之宿命。其来非出于自然,如潮汐之于江冰。故现所忧者,唯不换纸币之滥发。顾中国金银矿产,蕴藏至富,吉林北部、蒙古暨金沙江上游、青海、西藏等处皆最著名。英国于六十年前,已由驻北京英使馆员,深入云、贵、四川、青海、西藏内地调查报告。英国所以垂涎该处者,其主要目的在得金。所谓印度边防,其口实耳。中国政府若不断送此地,将来交通既便,矿业发展,苟非其他一般之生产相与俱增,则金银骤多之结果,必足以致一时钱价之低落。由是观之,所谓价值标准之作用,徒恃金银本位,断不能达理想之目的者,诚昭昭然矣。近世国家维持本位钱币之法,不外使人民得纳生金、生银及极少之铸费于造币厂,请求铸成本位钱币;铸成之后,通例以存银行,而以纸币、银行券、支票之形式代其流通于社会。凡以现款存银行者,除取款时特别要求金银钱币之外,大抵皆如前例。

夫世人之所以宝贵金银,原因虽多,其主要者不外以其能耐久,便取携,到处有相当之价值,一旦事变仓猝,可以挟以自固而免饥寒耳。但证以社会实况,即知此亦迷信之一种。盖现代国家,每有内忧外患,辄先停止全国纸币银行券之兑换。市面流通之金银,其为数甚微,举国分之,每人所得无几;所余以为交易之媒介者皆纸片而已。夫金银不若谷米油盐之必需以为食,丝麻棉毛之必需以为衣,钢铁燃料之必须以为用,除投合人类奢侈之嗜好外,最大最要之用途唯在制币。若在古代信用方法未大发明之世,前举各物,或以经久而质变,或以值轻而量重,或以分割而用失,唯金银能免兹弊,故不能不有赖于彼。今者信用钱币(纸币、银行券等)之用大行,自取携便、分割易之点言之,计无近于纸者;至于耐久一端,则金银本位钱币亦有磨损,近世国家类皆规定一定年限收回改铸,而纸币、银行券之纸质破裂字迹模糊者,亦有更换之例。金银与纸,于此无甚迳庭。若论定值,则纸原无价值可言,代表金银本位钱币者,则以金银本位钱币之价值为价值。金银钱币之价值或购买力,既变动无常,如前云云所不能为物价之标准,以一定百,则与其以金银钱币之一种或二种为本位而以纸代表之,曷如以金银暨其他社会最所需要之货物为本位,而以纸为之代表,较为适切于实际,而符合科学的方法也。然则徒恃金银钱币为购买力之贮藏,以定量之元而代表百货价值,决非无上之制度,明矣。

中国特殊经济状况所要求　中国有待于一般国民经济问题之解决,急于燃眉,钱币问题不过其中之一种。若对于重要之一般经济问题无所关涉,单就钱币施若干之改良,于全局无甚大之益。故中国钱币革命,当并经济革命——产业革命、交通革命——一举而完成之,然钱币革命能大有所造于中国。凡夫改制创始之事,与其分途而屡试,不如兼行而竟功;与其枝节而失时,不如一劳而永逸;因陋就简,挂一漏万,皆非至当之道也。夫中国国民经济枯竭之状,属目皆是,饿殍载道,乞丐如云。以地大物博之中国,而贫民反较他国为多者,盖以人欲求生,而无可以为生之机会,故逼而至此,非有所好而然也。欲图救济,非从生产上着手不可。外国奖励生产之法,除关税保护外,于农则有农业银行,于工则有工业银行,或于两者之务并而为农工兴业银行。概以一种条件贷资于农工业者,而缓其偿还期限。第以此种国家应尽之责任,全委于私人营利银行之手,决非增进民福、改良国民生活状态至良之制度。而况中国经济上阻碍之多,银行业务之不振,更难恃此而起其颓丧。

夫中国生产之所以萎靡:第一、由于交通之不便。综观全国经济状况,可以交通线为之区分。水上轮船停泊之港及陆上铁路两旁数十里以内之地,其生产情形与其他距水陆交通线辽远之所,截然为二。得交通便利者,其市场每随交通机关力所能任而扩大。物产输出,运费廉而时间省,成本轻而所得富。故出产为之奖进,而民生因以稍阜。至于边省或腹地,所有出产,唯因局部需要以起供给,欲移之于他处,则运输所费恒较本值数倍或数十倍,故市场限于一隅。苟有过剩,非廉价售去,必至积而致腐。偶有荒歉,则人无所得食。是以凶岁则民饥,丰岁则农困,古之讲农政者,所以有籴粜之法以剂其平也。此种自足经济范围,居全国十之八九,非以铁路、运河之力冲而破之,以有系统之交通组织,混全国为一经济单位,而与世界相接近,断不能改良中国经济之现象,而增加生产之刺激。第二、由于资本之缺乏。资本者,简单言之,凡货财或物产之赢余,用以从事于生产者是也。资本之类别有二:一则流动资本,它则固定资本。其仅供生产上一度之用即行变迁者,属于流动资本,如钱币、原料之类是。其迭供生产上继续之用而不即变者,属于固定资本,如机械、建物之种类是。欧美各国,当产业革命后,机械之用日宏,生产之力日大,而资本之积亦日厚。盖机械生产,与人力殊科。一人司机,可抵百人之劳动;一日制造,可供数月之需求。出产过剩,则强迫劣等之国以泄之;原料不足,则掠夺他人之地以益之;故物虽多而价不贱。所谓剩余价格,全入少数人阶级之手,又复资为再生产之用;子母相生,循环不息,化十百而为千万,以至无穷无尽。及乎资本过剩,本国无利可图,则泛滥而之外国。值贫弱无知者,则课以苛酷之条件,缚其手足,而吸其脂膏。若中国现状,即其牺牲之著者也。中国生产,惟恃手工,所出不多,则赢余不大。游食者众,则社会日贫。重以外货竞争,民业凋敝,于此若待民间资本自然之增殖,而不思利用社会的集团力,以最理想方法为助长之工,决不能脱离经济上藩属之地位,与东西资本国并存于世界。夫一国不生产之消费多,则经济上之机能窒。而资本之为物,固基于物产之赢余。假使全国物产之赢余,皆为生产之消费,则贫乏无自而生。先能免贫,即可由渐以致富。今者中国生产之力虽微,然而岁月一周,以生活必须品之总量计,当不能消费净尽。否则青黄不接之交,全国必陷于冻馁。是则赢余之存,可以推定。今以此赢余之物产,使缘纸币之形式,尽化为流动、固定之资本,用以筑道路、开运河、产百物,物产与纸币为同比例之消长。夫如是价格之标准定,则交易之障碍除;生活之机会多,则乞食之游民绝。继此十年,中国经济上之地位,纵不能与英美抗衡,然而自存自立之资格具备,断不至为资本国之牺牲,竭国民之脂膏,肥外人之囊橐矣。此则中国现代所要求，而吾人夙所主张之货物本位钱币，即所以应此要求而兴者也。

货物本位钱币之具体制度　于叙述此具体钱币制度之先，有两者之基本概念，不能不重烦国人注意者。其一，则此钱币制度，乃以社会生产之赢余及此制度所产出之重要货物为本位，而以纸币代表之。此纸币之代表货物，一如现行纸币之代表金银钱币。今之金银钱币，乃以一定量之金银，型为圆形，量之重轻不易，故购买力之高下不一。兹之货物本位，无固定单位之量，物量之多寡，视乎物值之高低；而物值之高低，则由所司(参观后段机关组织之说明)依市场各物之需要供给情形，以每月或每星期之统计制为指数表，以供索引，如现时之有行市然。所有现行银币，皆收回销毁，使复为纯粹之银锭，有如从前用两时代之于元宝，而与一般货物同视。有以纸币要求兑换者，当随所需以应付。例如以一单位纸币(旧制称一元)兑银者，若银之时价为七钱三分，则给以七钱三分之纯银；若以兑金，而其时价如二分五厘，则给以二分五厘之纯金；以兑煤而其时价为十斤，以兑布而其时价为一丈，皆各依所值为支给。若他时银以或种原因，致生价格上之变动，较前跌落二厘，而他种货物之需要供给不变，因之价格不变。则以一单位纸币兑银者，不为七钱三分，而为七钱五。顾以兑金、兑煤、兑布，其所得一如前时。若市价变而其余物不变，则亦如之。纸币一经兑换，则钱币所以为交易之媒介，使货物离乎生产者，而入于消费者之手，其作用已完。故入于销毁机关(参观后段机关组织之说明)，不复流出。如是则物价虽有涨落，而标准不失其度。所代表者为货物，则不论贵金属或生活必需品，随时向所司兑换(参观后段组织机关说明)，非如以金银为本位者，只能兑取金银，亦不如不换纸币之只为空票。且以货物为本位之故，货物产出，则代表之纸币流通；货物消费，则代表之纸币熄灭；断无因钱币与生产情形不相应，致有一般物价低昂之患。

其二、则此钱币制度,在予全国以确实价值之标准,促生产之增加,而裕国民之财富,非为政府供不生产之消耗,补财政上之缺损。故国家政费,除经租税公债等普通财政上手续,图国家收入外,不能就此纸币取给丝毫。然此制度所以增益财政之处,固自有道。自其直接者言之,则纸币兑换,民用既给(参观后段)之后,以所收还纸币之数,除去生产所出之数,其所得之赢余,拨归国库以充政费。而此部分收还之换币,所以不即销毁者,以物产有赢,而纸币之作用未尽故也。自其间接者言之,则国民经济发达,税源日丰,政府量出为入,而人民乐于担负。兹两者之概念明,请更进而述实行机关之组织及钱币发行之顺序。

(一)为实行此最新、最要、最合于经济原理之货物本位钱币制度计,当于国权所极范围内,以命令停止银行券发行,禁止银币通用。政府所入皆收新币,惟许铜元存为副币,以充最小额之交易。一毫以上皆用纸币,或废圆之称,或仍用圆之名为单位均可。单位以下,可仍旧称曰毫、曰分。而于国家行政机关中,设一独立之部,名曰钱币部,专司关于钱币之事,以与财政部分离,使不以财政上原因,摇动钱币之根本。

(二)钱币部分四局:一曰制币局,二曰生产局,三曰供给局,四曰销毁局。各有专司,不相侵越。

(三)制币局设四课,分司制纸、制版、印刷及发行之务。以制成之纸币,只依生产局之请求,由发行课给发。

(四)生产局为四局中最重要之局部,纸币缘此出发,流通于社会。此局专司调查、计划、生产,暨实行直接间接生产之事。主其务者,应用富有经济商业及农工矿学识专门名家,类如欧美战时组织之大规模生产制造机关经营人才,始能充任。第一着即调查全国银币、纸币、银行券流通之确数,以新币易而代之。同时以所收

回银币,销毁以为银锭,付供给局以备兑换。局中分设三课:

(1)调查计划课,专事调查各地水陆交通之实况,地味耕植之所宜,矿区之广狭,矿苗之旺弱。以调查所得,定为经营之计划。估其所费,制成精确之预算,送付制币局,请求纸币,以付间接直接生产课。

(2)间接生产课,依调查计划课所定计划预算及经费,为运河、铁路、道路之建筑。建筑每成一段,即递归主管交通之机关,尽管理经营之责,以免侵越。

(3)直接生产课,依调查计划课所定计划预算及经费,为农产之栽植或收集,矿产之开采及锻炼,以所生产之货物,付供给局以便兑换。

(五)供给局亦〔四〕局中重要之局部,一如生产局。纸币缘此消纳,以免壅积为经济社会害。此局专司调查国内外需供给之实状,测定物价,以生产局所产货物,应于要求,以供兑换。主其务者,应用富有内外贸易学识经验之专家。其重要之分课有四:

(1)调查统计课,专事调查内外市场货物流通之实况,需要、供给之情形,物价消长之程度。一方知照生产局,为生产之预备;一方制成物价表,使兑换课为兑换之标准。

(2)兑换课,专司按照销毁局所收纸币单位数目,及人民要求兑换之货物,依物价表所示之价格,以生产局所生产之货物给付。

(3)运输课,专司输运生产局所生产之货物至兑换课,以供兑换。

(4)仓库课,专司保管准备兑换之货物。由输运课受入货物;依兑换课之通知书,发出货物。

(六)销毁局唯事收受要求兑换之纸币,如银行之收入课然。于既经兑换之纸币,钤印取消作用,如邮局之于邮票。销毁局当随兑换课所在,设销毁课,不能与之分离;而职权及所隶属之机关则各

60

别。至于生产局所支出及供给局所消纳，两者之间损益之计算，宜由销毁局兼司。以其盈余价值，依纸币形式拨入国库，以充政费。

（七）制币局当设于首都或国内交通至适中至便利之地。其他三局，则分布各处。其数目及其所在，不必固定；惟以钱币畅行，社会受益为准。

货物本位之钱币制度及行之之法，大要如此。至于详细布置，严密之规条，所以增办事之能率，防宵小之作弊，是在于任其事者发挥才干之处，非本篇所能涉及。果能行此，则金银数千年专制之毒害可除，而经济革命之实效可举。于此而民不富国不立者，未之或有。至于此种钱币制度，其影响于国内商业者何如，其关系于国际贸易者何如，其牵涉于银行业务者何如，当于下次论之。世有研究此制之良否，为诚意之质疑论难者，著者不敏，当敬受教。

原载于1919年10、11月《建设》第一卷第三、四号，据《建设》刊印

革命继续的工夫

（一九一九年十月十日）

今天是武昌革命的纪念日，是发生我们中华民国的国庆日，国民大家自然是了不得的高兴。若拿国家当作普通一个人来说，这中华民国，由胎儿长到出生，由出生长到八岁，仿佛是一转眼间的事。回想他在胎里，受了许多重大的打击，许多遗传的病毒，还不至于流产，居然能够安全产生出来。产生出来之后，不幸没有个好好地而且有医科本领的保母，来看护他、提携他！那一班叫受委托抚养这孤儿的人，不是强盗就是骗子，不是要把他改名换姓，来做他一家的活财产；就是要把他卖到堂子里，拿自家的皮肉来替人家

赚钱;没有一个拿出半点儿良心,来当他是人看待的。一切卫生条件,营养的要素,都是欠阙的了不得。并且中间经过两回绝命①,和许多小儿科里很危险的病症,加以传染病的包围,却居然能活到八岁。家里的人,虽然犯不着性急来替这孩子预备拜大寿,却也不免欢天喜地,替他高兴高兴。但是这孩子因为吃了前头所说先天、后天种种的亏,现在还是病个不了。家里的人,难道光是替他高兴就完了吗?也得要赶紧替他想个医治的方法应该怎样?营养的方法和卫生的方法应该怎样?怎么样能够康健长寿?这才是家里的人的本分呢!

中华民国在这八年间所糟蹋的时候,和国民在这期内所受的痛苦,已经是很不少了。试问武昌革命的目的,是要给国民一个痛的将来的呢?还是要给国民一个快乐的将来呢?是为着民国两个字的空名呢?还是民国内容充实的条件呢?这几年来我们中华民国的人,顾名思义,对着这几个疑问,很想得个解决。当这个革命纪念日的时候,国民心里所抱的疑团,更加一层刺激。若是不趁这机会,把各人将近要忘记的革命的宗旨和革命的目的,重新提起,那就不只对不起革命时代为这宗旨目的牺牲的义士,并且没有话来答国民的疑问,振后死者的精神了。

在武昌军队里鼓动起这大革命的,就是革命的同盟会会员。这同盟会的盟约,有四项大事要大家信守的。这四项就是:

驱除鞑虏,

恢复中华,

创立民国,

平均地权。

---

① 1915年末到1916年初,袁世凯篡窃民国,复活帝制,是第一回。1917年7月张勋颠覆民国,使溥仪复辟,是第二回。

头两项是同盟会的宗旨，后两项是同盟会的目的。由这四个宗旨和目的，概括造三个大主义，就是：民族主义、民权主义、民生主义。所谓三民主义，就是那三件东西。由这盟约看来，革命就不是同盟会究极的宗旨和目的，不过是个手段。辛亥武昌革命，是同盟会来做手段实行上头三个主义的。并不是专为着闹个大乱子，就算完事。所以单是革命并不算可贵，可贵的就是革命内容的主义。要知道这革命手段见效没有？须看做这革命主脑的主义行了没有？若是主义还没有实行，或是行了一点还漏了许多，那革命的工夫还是没有做够。试拿中华民国现在的情形，和这三个主义对照看看，除了民族一个主义行了之外，其余民权、民生两个主义，到今连一点影响也寻不出来，而同盟会这三个字，已经变了过去历史上的名词！至于从前同盟会的会员和这革命有关系的呢？也就上天堂的上天堂，落地狱的落地狱。也有倡帝制来忏悔的①；也有学官僚来混钱的。国民若是跟他们硬讨这两个主义的欠帐，他们除了答应句："生意倒盘，顶手是问。"恐怕也没有别的话敢说了！

世界上凡是有机体的东西，若是趋向进步那方面去的，总是时时刻刻在革命的状态里头，决没有停止的；停止就会生出麻木、腐败、分解、死灭种种的现状。这个革命作用，一面是除旧，一面是布新。象我们人类，也是不绝的由肺脏经气管喷出于他身体上有害的炭养气②，一面吸入需要的养气；由发汗和大小两便排除那些老废料，由口胃输进滋养品；所以能够维持他的生活。一个国家也是这样的，革命就是他求活的路子。再进一步说：就是要一面革命，一面建设。却是建设这事体，不是空空洞洞可以弄得来的，总要有

---

① 孙毓筠曾为同盟会的重要首领，辛亥革命以后，投靠了袁世凯，成为替袁世凯筹备做皇帝的筹安会的首脑人物。1919年五四运动以后，自称受了五四运动、俄罗斯革命的影响，忏悔过去的罪恶。写了一篇《我对于一切人类的供状》，表示要痛改前非。

② 即炭酸气。

个极丰富的内容,很远大的计划,按着既定的方针彻底做去,这革命才不落空。民权、民生两个主义,就是要来填这革命后的空子,生布"新"的功用的。由武昌起革命那一天到今天,满满地过了八年,这革命后的空子,还是照旧空着;新的生命没有一点儿现出,新的毛病却长了许多。去救治他的,常常贪一时的便宜,把废材料填塞进去。这就象拿排泄出的粪溺做食料,不只没有用处,却还发生很大的毒害。看这几年来中国政局翻来覆去的经过,也就明白了。若不早点拿个决心,恐怕这中华民国的空格子,就要给四围压迫的空气压塌的了!

中国革命的动机,武昌的义兵一举就动了。第一步满洲帝制的命是革去了,怎么第二步、第三步就走不动呢?这个责任该谁来负呢?在反对革命党的人,总乐得完全归咎到革命党身上,说革命党只是个暴徒,只会吹牛,没有办法,没有能干。却不晓得这事拿来责备专制的皇帝还可以说得过去,因为在专制皇帝治下,皇言就是法律,皇权就是万能,全国政治的好歹,就是这皇帝能干不能干的反射。不然,就拿来责备中国当局的人,也还用得着,因为中国现在当局的,也差不多有皇帝那么凶,凶不出一个道理来,就是他们未有能干之过。若是拿来责备革命党,革命党却不服罪的。照公道来说,这走不动的责任,应该是我们大家来负的。我们大家若是晓得这是大家的责任,大家拿出副肩膊彼此帮忙着负起来,就是天堂那么高,我们也可以走到。我们大家若是有这觉悟,我们就要研究该要怎么样走法,民权主义是个什么东西?民生主义又是个什么东西?

民权这两个字的解释,在政治上说,就是人民有参预立法、容喙政治的权;在法律上说,就是人民有不许别人侵犯他的身体、言论、信仰、住居、集会种种自由的权。我们想知道一国民权发达的程度怎么样?第一要看这国人民在立法上有什么关系,在政治上有什么势力。第二要看这国实质的法律，对于宪法上许给人民保障的特权是怎么样。现在世界上能够独立的国家，差不多没有不行立宪政治的。大概人民都有选举议员到立法部的权；都要规定人民有什么自由什么自由的宪法。然而各国民权范围之大小就不一，简单概括来说，人民有普通选举权不受财产的限制；人民的意思在立法上、政治上有很大的反响；象欧美多数的国民，还算有点儿民权。若只有限制的选举权，人民的意思，很难反响到立法上、政治上，象日本那样，那就不配叫做民权。至于人民的自由，只靠宪法几条规定来做个面子，而各种法令却防害人民自由到极点，象日本人所受的，这民权就是未有的。要各种实质法的内容，未有和宪法保障人权的精神相反，这民权才能确实得到。现在欧美许多的立宪国民，普通选举权是有了。宪法上所谓天赋人权的保障，因为经过很多回的锻炼，是巩固了。但是常常在立法上吃不少的亏，这又是什么缘故呢？就是因为普通选举，不过单是弥补代议政治不完全的一种办法，并不是独一无二的万应药方，不是有了这个就万事都妥的。凡人民只有选举代表到立法部立法的，就叫做人民间接立法。老实说来，间接立法这话，不过是说得巧些，其实这制度只能叫做议员立法，人民何尝有立法的关系？人民选举代表的时候，虽然是有选择的全权，却是在国会立法，只有代表才享这权利。代表立他自家以为很有利、很正当的法。选民的意思怎么样，于人民有利没有，正当不正当，他们是不过问的。再坏的就拿人民代表的资格，定出种种压制的政策、殃民的法律，勉强人民去服从他。——不然，就是违法。再不服，就只有革命。行政官、司法官都是跟他们一路走的东西。三权分立，不过是一种形式，宪法也不会自家说话，是靠他们的嘴来解释的。这一来民权两个字的实质，就化为一个昙花水月。由这方面看来，单靠普通选举和宪法的保障，民权的这目的，还是不能充分达到。让一步说，人民在政治上过得去,便犯不著十分去干涉立法。却是通例靠宪法来保障的天赋人权,流了许多血才能争回的。在中国民权观念那么薄弱,议员官吏那么放肆的地方,我们就不能轻易放弃,听那些议员官吏在法律上、行政上随便要没收就没收,要限制就限制。况且政治安稳,国家有点进步的时候,社会问题和社会经济组织的缺点,就一天一天的显露。将来人民要求国家立法来解决社会问题,改良这社会经济组织,也跟着一天一天的扩大。若是人民未有立法上丝毫的权力,只靠这班议员,而运动得议员的人,从他们的性质环境趋向看来,附和有利益关系的总是多数,同情于一般人民的总是少数。到社会政策的立法立不出来,或立出来而不能满人民希望的时候,社会阶级的战争,就愈激愈烈。若是未有一个法律上平和的方法来救济,必定有暴动革命的事情闹出来,这就不是定国家百年大计的人能够轻轻放过的。现在欧洲国际的战争已经完了,而各国阶级的战争,越闹越凶。就是因为那些国的统治阶级,还是守着十九世纪的旧制度不知应变的缘故。我们中华民国的新制度上,要有民权最后的保障,行使民权的利器,缓和暴动的机械,不能不采用"创制权"、"复决权"、"罢官权"这三件物事的内容作用。《建设》杂志里有几篇文字说得很详细,请大家拿来研究研究,这篇不重复说了。我们的民权主义,就是要走到这步为最小的限度。这步走到了,然后孙中山先生所谓"民之所有"、"民之所治"的民国才算成功。但是人民要安安乐乐地去享受他,成一个"民之所享"的民国,还要费多走一步的工夫。这就要行我们的民生主义。

民生主义这四个字,我们是有个具体的内容给他的,这就是我们"平均地权"一个目的,就是我们要拿土地政策来做解决社会经济问题的手段。我们大家都知道要人类各遂平等的生存,不能不使人人有相当的衣食住;想求社会一般有向上的生活,不能不改良社会经济的状态。太古时代,人少地多,自家出产东西供养自家,工也不分,交易也未有,无所谓雇主、工人、地主、资本家的分别。在这个人自足经济的时候,各人劳动多一点,所得的结果就多一点,劳动少一点,结果就少一点;清清楚楚的自作自受。所以只有个人经济问题,没有社会经济问题。后来人口渐多,分工渐趋渐细,交易越弄越发达,经济组织也由简单变做复杂。因地位职业及经济的条件这一群人和那一群人不同,社会就分成几种阶级。其中一个阶级,拿他所占得的便宜,不绝的欺骗抢夺别个阶级劳动的结果。而当时之法律制度,都是由特权阶级为特权阶级定的,承认这种欺骗抢夺的行为做当然的权利。所以有整天劳动求不得一个温饱的,有独占社会经济的利益坐享其成,不劳而得的。被欺的阶级,渐渐地不服,常要奋起来抵抗。这就是阶级战争的起点,也就是社会经济问题的起点。大概经济越发达,这阶级战争越激烈,社会问题越难解决。

能令人独占社会经济的利益坐享其成不劳而得的就是土地。土地何以能够使人不劳而得呢?这就不能不把土地的性质简单说说:第一,土地是有定限的东西,地球上面积有多少陆地,是规定了的。就是有沧海桑田那一回事,也不是人类寿命里能够等得到。用人工填筑的地方,比较人口的数目是微乎其微,不能作数的。人类和万物不能离这块地生存,而人是靠物来养的,人占的面积多了许多,物占的面积就少了许多,这叫做物理上的限制。第二,地球上的面积虽阔,却是要地位离民居不很远,出产的东西可以拿得来给人利用,不至于劳费过于所得的,才有经济上价值。所以山顶的旷地和远离的孤岛,都没有人要,这叫做经济上的限制。第一个限制,现时人口发达的程度还没感觉这苦处,暂时可不管他。第二个限制,拿现代机械的力量可以补救,单就这个限制说,也不是了不得的害。但是社会有一种会想发财最便当、最有效方法的人,专利用这土地制限的性质来达他们的目的。以最少数的阶级,每一个人买占了可以养活几千人、几万人的地皮。交通越便,他们越买更便、更好的地来居奇,这土地物理上、经济上两重的制限,都归到他们手里来操纵。农工商资本家去生产,他们去收生产所得最大部分的利益,一般社会就是替他们做牛马的了。他们得这好处是不是他们的气力聪明弄得来的呢?决不是的。比方人口极少的地方,有最能出产、最近民居的一块地,这块地的价值,是由这地方出产的物价总数来定的,这就是原始地价,假定他是一百元。到人口增加,这块地出产不够用,物价应然照供给不足的比例腾贵。于是有人开耕次等的地,这地出产虽少些,却是物价贵了,次等地的物产拿到市场照时价卖出去,他所得的和头等地产出的东西在从前平价时候所卖得的同一样。所以次等地价值一百元,而头等地价推升了一点。到人口再多,物价再贵,再有人去耕三等的地,出产虽不及次等地多,也照时价卖去,他所得的,和次等地物产从前所卖得的总数也一样。这三等地也值一百元,而次等、头等两块地价,照前例推升上去,比方次等地价百一十,头等地就值百二十。人口陆续增加,物价陆续腾贵,耕地陆续由最好、最近的开到最坏、最远的,地价就由原始价值推升到无穷无尽。若是平常耕种地方,因为交通的新设备,忽然做了都会,这耕种的地价马上就变了一两倍、三四倍。若是这地的周围都起了铺子,前头有个公园,附近有个码头、电车、戏园子之类,这地的价值,就比较耕地的价值不只百倍。所有这些比较原始地价增殖的部分叫做地租。以上所推论的是普通一般的说法,若拿土地来投机居奇,那更不得了。所以人口越发达,社会的建设越宏大,国民经济越进步,大地主不劳而得的利益越占得多。英国受这害最深,有无限地皮的大地主,宁可丢荒他的地来做猎场,不给农民耕种。英国农业之衰,贫富阶级相去之远,完全是这土地问题不解决之过。千九百十一年劳合乔治当财政总长,仿德国的方法,颁布一种土地增值税法,对于丢荒不用的地抽很重的税,在英国算是一件很大的改革。俄国受这害比英国更深,农奴解放之后,不去解决土地问题,弄到这回革命,才把土地完全收归国有。这就可见受害越深的反动越大了。澳洲纽丝伦那些新殖民地,都是行土地公有制度,一个人租地的限度不能过法定的亩数。这地方人民生活,一般的比英国好得多。

我们中国交通不便,大地主未有发生,商埠之外,百分之九十九的地价,差不多是原始价格,小地主不劳而得的地租很有限。到交通设备好,大地主一定发生。社会经济发达的结果,以地界的名义,七八成归了地主,其他一般人民只享得二三成。国家拿人民的税来做公共的事业,做好了只便宜一阶级的人,是不公道的。所以我们主张建筑新都市和铁路、运河所经经济上有重大价值的地方,收归国有,或归地方公有。其他土地,经过测量报价之后,通行土地增价税。这一来,土地自然增殖的利益,归地主就叫做不劳而得;归民国的国家,拿这宗款子做教育扩张、交通改良、社会改良等费,这就叫做以社会经济发达的结果归还社会。土地的权利就是国民大家平均了。土地问题解决,社会总还有别种问题,可以慢慢的想方法解决,也不会弄出大毛病。到这个地步,中华民国就是"民之所有"、"民之所治"、"民之所享"的国家。武昌革命,就可以光耀于天下后世了。

原载于1919年10月10日《星期评论》纪念号(20号),据《星期评论》刊印

立法部之两院制　国民全体
议决制及财政监督

——在上海女子青年会演讲

（一九一九年十月三十日）

今天女子青年会定了这题目,要我演讲。这个题目很大,内容的议论很多,在这四十五分钟里,恐怕不能讲得详细清楚。只可把我所晓得的大概,在这短时间的限度里,和大家研究研究。

国会两院制的来历　国会制度是由英国古代之贤人会议和一种评议会发达来的。到十三世纪初期,约翰王召集大评议会,宣言人民供给王室的钱,非得议会通过不能征收。英国国会的萌芽,就渐渐显著。到斯曼特曼佛改定新制后召集的庶民会议,除了贵族议员之外,各州举两名士族,各区举两名市民,来当代表。国会代表的范围,由这回起,扩张到市民阶级。这就是一二六五年的国会,做后来模范大国会的榜样的。到义华一世召集全国代表议员组织模范大国会,宣言凡影响于国民的政务,不可不求国民同意。国会的根子,在英国就长牢了。却是当时的国会,还未有分开上下两院。又到一三三九年之后,才有上下两院分离的组织。它所以分离的原因,英国国会史上没有很明白的叙述。以道理推测,总是因为贵族议员和士族、市民议员地位不同,感情不同,意见不同,合在一个地方议事,很难议和,分开比较妥当些。所以市民议员和士族议员合拢起来,组织一个代表他们阶级的下院,让贵族和高僧合起组织上院。这就是英国两院分开的大概。一直到十八世纪后半期,美十三州脱离英国宣布独立,实行他们理想上三权分立的民主政治,立法部的组织也是分开上下两院。美国国会所以要分开两院的原因有三个：(一)受英国制度的影响。(二)受洛克和万德斯鸠学说的影响，一面防下院专断，一面防总统专制。(三)起于巩固联邦组织之必要。后来法国一七九一年第一革命时代的宪法会议，一八四八年第二革命后的国会，和德国在这年所试验的国会，虽然都是一院制，但是他们的寿命很短，不久就消灭了。惟有瑞士从一八四八那年起，为巩固它的联邦组织起见，也照美国立法部的办法，以两院组织国会。嗣后国会之两院制，就流行到全世界。现今除了中美之小共和国和希腊之外，各国差不多都采两院的制度了。

上院的组织　上院的组织，各国有很多不同的地方，但是除了德国从前之联邦议会，完全由各邦委派仿佛公使一样的官吏来组织的之外，大概可分两种：(一)立宪民主国的上院，通例是由人民或人民代表选举出来的议员组织的。(二)立宪君主国的上院，通例是由大部分的贵族议员和小部分的宗教职议员，此外还有些由国王任命有专门学问的，或是有大功劳的，或是做过大官的，或是纳多额租税的议员组织成的。

上院的职权　上院职权中各国相同之点，就是各种法案非经过它赞成通过不能成为法律。但是他种权限之大小，各国很不一样。比方美国的上院，有任命国务员官吏公使的同意权，条约的核准权，弹劾的裁判权，预算的改削权。法国上院有解散下院的同意权，预算的改削权，叛逆罪的审判权。却是英国贵族院除了做最高等法院的特权之外，没有美法两国上院怎么大的权力。欧战前几年，英国国会通过了上院改革案之后，它的权力更缩小了。现在英国上院权力所受之限制有三项：(一)贵族院对于预算，没有否决及修正权。(二)关于金钱的议案，不要贵族院协赞。(三)无论什么法律案，两年之中经众议院连续在三次会期里通过，便可不问贵族院的赞成反对，有效成为法律。所以有人说英国的贵族院，不过是一种装饰品,实在说得不错。

下院的组织　行平民政治的国,所谓代表人民的下院,总是由全国人民经普通选举选出来的议员组织成的。因为它是代表全国人民的机关,所以各国下院议员的人数都比较上院多些。1914年,美国下院议员是四百三十五人,法国五百九十七人,英国六百七十人,算是最多了。

下院的职权　各国下院的组织,除了议决普通法律案和上院有同等权力之外,另有一个最大最重要的特权,上院所不及的。这就是关于财政预算案的特权。人民监督财政,限制用途,要政府不敢随便糟蹋人民血汗的钱,就是靠经下院来施行这个权力。下院能不能尽它代表国民的责任,也在这一点分别。一六七一年英国下院有一个决议案,宣言所有人民代表议定补助国用的租税,上院不能增减他。一六七八年又有一个议决案,宣言所有租税案,定规要先在下院议决;所有税率的轻重,征收的方法,是下院议决的特权,上院不得改变。上院对于这两个宣言,虽然没有表示赞否,却是仿佛默认了下院的主张,以后就成了惯例。却是自一七〇六年决议以来,下院是不许提出增加国民负担的法案的,所以预算案只能由内阁提出下院,下院以为不对,可以减他的数目,或是完全拒绝。所以英国政府,必定要下院里多数党的领袖来组织,成一个议院政治政党政治制度,完全是下院在财政预算案上的权力发展出来的东西。至于美国的下院,不止是预算案要经它议决,连预算也是下院编成的。法国的下院,对于内阁提出来的预算,若是以为不对,不止可以增减数目,而且可以不要他,另外替他再弄一个预算,这是法国下院特别的地方。

上下两院意见冲突的解决方法　上院和下院对于紧要法案意见冲突的时候,若是没有一个解决方法,国家政务因此就受了阻碍,不能进行。法国、英国的宪法,是行政部可以解散下院的;到上下两院意见相持不下的时候,可以解散下院,再行普通选举, 看国民多数赞成那一方的意见。却是美国的行政部,是没有权解散立法部之下院的。到两院意见不同的时候,由两院各举出三个委员,秘密商量,彼此让步。而其结果,往往是下院退让的占多数。这是因为美国上院议员的人数较少,任期较长,意见容易集中;下院议员的人数较多,任期又只有两年,主张容易牺牲的缘故。至于解散两院,只有澳洲殖民地的总督才有这权力,此外差不多没有能够一起解散上下两院的了。

两院制的利害得失 十九世纪初期的时候,两院制还没得到很大信用。有许多学者,以为国会既然是代表的团体,应该由人民选举的代表组织唯一议院,代表全体人民,直接对于人民负责,才能够和代议制度的精神相合。不该再有什么上院,代表一阶级一部分的利益,刺激国民的妒忌性,弄成上下阶级彼此不能融和。但是一院制在十九世纪前半期的试验都是失败的, 各国渐渐都采两院制。所以有许多学者,又恭维两院制到天上有、地下无。他们所举两院制的好处,大概有五项:(一)保立法的持平, 不至有偏利于一两个阶级的法律。(二)系立法的慎重,不至于随便弄出一种很疏漏的法律,定出一个很不稳的政策。(三)两院议员任期之长短不同,选举之方法不同,时候不同,比较能够代表当时真正的民意。(四)有两院互相牵制,才能维持行政部的独立,不至给立法部压倒, 成了国会专制。(五)若是联邦组织的国家,可以用上院来代表组织联邦的分子,和代表国民的下院分别。现在各国采用两院制的原因,大概不外这几个说法。但是从他坏那方面看来,也有许多不妥当的地方:(一)两院制不过是在民政发达的路子上一个过渡的东西,不能一本书念到老的。一国无论有什么贵贱贫富的阶级,东西南北的土著,在国家的眼睛里,只有一个集合体的国民。所以阶级的、地方的利益,必定要对于全国民、全国家的利益让步, 才能够适合近代国家生存发达的需要。但是照现在两院制的办法，代表一阶级的团体议决了的法案，要经代表别阶级的团体再议决，才能成为法律。无论怎么样利国福民的法案，往往因为稍有妨碍少数特权阶级利益的缘故，不是下院通过给上院否决，就是下院顾虑不敢提出。国民经许多奋斗才能提出国会的问题，常常耽搁到十多二十年都不能解决。现在国家社会还不能得到理想的进步，差不多是受了这个害处。(二)若是上院议员也是由人民选举，和下院议员的来源没有分别，那么它所受各种势力的影响，也和下院一样。一党在选举上占了优胜，自然两院多数的议员都是这一党人，立法就归一党操纵。所谓持平、慎重、牵制这几个作用，怎么能够实现呢。至于代表民意这一句话也是空的，不过是代表党意罢了。(三)若不是联邦组织，又没有贵族阶级的民主国家，那末两院制的理由更不足道了。美国近年，因为现行立法制度不能达到进步民政的目的，所以有许多邦都起改革的运动，主张废两院制，只要一个真能代表民意，真能负责的议院。裁少议员人数，减省立法手续，增加议员岁费，提高议员人格，精选议员人才，来改良立法部。但美国要废上院是很不容易的事，这种运动的结果如何，现在是不能断定他的。却是人民有创制权、复决权的各邦，所以要设上院，来防下院不慎重立法的理论上根据，和实际上必要，都消灭了。这些邦的上院，恐怕终归是不能长久的。

国民全体决议制 国民全体决议制，现在所行的有三种办法：(一)国民个人以为必要有一种什么法律，得了法定若干人数，签名在请求国民投票的请求书上，就可以把法案提出；利用投票选举的时候，由选民全体投票决定。若是赞成的多数，这案就成法律。这就是人民创制。(二)国民个人以为国会所立那个法律不好，可以照先前所讲一样的手续，由选民全体投票再决那法律行不行。若是决他不行的多数，那法律就要废止。这就是人民复决。(三)国民个人以为他们所举出来办公的职员，不能尽职，可以照一样手续，由选民全体投票决议，革除了他，这就是人民革官。这种国民全体投票直接参政的制度，严格来说，是起源于欧洲之瑞士国。古代希腊的民政，虽然也有市民直接立法，也有市民投一种贝壳，决定驱逐市民所不高兴的官。但是希腊人一般所注重的是行政那方面，在德谟士甸尼士的时代，所有关于开战、议和、联盟、殖民、财政、海陆军那些重大问题，皆由民众决定。至于立法那方面倒是看得很轻。可是瑞士所行的人民创制、人民复决两个制度，完全在人民直接立法；至于行政事务，还是让行政官专力去办，民众没有拿权力去干涉掣肘他的。美国独立以前，新英伦这会所行的，也是直接民政之一种，仿佛象古代希腊的民政，却不象瑞士所流传的创制、复决，有一定的界限。美国合众国成立以后，于制宪、改宪两事，和各邦对于几种问题，也有用国民全体投票决议，但不是适用于一般立法。到二十世纪以后，美国有几邦始仿瑞士的例，采用创制、复决制度。有些邦如"伊阿华"，并且施行委员政治于各市，人民兼有投票革除所选职官的权。其余如英国的属地如加拿大、澳洲、纽丝纶，也先后采用瑞士的人民直接立法的制度。英国虽是保守旧制的国，然而劳动党、自由党也很主张用人民复决制，对付那些地方恶政。这种制度所以发达，总而言之有三个大原因：(一)教育发达的结果，人民主权的观念跟着发达，从前旧制度上的假民政，不能将就骗得过去。(二) 交通利便，消息灵敏的结果，从前人民直接参政的障碍都消 灭了。(三)代议制度原是防行政部专制不得已的办法。近来这制度本身的缺点，跟着政党的弊端透底显露。少数政客利用政党的力量，假托平民政治的招牌，来行富人政治特权政治之实。选举完全归少数政客和有利益关系的人把持，弄到自好的人不愿当议员，而当议员的人差不多拿政治来做买卖。所以人民不甘心把自己的主权，来做政客的牺牲，结果就是自己要回一部分的立法权。因为人民若有创制权，国会议员就不能阻止或不通过人民所要求的法律。人民若有复决权，国会议员就不能制定人民所厌恶的法律。这是人民在政治上自卫的武器，也是人民在政治上自动的机能。若是没有这个制度，所谓民权就很有限了。这制度虽不能说他没有多少缺点，但是他的长处比他的短处强得多。这点大家细心想想，便得个分晓。至于财政监督一层，因为便利起见，已经在前段下院的权力项下大概说了，不必重复再说。

原载于1919年12月《建设》第一卷第五号，据《建设》刊印

答胡适论井田书

（一九一九年十二月十九日）

适之先生：

先生寄给我的信，对于《建设》杂志，太过恭维，真不敢当。先生能够早日把《国语的文法》做好寄来，不但使《建设》读者得受许多益处；并且使国语的文学，有个规矩准绳；将来教育上，也可得无限便利。这是我们同人所最恳切希望的。

先生在百忙中对于胡汉民先生的《中国哲学史之唯物的研究》内，关于井田的观察，还肯费那么样贵重的时间，下那么样有价值的批评，可见先生对一个问题，不肯苟且的态度，不遗巨细的精神，真是佩服。但是我们对于井田制度的观察，和先生所见，有些不同。现在先述汉民先生答辩先生的批评，其次再把我对于这问题的私见，和先生讨论。汉民先生的意见是：

（一）井田是不是全照孟子所说，这一点已经在《孟子与社会主义》那篇文章上（《建设》第一号）说："古代井田制度，除了《孟子》，再没有可靠的书。孟子所说是依据古制，或是参上他自己的理想。

我们现在不必打这考据的官司。"但以理想推测，井田制虽不必尽照孟子所说那么整齐，却也断不至由孟子凭空杜撰。土旷人稀的时代，人民以一部落一地方，共有田地。不是希奇古怪的事。

（二）日本服部宇之吉的《井田私考》也说："《诗经》的'公田'是属于公家之田，叫人民来佃作的，不必是行助法的。'公田'，好象汉代称天子所有的田做公田一般。"但，加藤繁在《支那古田制之研究》驳他说："《诗经》的'公田'和汉代的'公田'同不同，要慎重考究。如果孟子的时代属于公家的'私田'就叫做'公田'，那就什么人都不敢将'雨我公田'一句做助法存在的证据。孟子何至提出来，在滕国国君前混说。他要是这样混说，那是三尺童子都会驳他的。滕文公和毕战怎好采纳呢？孟子一点不疑心说出来，滕国君臣也不觉奇怪，这里就很有意味了。而且那土地公有的古代，人民没有发生土地的所有权，人君也不曾拿私有财产的样子'所有'那些田地。天下的田地，分配在人民，虽有公地采地的分别，他的租税有入公家卿大夫的不同，然而同是人民享有耕种的普通田地，此外并没有公家当私有财产所有的田土。我们看《诗经》和《左传》都未曾发见这样田土的痕迹。至汉代认做公家私田的公田，大抵是土地公有制度断烂灭裂，人民各私有其田土，富豪更兼并广大的地面，乘着个势子才起的。所以古时指井田一区做公田的话，到此时代一变为公家的私产的意味。"加藤繁这段话好象没有什么武断，就如"秦王翦为大将，请美田宅甚众。"又"请善田者五人"。这种举动，在战国末期才见。又如"萧何买民田自汙"，"贡禹被召，卖田百亩以供车马"，这都是晚周所无的事。

（三）孟子以前，确是没有什么人讲究井田制度。但是孟子以前的人，谈政治的，都只爱说简单抽象的，很少具体的说明一件政制的，不能因此就起疑心。

（四）《夏小正》有初服于公田的话。这本《夏小正》，固然不能就认做夏时的著作,但最近由日本理学博士新城新藏氏研究,说《夏小正》所言天体现象,恰和周初西历纪元前一千年的现象相合。那么这本书或者编纂在西周初年。他所纪的天文农事,可以认为周初时的事情,似乎也可于《诗经》之外,作一旁证。

(五)井田法虽不可详考,总是土地私有权未发生的时代共有共用土地的习惯之整顿方法。那时代土旷人稀,人的事业又不繁,各人有耕作便有生活,经济的基础没有什么波澜。一旦崩坏,多数人的生活就操纵在豪强的手上。马克思说:"阶级竞争之所由起,因为土地共产制崩坏以后,经济的组织都建在阶级对立之上。"意大利的罗利亚(Loria)也说:"欧洲从前经济阶级发生,是在自由土地没落之后。"中国思想界之大变动,也是因为这个缘故。

我于中国古代井田制度,向来没有十分研究。于欧洲古代封建制度,也没有用过工夫。但我以为凡预想有信史以前的各种制度,无论中国外国,都是一件极冒险的事。想免这个危险,第一要紧的是在本国地方上有这制度残留的痕迹,或有那时代政府的记录的直接证据。其次在外国同阶级时代中有类似制度的旁证。再次有证明反证之不符的反证。对于井田制度,我现在的知识所能及的是:

(一)井田制度,就假定它是事实,也因为相隔年代太远,变迁太多,万不可会有它的痕迹留在今日。就是当时政府的记录,也不会存下数千年,这是我敢武断的。但是比较算是当时政府记录之一种的《春秋》,有"初税亩"(宣公一十六年)一项记事。据《左传》说:"初税亩,非礼也,谷出不过藉,以丰财也。"《公羊传》说:"……何讥乎?始履亩而税,古者什一而藉,……"《穀梁传》说:"古者什一,藉而不税。……""古者三百亩为里,名曰井田。井田者九百亩,公田居一。私田稼不善,则非吏。公田稼不善,则非民。"证以《论语》所载:"哀公问于有若曰:年饥,用不足,如之何?有若对曰:盍彻乎。曰:二吾犹不足,如之何其彻也?对曰:百姓足,君孰与不足;百姓不足,君孰与足。"这可想见宣公税亩之后,年荒税重,百姓弃田不耕,有若所以劝哀公规复彻法的井田制度。足民食,即所以益税源,在经济社会财政政策上,都说得通。除此之外,要寻这彻字的解释,就极难了。此外还有《国语·鲁语》说:"季康子欲以田赋,使冉有访诸仲尼。仲尼不对,私于冉有。曰:求来!汝不闻乎?先王制土,藉田以力,而砥其远迩。……若子季孙欲行其法也,则有周公之藉矣。"也是这类。这样看来,《春秋》"初税亩"这项纪事,可以证明鲁国到宣公时,"初"坏井田。这个证据若确,那么井田制度,不能断他全是孟子的"托古改制"、战国时代的"乌托邦"了。

(二)井田制度,我假定它是上古民族由游牧移到田园,由公有移到私有当中一个过渡制度。以社会进化的程序看来,在先生所谓"半部落半国家的时代",这种井田制度不只是可能的,而且是自然会发生的。试考究欧洲古代"均地制度"(Agrarian system)的沿革和经济农政学者对于土地公有私有问题互相聚讼的学说,便晓得中国古代的井田制度,似乎不是可以理想否认的事。以我所知的 Sir Henry Sumner Maine 所著:Village Communities in the East and West,1817 和 Emile de Laveleye 所著:Primitive Property,都是以他们考查所得各处土地原始分配状态的结果,证明土地的均产制,是原始时代各民族通有的制度。据 Laveleye 说:"在所有那些原始社会里的土地,是民族共同的产业,依期分给各家,所以各人能够因天然之赐自食其力。"他所举的证据很多,其中有一段说:"自由和自由的效果,使一族中每个家长平等享有公产不可分的份子,就是日耳曼乡村主要的权利。"Primitive Property;P.116 又 M.Guizot 著:《欧洲文明史讲义》,《法兰西文明史讲义》两本书,论日耳曼民族侵入罗马之后,以一种粗陋强健的生命,注入罗马社会的结果,弄到日耳曼和罗马两个社会组织一齐破坏。"土地公有"和"产业独占"两种思想混杂为一,铸成东罗马帝国。后来给土耳其蹂躏的地方所有的制度,亨利佐治在《进步和贫穷》那书里,《土地私有之历史的研究》一节内,引了 Guizot 这议论,接着便说:"当时成立很快传播很广的封建制度, 就是这两种思想混一的结果。但是躲在封建制度底下, 而且和封建制度并行的,还有以耕田人之共有权做基础的原始组织,带着从前的根子复活,而它的踪迹遗留到全欧。这种原始组织,拿耕地来均分,把非耕地作公用,象古代意大利和撒逊时代的英伦所有的,至今在俄国专制政治农奴制度的底下,在塞尔维亚所受回教压迫的底下,还能保存。在印度虽是扫除了好些,然而经过多少回的战争,几百年的压制,还没有完全灭绝。"后来有俄国莫斯科大学教授 Vinogradoff 所著《Villainage in England》,很详细的研究英国封建时代之农奴制度和它的来历。其中有一段说英国在那时代所行的原野耕作制度 (open-field system) 和附随的情形,就是指明更古时代实行均地。可以想见,原始的均产主义,他的确信是"诸侯领土没有设定的地方,没有成形的时候,这种制度是很流行的,印度和在部落时代的意大利可以作证。所以这种制度或可适合于领主,然而却不是领主的布置"。Ashley 教授是不信那种 Mark theory 在英国古代土地制度上有实证的。他在那本《历史的和经济的研究》讲中古均地制那章里,批评 Vinogradoff 的书,不精细之点和可疑的地方不少。但是关于原野耕作制度这说, 他也不能不说我们或可推定英人在部落阶级的时代里,行过原野耕作法。其他如 Seebohm's《Tribal Syatem in Wales》所考 Aberffraw 领地内土地分配情形,和 Wales 族均田受地方法,都是很有价值的考据。又据日本同文馆出版的《经济大辞书》内土地制度门类,关于 Feldgemeinschaft 的说明如下:"共同耕作制度有二:于共有地上共同使用收益的本来之共同耕作制度,和拿共有地分期分割,而在期间内所分配的地上行个别的耕作, 满期再行割换的割地制度。由农业史上说，本来之共同耕作制度先起，割地制度稍迟发达。……割地制度之成立，有和前者种种不同的原因。本来之共同耕作制度进步了，就生出个别的观念之发达和比较的永续性，而其结果，就认一定的期间内，在耕作地上有专属的使用权，所以生出这割换的制度。又由收税的关系上，国王自掌全领土的所有权，只许人民于一定期间，在地上使用收益。他所以这样的原故，有因一国的王征服他国，行他压制的手段的；也有因矫正一部落内土地分配不平均的弊端的。各国的习惯，虽不一样，然而和土地共有制度一齐的占多数。Mir 就是俄国里共同耕作制度之一种采用割换制度，俄国人叫它做 obsehtschtina。南洋爪哇也有一种割地制度，耕地完全是村乡所有，村民只有使用权，村乡团体直接对于国王负纳税的义务。"日本河田嗣郎所著的《土地经济论》，他的主旨是驳亨利佐治及土地公有一派的学说。却是他论土地所有的沿革，也不能不认初民时代有团体共有土地那一个阶级。中国行井田制度的时候，所谓"溥天之下莫非王土"。对于土地当然不会发生法律上私权的观念，人民是不能有地的，却无不能用地的。地之所出，一方养活人民；一方供给国用，好处就是这里。中国井田制度，和外国均地制度，自然有很多不同之点，但是于不同的地方，不同的民族中，要寻出绝对相同的制度，除凑巧之外，是万不会有的事。不过各个原始的民族里，有那些相类似的例，那么井田制度在中国古代，如先生所谓"半部落半国家"之世，就不能说它是绝对不可能。至于豆腐干块不豆腐干块，到是不关紧要。Ashley 对于各学者所考究的古代均地制度，也象先生对于井田制度那么怀疑。然而他在批评 Seebohm 的《威尔斯之部落制度》末尾之附录上有："I cannot help thinking that the Wales suggest a certain stereotyping of the division of land at an early date."一段尾声。可见人少地多的原始时代，拿土地来整齐均分，在各民族中,不是没有的。至于封建一层,夏商的时代怎么样我不敢说,到周得国之后,在绝对的领域内,划土分疆,封给同姓子弟和异姓功臣,也不是事势上万不能整齐。近世在新发见的土地上新兴的国家,如美国澳洲之类,他们所分的行政区域,也差不多是整方块头的,几千年后的论史家,难道也去怀疑。

(三)《诗经》的"雨我公田,遂及我私",不能作无疑的证据的道理,先生未曾说得明白。《豳风·七月》、《信南山》的诗,我的解释和先生的也有点不同。"无衣无褐,何以卒岁!"我们以为是农人以劳力自勉,以懒惰自警的话。所以有"田畯至喜"、有"为此春酒,以介眉寿。"不是"自己无衣无褐,却偏要尽力为公子裘,为公子裳"。充其量,这章诗所能证明的,也不过是当时情形,类似欧洲中古封建时代人民对于君主有执役的义务,却不能证井田因此也不存在。《信南山》、《甫田》两章的"曾孙",先生解作"田主"。但据通说,《诗经》的"曾孙",通是指成王。《周颂·维天之命》一章,有"惠我文王,曾孙笃之"。又证以《噫嘻》一章,"噫嘻成王,既昭假尔,率时农夫,播厥百谷,骏发尔私,终三十里。亦服尔耕,十千维耦。"似乎通说较有可信。《行苇》章的"曾孙"若是寻常的田主就不应有敦弓了。或者先生所谓田主,是王即国家的古代国有土地之主的意义,便没有什么争论。至于国家有"千斯仓,万斯箱",农夫有"黍稷稻粱",寡妇有"遗秉滞穗",便是社会富裕的景象。后来封建制度的弊端渐露,豪强兼并盛行,那些平和景象就没有了,所以诗人就要作此感叹。这样说去,似乎较稳。

以上拉杂写出来的意见,请先生指教。以我的浅学,且个人书斋里书籍很少,没有几本参考,拿这样大问题来讨论,很觉得力量不足。望先生不要见笑。

廖仲恺　十二月十九日

载于1920年2月1日《建设》第二卷第一号,据《建设》刊印

致邵元冲函[①]

元冲兄鉴：

　　辱赐书籍悉，动定为慰。学殖日荒，精神日怠，为我辈彼此所至惮，而引为深戒之境。得兄数行，如听晨钟，令人猛省不已。我国学界元气，非注入新思想，无以振兴，则各国方言，自不能不有所研究。

　　兄于英语本已稍置基础，倘能继续用功，必有所得，乞勿以日暮途远自馁。内子画未能大有所成，倘不嫌陋劣，当以一幅寄赠。专此奉复。敬请

大安

弟恺顿　廿五日

原件影印本刊于《建国月刊》一卷四期，

据《建国月刊》刊印

国民的努力

（一九二〇年一月一日）

　　中华民国的八年，飞似的离了我们，和那不可追的过去做一块了。中华民国的九年由今天起，也还是飞似的一刻刻抛弃我们的。我们国民若不努力望着世界进步的目标，追及其他捷足的国

---

　　① 本函是1929年8月15日出版的《建国月刊》一卷四期作为廖仲恺的手迹影印刊出，该杂志发表时并未加说明，从内容判断，当为1919年或1920年所写。

民，那飞似的光阴，一转眼又成过去，决不会慢慢地伺候我们。那么我们就一刻刻堕落在后，做距离世界进步的目标很远的落伍者，只有望着捷足先登者所得的胜利品来垂涎。自己所供出去的东西，腿也跑倦了，却自己不能拿回来酬劳。若等到其他捷足的国民，口里说是可怜我们跑得太慢，主张用绳子穿着我们的鼻来拉，用杆子敲着我们的背来赶，才能够跟得上，我们所吃的亏，所受的苦，未免太大了。但是吃那些亏，受那些苦，向来都是落伍者自己讨来的烦恼，不能怨人家暴虐，也不能求人家宽恕的。

凡和别人赛跑的，总要先认定：目标在那儿，自己的力气有多大，别人的力气有多少，别人和自己的距离有多远，自己的路如何走法。心里计划定了，第一先把自己路上的障碍物除去，才能按着自己的心算去走，才能得预料的成绩。否则，一步也走不动，别说什么成绩。我们国民这几十年来，在别的事业上总说不上有什么努力，但在经济上、商业上和别国民赛跑，在别人看，也觉得很是努力，在自己说，也承认是很努力了。然而我们国民跑了几十年，眼望着别国民一站一站的接近那世界进步的目标去了，我们依然在那同一线同一点上，挣个脱身也挣不动。这是甚么缘故？这就是我们没有把赛跑的障碍物除去之过。

这些障碍物是什么呢？就是政治上的障碍。他在经济上、商业上发现出来的，就是税则上的障碍，交通上的障碍，治安上的障碍。这些障碍在经济上、商业上的害处怎么样，凡在社会上有经济关系的人，都自己亲尝过，不必细说了。但是国民总时时刻刻受这害，总明明晓得这政治上的障碍不除，经济、商业是绝对不能进步。然而大家不先努力去除这障碍，却还说是讨厌谈论政治，只管瞎着眼睛去努力求经济、商业的进步，岂不是我们国民很矛盾的心理现象吗！

这种矛盾，我以为就是一方面证明我们国民只知自利的小利，而不知共利的大利。一言以蔽之，就是没有国民经济的常识。他方面，证明我们国民没有解决问题的勇气。我们国民总晓得这样的关税厘金制度，这样的交通方法，这样的治安保卫，万不能奖励生产，杜绝竞争品的输入，改良国民一般的生计。但是要除去这政治上的障碍，就要和政治上有权力的人硬拼，又恐怕自己吃亏。同时仍相信总体的国民经济情形，总不得了；但在现成的局面上，仍可以用种种手段，达个人营利的目的。自己过得去，便不管大家了。却不晓得生产不能奖励，竞争品的输入不能杜绝，国民一般的生计不能改良，那么一国的财富总额，断不能增加，一国的消费能力，断不能扩大。中国物价廉，人工贱，就是这个结果。物价廉，人工贱的现象，就是国民经济上大不了的征候，决不是我国工商业上便宜的地方。所以国民劳力的结果，大半分配入外国资本家的腰包里，他们所分配的仍属有限。但国内的贫民就一天多似一天，在他们也是终归不得了的。象一群老鼠在破漏的米缸里争食耗米，耗米只有那些，但是老鼠越争得狠，米越漏得凶。一两只有力的或许得饱，但是不得米食的还是多数，其结果就只有那一群饿的合起来咬那饱的，食完了才完事。在俄国演出来的悲剧，就是这个情形。

我国历年大计划的工商业，除了为虎作伥的事业以外都是随兴随倒的。世界大战争这几年间，欧美捷足的国民，在工商业上总算是停了步来等我们了。我国民仍旧是被那障碍物捣塞了进步的路，不能移动。去年听说是上海这地方的大事业，很有些发展。但我以为若我们的障碍物不除，三五年后，欧洲所受战争的伤痕恢复了几分，一发足来赶，我们国民在经济上商业上的颠踬，恐怕更要较从前惨痛。今日在这受障碍的路上的发展，就是后来头破额裂的预兆。所以我望我们国民眼光放远大些，不可徒然在现成的局面上，研究如何可以在内部争食的方法。必须先从本源着手，把政治上的障碍物扫清,这是我们应努力的第一着。这第一着做到,我们国民便可以向着世界进步的目标,按着我们心算,大踏步赶上,不怕颠蹶,也不怕必然的做世界进步的落伍者了。

原载于1920年1月1日《民国日报》
纪念增刊,据《民国日报》刊印

中国和世界

(一九二〇年一月一日)

今天是中华民国的形式成立后第八个周年的纪念日,也是世界大同的元旦。我们庆祝我们中华民国的生日,同时世界全人类也庆祝这世界大同的元旦。我们中华民国这一天真可叫做普天同庆了。我们中国在这世界里天然的地位上,决不是叨光世界人类的庆祝的。世界上独立的国民,总以中国的国民为最多;世界上相连的领土,总以中国的领土为最阔;世界上未开的财源,总以中国的财源为最富;对于世界能够有最大贡献的就是中国。中国是有世界救主之资格,做世界大同之枢组的。因为人与地就是创造一切的要素,这两个要素结合就成一个创造力。这两个要素的品质越好,数量越多,结合越巧,他所发生的创造〔力〕越大。有一种绝大的力趋于一个方向,那些较小的当然也被牵到同一个方向。物理上的运动是这样,人性上的模仿也是这样,不是我们瞎说的。但是今日有世界救主之资格的中国,却要在精神上、物质上等外国来救助,让外国来讲什么领土保存;做世界大同之枢组的中国,却要在国内弄到南北分裂,对自己来说什么息争御侮。在这天惠最优的基础上新建的国家,当这国家的纪念日和世界人类的庆祝日,一般的国民,无论有钱的或没钱的,无论坐汽车的或拉东洋车的,面孔上都带着不自然的神气。有钱的仿佛是有莫大的神通,没钱的就仿佛是受莫大的诅咒。这样大的地方,却没当然满足欲望的机会,种种天然与人生不相应的矛盾,都在国民的面孔上刻画出来。自己已经弄到这个景象,那就不必问他对于世界的贡献了。

中国在这应该贡献于世界的地位,若能够不贡献也可以自由的,倒没有什么要紧。但世界是不许中国放弃这个义务的。我们中国人若不能自救以救世界人类,世界人类之有能力的,却要拿他来自救,不管我们愿不愿的。现在进步的国家领土内,他的财源能开发的已开发了,因战争而受损害的也损害够了。开发够的地方虽不能说是开发净尽,但是他们国家为国民长久计,自然要主张保存富源。因为土地有一个限定,地里的东西也不是无尽藏的,可以拿数目字列得出人类享用他的年限,享用完了就没有得补偿的方法,化学上的代用物不能完全弥补这个缺点。想到这层,可见保存有限的富源,就是保存国民永远的命脉很紧要一个政策,难怪他们注意的。却是一方为国家继续的生存和国民现在的享用计,不能不兼顾眼前。我要为国家国民现在和将来谋物质的调和,就要向其他物质闭塞的国家要求门户开放。现在国际上对于我们中国所谓门户开放的意义,就是开放中国的富源,保存他们的富源;拿中国的原料和人口,支持他们的生产机关和资本制度,门户开放政策之经济的基础,简单说就在这一点。至于因这回战争而受损害的国家,拼命要求解决面包问题的民族,更要向中国一方面想调剂的方便,缓和他们的痛苦。我们中国当着这两个要求,能够以领土主权的口实,来打消这经济胁迫的原因吗?能够只管自家暴殄天物,不让人家得个温饱吗?到那时世界的同情,只有向于人类全体,断没有向于自私而不能自利利人的中国了。

中国人不能自救来救世界人类,让世界人类之有能力的拿他来自救,这结果就做成世界人类的战争,中国就变了巴尔干。巴尔干半岛所以酿成世界战乱的原因,虽然说是在民族上、政治上,但是主要的原因,还是在欧洲各国国民经济政策之冲突。欧洲各国所以有这经济政策的冲突,就是土耳其不能自救,欧洲的国民都要争先恐后在那儿专占出东方通路的要隘,保障商业交通线路的安全,所以变为欧洲各国竞争的焦点。东方最重要的市场就是中国和印度,印度在英国统治之下,暂时得了归宿,不会发生国际的争点,那国际的争点,就直接移到中国来了。中国不能自救来救世界人类,却还要害到世界有能力的人,彼此竞争,彼此相杀,于自己却没有半点益处,这就是弱者对于世界人类的作孽,虽堕落到几重奴隶的境遇,也没人可怜的。

中华民国由今天起是第九年了,从前空过的日子,错过了机会,很不少了。我们国家的建设成功不成功,虽然是我们一国家一民族内部的事,但是我们国家建设不成功,就可以累到全世界纷乱;我们建设能成功,就可以增加全人类幸福;这就是我们对于自己对于世界人类的义务。至于我们应该如何建设,才能够最恰当的尽这义务,这就在乎我国民大多数最聪明的选择。但是这种国家建设的方针,是要依着很远大的规划来定的;国家建设的事业是要靠着很大群众的力量来行的。我们国民的选择上能够有这既定的方针,合着力去行,自然有做世界救主那一天,世界大同的趋势,也可以促进了。

载于1926年春出版的《廖仲恺集》,
据《廖仲恺集》刊印

致李源水函①

（一九二〇年春）

源水先生暨诸同志均鉴：

最近中山先生因时事之要求，计画举办二事②：一为设立一英文报机关。一为创办一最大最新式印刷所。其详细理由，中山先生另有长启说明。诚宏大久远之事业，又为切需必要，而其势复未可稍缓者也。敬祈诸公极力提倡劝导，期此良图伟举，早能见诸实行，则于党于国共有无疆之幸。专此布闻。并颂

时祉

居　正
廖仲恺 启

据《南洋霹雳华侨革命史迹》刊出原函影印本刊印

致孙中山函③

（一九二〇年四月十二日）

先生大鉴：

十一日下午抵漳州，见竞存兄，经将意见陈述。竞兄对于归粤一层，似有决心，但觉以粤军独立作战，非先筹备枪炮子弹不可。觉

---

① 李源水为南洋霹雳华侨。原函无日期，据内容判断，应为1920年春所发。

② 1920年1月29日，孙中山发出《致海外同志书》，说明最近计划二事：一、在上海设立一英文杂志，预计开办费二万元，要求各地华侨分担经费，并代销杂志。二、在上海设一最大最新的印刷机关，拟定资本五十万元，分作五万股，要求华侨认股。

③ 这是廖仲恺自福建给孙中山的信，原件没有标明年月，从内容分析，当为1920年4月12日发。

民所述,李①、臧②所允各节,似有误会,因随后执信、仲元与臧面商,臧只允粤军出发后,必尽力援助,已与觉民所述,大相迳庭。而竞存之意,则必需先得子弹,然后出发,盖事实上必如此,然后有成算而壮士气也。据执信、仲元两人察李厚基意,恐粤军得子弹后仍不出发,故非有一种保证,恐难得其相信。似此彼我之间,不能推诚,归粤计划,恐成虚愿。弟到漳前数日,李遣代表来商,以竞存意归报李厚基,日间当有确复云。据弟观察,若先生不能设法使李先信粤军,给以子弹,则亦不能强粤军无助而先动。盖全军士气所关,非三数人之力所能左右也。请与觉生③、子荫④谋之。彼方屡言助战,而当此紧要关头,乃不能相信,李推之段⑤,岂非笑话。请告觉生、子荫,问前途,若真不能,则回粤绝望矣。沪若无特别事故,执信宜多留数日,以俟福州回报。专肃敬请

大安

仲恺手肃　十二日

再论钱币革命

(一九二〇年四月)

纸币之效用　货物本位钱币之具体制度,已见本杂志第一卷

---

①　李,指李厚基,时任福建督军,属皖系。
②　臧,指臧式平。
③　居正,字觉生。
④　黄大伟,字子荫。
⑤　段,指段祺瑞。

第四期续篇①。兹所论者,以纸币在货物本位币制上之效用为主。诚以其关系于此种制度之主张上及实行上之价值,至深且巨,应详细说明,以供国人参考。虽稍渎听,亦不得已也。

现世所称金银本位钱币,亦货物钱币之一种,是即以货物中之名为金银者构成钱币之本身。考诸钱币史上,货物之用为钱币者,其类至夥。亚比新尼亚人昔用矿盐,奇罗曼地海滨住民用米,伊安尼亚岛民用油,俄罗斯人用茶饼,希腊、罗马人用牛羊,中国有用皮、贝、布帛等物,而蒙古内地今日尚有用马为交易媒介之惯习。(蒙人需用关内各种产物,则各纪其品类数目,各出相当价值之马匹,托人领入关内售之,以其所得转购所需之物品,车载而归,按数分配。严格律之,此虽属于物品交换,但其所以行此,则以缺乏其他关内所较需要,而交易亦较利便之媒介故。)经济发达之社会,乃进而用金银。逮夫文明更进步,生产更活泼,商业更繁盛,一方因金银出产不能随经济社会需要之比例而增加,以供交易媒介之职务;他方因交易额之巨大者,若必依金银钱币物质的个数而为给付,其不便亦如以今日而行经济幼稚时代之钱币;于是发明纸币之用,以济货物钱币之穷。近世社会之经济活动,于国际间始赖金银,在内国几全赖纸币。是则纸币实起于时代之必需,即极端之金属主义者,亦无一人敢否认其效用。惟其效用应否或如何而后能扩充尽致,则学者所见,各有不同已。

现世纸币之类别有二:自其发行机关之别言之,曰政府纸币,曰银行券;自其性质之别言之,曰不换纸币,曰兑换纸币。不换纸币之利害如何,暂阙不论。至近时号称以金银本位钱币为基础之兑换纸币中,最普遍者为兑换银行券。欲知兑换银行券代表本位钱币之实况,及其所播于经济社会之影响,以与吾人所主张之币制相比较,当就主要之用金本位国曰英、曰美、曰德之银行券发行制

① 即《钱币革命与建设》一文的后半部。

度及其缺点而观察之。

从来金属论者,每视英国为金本位制之标本,钱币制度上之理想乡。其英伦银行条例规〔定〕,英伦银行之组织,须分为发行部、银行部两部。发行部专司发行及收赎纸币。纸币之发行,须有政府证券金钱或生金银贮为保证。其以政府证券作保证发行纸币之最大限度,一千八百四十四年制定条例时,为一千四百万磅。后以其他发行纸币银行,自弃其发行权利,故一千九百年三月以来,增为一千七百七十七万五千磅。发行过乎此数,则必银行部纳金于发行部,而后发行部能出同额之纸币。美国国民银行条例,规定银行欲发行纸币,须购合众国债券贮诸纸币局,而取与债券额面同数之纸币,署名发行之,且以流通额百分五之本位金钱贮诸国库,以备兑换。至关于贮款,所谓"准备市",如纽约等大都市之银行,须准备贮款总数中百分二十五之金钱或纸币;其他银行则须准备百分之十五。照战前德国帝国银行制度,帝国银行有不需金钱准备发行二万万九千三百四十万马克纸币之权。但过此限外,须有本国或外国金钱、生金、政府纸币或其他银行纸币为准备;若无此等准备,则须纳百分一中四十八分五之税。而对于流通纸币,须有发行总额三分一之现金,其余三分二则须以三个月期之商业期单足之,以为保证。以上三种制度中,法律上保持金钱与纸币之关系最严者为英制,美制最弛,德制号称得宜而富伸缩力。其所谓富伸缩力者,即受金钱束缚较少之谓也。

经济界因受金钱束缚而致损害之例,可于英国一千八百五十七年所起著名之经济危机见之。英国当时以商务急速膨胀,信用过度扩张,投机之价格与不稳之企业纷然而起。值美国经济上忽生剧变,波澜所及,恐慌遂不可避。从事生产者因受经济的压迫,或为防患于未然,竞求借款于银行者有之;因恐银行破绽,或需输资外国,竞向银行处分存款者有之。各商业银行受此重压,乃转提存款于金融中枢之英伦银行。英伦银行银行部之现款，逐日流出，至仅余五十余万磅，而钱荒之象益甚，取求之欲益炽。英制以政府证券准备发行纸币之额，有一定限，限外非以金入，则发行部之纸币不出。金钱与纸币之健全关系赖此而保，故无要求兑换之事。但市场之需要虽亟；银行部之现款将尽，亦不能得发行部之纸币，以供社会急切之要求，计只有将政府证券出售，企换得现款以润泽市面。顾恐慌之季，购之者希。即有购者，亦惟在银行有存款之资本家，以普通银行或英伦银行之支票给值，而其结果泽，虽或能稍减银行对于存款之债务，但仍不能取得现款以资周转。于是英伦银行之经营者，援一千八百四十七年救济钱荒之先例，要求政府许其制限外，由银行部以政府证券纳入发行部，换取同额之纸币散诸市场。是之谓英伦银行条例停止效力。市场上知钱币之供给无穷，紧张之度遂缓。计此次限外发行纸币之数，至高仅达九十二万八千磅，而恐慌息矣。嗣后一八六〇年、一八六四年、一八六六年数次钱荒，皆以一时停止纸币发行之制限而免大害。其中一八四七年及一八六六年两次，英伦银行实际上限外发行纸币之数并未有加，仅宣布停止条例之效力，而经济界之风波顿止。夫Peen之定此条例，本鉴于前此滥发纸币之害，如一八二五年冬银行存金仅得一百零二万余磅，而市场流通纸币之数乃达二千三百三十五万余磅，几有停止兑换之危，故立此严格之制限，以为保障。然其结果，则出乎其所料虑之外。盖坐只知纸币架空滥发之害，而不知钱币为金属所束缚不能应市场需要之害。

人民对于滥发纸币，所以要求兑换者，以其空而无物，故欲得物以屏障损失，非必重视金也。若使所代表者非金而为他物，亦如是已。且社会所以有需乎金钱，以其能便交易故。故金钱乃手段，而非目的。今为金故而限制钱币之数量，反置社会需要之程度于不顾，是为手段而牺牲目的矣。美国纸币制度，以债券保证发行，法律上所需现金准备之额不大。但一般银行敏于图利,债券价低息高,则购债券而换纸币发行之。价高息低则否。故银行纸币流通额之伸缩,大半随债券价格之高下,绝不依市场对于钱币之需要而定。且银行各为其纸币之信用起见,经济界稍有异动,即争吸集金钱,慎重放款,收束纸币。钱荒之起,往往由是激成。近年所设联合准备之制,即以补偏而救弊,顾其弊实生于根本,非从根本上图救济,则一弊去而他弊来,终非久安之道。试观欧战以还,金钱之流入美国者,如恒河沙数。其结果遂致钱币之购买力锐减,受契约上一定之月给以为生活者,窘苦不可言状。故今日美国之忧金,与欧洲各国之忧不换纸币,等是原因于币制之根本,同具物价飞涨之弊害。纸币过多与金币过多,在经济上固二而一、一而二者也。德国纸币发行制度,虽称较善,但用金属本位所生之弊害仍存,不过与前两者较,略有程度之别而已。盖金属本位国之发行纸币,通常必与准备金保相当之比例,准备金增加,则纸币发行额恒随之而增加。倘其增加之额超过社会之健全需要以上,而经济上之一切条件不变,必有以高腾物价压迫贫民。日本发行纸币,全仿德制。欧战期间暨现在之社会状况,皆有以证明此原则之不谬。若夫金银流出,则虽社会正当之需要增加,然其纸币发行额不得不减。以此之故,钱币之数量与社会之需要,常不一致。此种缺点,为金属本位币制上至大之弊病,不可掩饰。故欧美有积金用纸之说,以免金纸错杂,互相为害,盖亦有所见也。

吾人所主张之货物本位,不限于贵金属,乃兼以社会之必需品充之。今假以金、银、铜、铁、煤、米、麦、豆、糖、盐、丝、绵十二种为例,此十二种货物,虽为钱币之本位,然实际上不用为交易媒介,只用为准备,而以同价额之钱币流通于市场。钱币本位既以上举十二种货物组织而成,则准备上易随需要而为损益。市面交易只以钱币而不以货物,则钱币与货物各因其材而致其用,无相妨之害,而有相成之功。流通之钱币与准备之货物同额，应乎需要而为发行，则钱币无驾空之弊，无过量之虑。此之征象，当从币制之实行上方面具体的申明之。行此币制之第一步，须停止银币之铸造，定期禁止现行银币之通用，而以新纸币换回银币，销为银锭，以供准备。而其结果则：

同额之纸币出

同额之银货入

人民以银换领新币而便交易，其结果亦同。有因制造上或其他之需要而兑银者，则依时值给之。而其结果则：

同额之准备银货减

同额之流通纸币消

纸币与银货自动的相消长，丝毫无所障碍。假令现行之钱币皆属银币，则一转移间可更新制，但市场上纸币充塞，虽名为兑换，其实亦不能尽数可变而为银，一经多数人要求，则其不能兑换之真相立露。国家革故改新，非万不得已，不宜使社会未蒙其福，而反先受其害。故对于现行纸币，不能不有善法以处之。其法当先停止新纸币以外一切纸币之发行，同时清查旧纸币在市场流通之数目及其发行之年月日号数，使发行者以所存之银纳入施行新币之机关，换领新纸币，兑还旧纸币销毁之。其不能兑还之旧纸币，是为不换纸币，当由国家于一年期内，以公债吸收之。此法无异国家借款于发行者以偿债，故发行者对于国家，当负担其收回纸币之额之债务。一年期限之外，旧纸币作废，禁止通用。夫不换纸币，在性质上实为一种无利息之强迫公债，今以有利息之公债易之，于纸币所有者有益而无损。若欲得现款以供各种消费，则可售之于人，或押之于银行，皆可达其目的。大率国家能实行改革，则其信用必增，不患无因债券而求利殖者。而国家因改革币制故，致现行大多数之纸币失其流通力，则以国家为之整理，且牺牲国帑若干

（债券利息），固义理上当然之事，亦职权上应有之责。至于发行者所发行之纸币，本为一种债务证券，发行者对于纸币所有者，负有契约上偿还其所要求之银之义务。发行者既不能履行债务，乃由国家代其履行，则国家对于发行者，为代位债权者，而发行之负债无所增减。故自纸币所有者、纸币发行者及国家三方面观之，其法至公，而实行亦易。依此办法，公债所销却之旧纸币若干，即市场上所缺少之钱币若干。施行新币之机关，于是因销却纸币之比例，酌市场需要之程度，以新币购前举之十二种货物，价低者多购，价高者少购。例如米、丝价落，则多购此两者，少购他物，则米与丝之平价于以维持，而他物之价不受影响。而其结果则

  同额之纸币出

  同额之货物入

施行新币机关，于生产多价格廉时，所购得之物，本国家行政上之活动，以全国全世界为市场，必不忧其停滞。例如去年广州、香港以缺米食而起风潮，无锡一带之农民以米过剩而兴嗟怨。新币机关，于此即以所收得无锡一带过剩之米，救济广州、香港之荒。他者之例称是。而其结果则：

  同额之准备货物减

  同额之流通纸币消

此之实例，仅就其各个交换之现象言之。若就全体之准备货物与全体之流通纸币而察其比例，则其数式实为：

  准备货物总额，减去赢余，等于流通纸币总额。

准备货物所以有赢余，则以所销却之纸币额数必多于所准备之货物量数。盖此制虽不以营利之目的而行，然因生产消费之地殊，物价涨落之度异，则其自然之结果，于国家必有所利也。生产者在货币经济时代中，欲继续其生产上之事业，必将其前度生产之结果卖却，化为货币资本，然后得行。苟无买之者，则当倚赖于银行

之贷借。而银行业者,以自利为主,当物价低落、市场沉滞之秋,则忧偿款不能如期,故不愿贷;当市场异动,银根紧急之际,则忧放资过乎其度,亦不敢贷。行金属本位制之中央银行, 恒以拥护金属之目的,提高利率,致苦内地之产业者。职是之故,财富积而不通,生产必将窒息。在货物本位币制之下,纸币之发行无定额,有货物入,即有纸币出,供给一因乎需要,其弊自无从致,而货物与纸币流通之活泼,非今日之经济界所能梦想矣。国家行此币制,以供交易安稳之媒介,保物价适当之平衡,任其趋势所之,准备之货物,较诸流通之纸币,必有赢余,观上举之例明甚。此赢余之准备积存若干,则当发行若干之纸币。而其结果则:

同额之货物赢

同额之纸币出

国家有此纸币,用为筑道路、开运河、事生产,一方使废弃之人力有所结晶,无告之贫民有所衣食,则社会物质上之消费力增进。一方内地交通之方便既开,贸迁有无之范围既扩,则纸币流通之额,亦当增进。此例可于广州最近之纸币情形见之。广东所行之中国银行小洋券及大洋券,皆以不兑换故贬价。至广州毁城垣、辟马路,路傍屋宇,拆而复建。工人有所施,故市场稍活泼,而纸币价涨矣。夫毁城垣、辟马路,所便者不过一隅之交通, 所用者不过数万之人力,而其效已如此,况乎以兑换之纸币,营远大之交通,用无数之人力耶。准备货物之赢余愈多,国家所能处分之纸币愈多,则利国福民之事业愈多,即以之偿还公债亦可。盖国家存此赢余之货物,不能置之于无用,必须以一种手段,散纸币于社会,使兑销货物,以举新陈代谢之效。否则,陈陈相因,失货物本位之功用矣。故其结果亦为:

同额之准备货物减

同额之流通纸币消

纸币与货物自动的相消长,纸币还原,即销毁之,故社会不患钱币增加,过乎生产贸易所需之程度,致有一般的物价腾贵之弊。此乃以纸币行货物本位钱币之主要目的。至其结果,国家得有自由处分之纸币,以为增进社会福利之经费,则其附随者已。

纸币单位之价值问题　吾人所主张之货物本位钱币,既以十数种之重要产物组织而成,用为准备,而以纸币行之,则以何者为此种钱币单位之价值,为次起之问题。盖十九世纪一般之经济学者解释钱币价值,以其为基于构成纸币本身之金属之一定量,如Mill,ldwous,等说是也。ldwono①之说曰:"本位钱币者,其交换价值,全赖于其本身原料所含之价值者之谓……吾人可视金钱如金锭销毁而输出于不用金钱之国,顾此种金属之价值独立存在,无所赖于圜法,故无所往而不为人所承认。"凡以钱币本身金属一定量之价值为钱币单位之价值者,统名之金属论者。其在金属钱币极盛之时代,钱币概可变为金银,概可铸成本位钱币,故有此类之解释。今者纸币之用大宏,此论已不适切。顾世界未尽脱离金银之束缚,故经济学者之说明钱币单位价值,往往一面反对金属论者之说,一面自蹈金属论者之覆辙而不自知。而世人惑于近代金属钱币与兑换纸币之关系,蔽于经济学上之陈说,必有对于吾人所主张之钱币,而疑其无所本以决此单位之价值者。是不得不就钱币单位价值之真义而说明之。

所谓钱币单位之价值者,正确言之,实钱币个数单位之购买力。例如一元购米若干。一元,即钱币数量上之单位;米若干,即其购买力也。金属论者之说,实误于以构成钱币之金属之价值为钱币之价值。不知钱币为一物,金或银又为一物,两者之性不同。惟以金、银等有价值之物为钱币,故两者之性混而难辨。析而分之,

---

① ldwous 与 ldwono原书如此,当有误。

则金银自有其本体之价值，顾钱币自身实无价值可言。如前例所云"一元购米若干"。米若干，则为米对于钱币单位一元之物价，而非米若干即为钱币单位一元之价值。德国经济学者里甫曼(R.Lie-fmann)曰："所谓钱币之价值者，物价耳，当于财富方面研究之。"盖至当之论也。夫钱币之所以有购买力者，或起于公众之认定，或由于国家之圜法，不必有赖于有价值之物。但当经济发达未至充分，国家设施未臻完备之际，社会可选为钱币者，胥其本身有价值之物。至时代变迁，所举为钱币者，愈见精进，由有值而至于无值，由有形而至于无形(如所谓 deposit currency 者)。但钱币自身之所以为交易之媒介者，自古至今，无有间断。即钱币与其他各物品劳务之交换比例，吾人名之曰购买力者，亦一系相承，继续而达于今日。故钱币单位之购买力之成立，实为历史的产物，必从物价史上观察，然后乃有所得。是以欲知货物本位钱币所借而行之纸币单位之购买力，第一步当溯源于其先所行币制之下钱币单位之购买力。若欲更进，则溯流穷源，至于原始以货物为交易媒介之第一例而止。盖不如是不能知也(参观 Mioes, Theorie des Gelds und Umlaufsmittel,1912)。然则新钱币单位之购买力，即渊源于所代之旧钱币单位之购买力，观此甚明。虽购买力之程度时有强弱之差，然其购买力之自身则一而已。

　　钱币之统一的概念　吾人所用为以行纸币本位之货物，种类各别，价值不同，自表面观之，不无奇异之感。顾察各国现行钱币之实状，即知所谓用金本位之国，亦有同一现象。世界各国，无论其采用金本位或银本位，靡不杂用银、镍、铜、纸等钱币，其内容之价值亦各殊。日本虽号称用金本位之国，然其本位金钱，尽数积存于日本银行，以为纸币之准备，实际上绝不见其流通。市场所用为交易媒介者，惟银、镍、铜补助币及有法币资格之银行券。欧战以来，银价飞涨，金价跌落，银补助币之原料所含之价值，与其所以为补助币之额面上名称,及对于金本位钱币之原料所含价值之比例,相去悬绝,故渐收藏于国库,流通于市面者,几尽一毫以上之政府纸币及银行券。欧洲英、法等国,更不能不集中金银钱币于中央银行,而行用纸币。近且有经济学者主张立为永久之制度,以免经济上发生种种不便者(法国学者如 Gide,德国学者如 Dalberg)。此虽原因于战时战后之特别情形,出于万不获已。但自现行币制之根本观之,以有价物为实际上之交易媒介,而范以一定之分量,一定之形体,顾其本身原料之价值变动不居,则其所以为价值之尺度者必不适合。故主张金只可用为准备,而以纸币行之。如近时非金属论者多数之说,在钱币学史上洵一进步。但既只用有价物为准备,而不使其流通,则何必专取贵金属之一二种,而不取有价物之若干种为较良善之组织耶。故吾人所主张之货物本位钱币,行将于所选以为本位之货物之种类及其组织见长。Helfferich 曰:"每一国之钱币,乃由有种种形状之种种材料集合而成,而此材料乃依一无形之带结包括为美妙统一的一体,且以同一之钱币观念实现之。"倘假以说明吾人所主张之币制,则上节所举之十二种货物为材料,而纸币则为有形之带结,以包括此材料为美妙统一的一体,且以单一的钱币观念实现之者也。更取譬以明之,则货物入为准备,如征兵之入营;货物复出于市场,如兵役期满,复为庶民;而金、银、铜、铁、煤、米、麦、豆、糖、盐、丝、棉,如步、骑、炮、工、辎;至于纸币则师团也。

原载于1920年4月《建设》第二卷第三号,
据《建设》刊印

致孙中山函①

（一九二〇年六月三十日）

顷得先生电，知已电北京转催李督②即拨子弹，但未悉能否有效。仲元赴闽交涉，所有作战计划及接防事宜，皆如李所要求，载书而往。惟李必需俟参谋长归，会议之后，始能交付。参谋长归期，现未有定，自难强仲元在福州守候。粤军所急在子弹，而不在满口承诺，即先生所急在粤军进攻，不在答应而已也。子荫③不明此理，故交涉半年，未得旦当。倘徒以此信入，终非失败不可，惟先生留意。此请

大安

仲恺手肃　卅日

原件复印件藏中国革命博物馆，
据原件复印件刊印

致孙中山函④

（一九二〇年七月二十日）

先生尊鉴：

---

① 这是廖仲恺自福建给孙中山的信。原件未标明年月，从内容分析，当为1920年6月30日发。

② 李，即指李厚基，下同。

③ 黄大伟，字子荫。

④ 这是廖仲恺自福建给孙中山的信。原件未标明年月，从内容分析，当为1920年7月20日发。

纪文①带来之款,已妥交并由竞存电复,想先达览。仲元篠日由福州归,述李②对于拨弹、借兵二事,口虽承诺,然而实行当待参谋会议决定,而李之参谋长在沪未归,电召归福,已需时日,至于会议如何决定,尚难悬时。此间求速,而李故缓,口惠而实不至,于事无补,抑又害之。故仲元归后,兴意索然。以为湘军之捷,桂系声势益张,而此间子弹接济又不可望,平时主张不战者,其说更能动听。仲元、石觉遂亦为所软化。至于汝为③,则日夕酣嬉,不事准备,促之出发,则谓天气酷热,行军太苦;否则托词集中需时,欲速不达。仲元、汝为之锐气如此,其他可知。竞存以既有宿诺,不便食言,故甚着急。但其前后左右之空气如此,有可虑者二:一则终至不能发动;二则勉虽发动,而将官无此兴致,必以懈怠致败。现时粤军兵士目击将官浪嫖豪赌之习,怨怼备至,汝为军中有唱山歌以寓讽刺,意谓长官如此,与其打广东,不如先打军官。军心如此,欲其出力难矣!恺既以此警汝为,而汝为以为无患,直平然也。今欲壮粤军之气,使必然发动,必然战胜,则拨弹、借兵二事,必当设法速办,且非先生来此一行不可。李督对此二事,延宕至今,迄无切实办法,恐终不可靠计。惟有遣子荫从速北行见段,告以情形,请其设法直接拨给粤军子弹,务求见诸事实,毋再徒托空言。若不能,则请其直接密令王旅④,迳与粤军一致作战。据王旅长对仲元言,若得段令,则无事不可为。诚否虽不可知,但彼既为此言,不妨使段一试也。广州之举,非子荫所愿,亦非所能,且亦断无效果。与其强子荫为此,不如先使其北行,力持此旨,与段交涉。盖桂系能否攻破,端赖于此,徒恃民军,终难有成。倘广州再有败衄,粤军之

----

①　即刘纪文。
②　指李厚基,下同。
③　许崇智,字汝为,时任粤军第二军军长。
④　指王永泉,时任闽军旅长。

胆更寒,不堪用矣。张敬尧无用,一至于此,廖湘云事,恐付泡影。庸人不足与谋,真可慨叹!先生徒信人言,而事事不切实,亦一大弊。粤军与李培之①之交涉,恐亦类此,段用此辈人,所以失败。湘事若仍用张敬尧,必为桂系之利。为吾党计,为段计,亦宜以湘督许谭②,使反攻广西。谭鉴于丙辰前事,知桂系不急湘省,段以此策往,必洽谭意。段若仍以不可,用之私人而图大事,则失败伊于胡底。子荫见段,不妨切直言之也。专肃敬请

大安

仲恺手肃　廿日

原件复印件藏中国革命博物馆,
据原件复印件刊印

致林虎电稿③

(一九二〇年八月底或九月初)

去岁匆匆一晤,未及罄怀,念自昔同志如足下者,乃至觌面而不能一伸肺腑,滋可叹也。今岁协和④北汉之役,同人深知足下处两难之境,代以为虑,而卒以大力使协公交通无阻,声援可恃。同志遥听,莫不叹服,以为究竟能全始终交谊者,惟革命党能之。足下之于陆、莫⑤诸人,不过偶然相遭,非有生死患难之契。讨龙⑥之

---

① 李厚基,字培之。
② 指谭延闿。
③ 本电文是原件或抄件,从朱执信的遗物中捡出。原件题为"廖仲恺致××未发电稿",无拟稿日期。从内容判断,该电是1920年8月底或9月初拟致林虎的。林虎当时任莫荣新的桂军第二军总司令兼肇罗阳镇守使,驻广东肇庆。
④ 李烈钧,字协和。
⑤ 指陆荣廷、莫荣新。
⑥ 指龙济光。

役,足下自诱致龙部,披其腹心,谭①、莫乃得东下,计功论德,彼辈岂能当足下一指,而仅许成一旅,自谓厚遇。试问当时若他人来司军政,则以师长属于足下,有人谓非适材、有人谓无资格乎?而坐令陈坤培②辈居然踞此旌麾,足下转居其次位。及龙氏跳梁,则又借足下之力,以敌陆氏所忾,龙氏既倒,又相猜疑矣。夫桂省即乏人材,尚不容此老朽山贼为一省代表,况足下故革命党,曾驰盛名于东方,而低首受此曹顾指,尚有公道可言乎。故人人以为足下甘为陆、莫走狗,弟则深知足下忍辱负重,自有所图,必不以此为满足也。自今年来,足下之心事稍稍白矣,而莫氏之猜疑亦随之俱深,使无竞存、福林、礼堂③辈为彼目前之敌,则足下亦旦晚被排斥矣。竞存以粤人之望所归,处操刀必割之势,马首西向,五日而下潮梅④,固有人力之所不及者。张敬尧之众,十倍组庵⑤,不一日而败;段祺瑞之众,二倍曹锟,不一旬而败,此岂特战之罪哉。足下本明达,必知其故矣。夫以盟誓之好,则足下同盟会员也;以交谊之久,则陆、莫何如葆生、克强、协和、竞存也;言乎大义,则足下必不与复辟首领同流合污;不随山贼为劫杀淫纵,论事势则又若此矣,使与陆、莫于足下恩深义厚,势难内叛,吾又何敢以责足下,顾其关系不过尔尔,而必为之效死,则计已左矣。异时海外同盟会人,闻足下莫不起敬,今则以桂贼视足下矣,假使失败,虽欲翱翔海外,又安可得乎。且此次惠州有战⑥,莫氏必以足下所部抽赴前敌,即其倖

---

①　即谭浩明。

②　陈坤培即陈炽培,是曾任广东督军的桂系军阀陈炳焜之弟,时任全国陆军统一编制的广东陆军第一师师长。

③　指陈炯明、李福林、魏邦平。

④　1920年8月下旬,陈炯明率援闽粤军回粤讨桂,迅速攻下潮梅各属。

⑤　谭延闿,字组阉。

⑥　1920年9月初,援闽粤军向惠州、东江一线进攻,莫荣新调林虎部增援惠州,经一个多月的战斗,桂军终于全线败退。

胜,此数营者,或为他人所攘,或竟独立,非复足下有矣。若其败,则怨恨所集,乃在足下一身。若舍肇庆之地盘,身赴前敌,为孤注之一掷,则战胜之日,争功者不知几人,前无所获,而地盘一经扰乱,不复能保,岂非进退失据,足下试一审利害,当知此时不可不自为计也。协和今已自贵阳向湘西,益之①等已率在湘滇军,全部集合湘边,进攻全州。足下在彼,必已得有军报,此时不急谋所以自拔者,异日协和相见,不免有悔矣。

据中国革命博物馆藏件刊印

致蒋介石梗电②

(一九二一年十一月二十三日)

转

介石兄鉴:

先生③决自将出师。竞④留两广,巩固后方,整理内治。望兄速来。弟仲恺。梗。(二十三日)。

刊于《民国十五年前之蒋介石》书中,据《民国十五年以前之蒋介石先生》刊印

---

① 朱培德,字益之。

② 1920年12月25日孙中山由上海赴粤,到广东恢复军政府。1921年5月5日孙中山就非常大总统职。此后即令粤军向广西军阀攻击。从1920年末,孙中山即劝蒋介石到广州参加工作。蒋介石拒不奉命,并且妄说:"孰有如孙先生之以诚待人者,而其内容复杂,尤非吾兄所能尽悉。如以对我个人言之,则挥之使去,招之使来,此何等事,而谓吾能忍受之耶!"(1921年1月20日蒋介石《致戴传贤书》)后经多人函电催促,蒋介石于9月13日才到达广州,但数日后又返回浙江。11月6日孙中山电催蒋介石赴广东,参加北伐。所以廖仲恺电催蒋介石速来。

③ 先生,即孙中山。

④ 陈炯明,字竞存。

105

致蒋介石函[1]

（一九二二年四月三日）

介石兄鉴：

纪文[2]归，为言兄仓卒间谓弟不复兄电，使弟徬徨失措。查关于兵站事，已在致汝为[3]兄及兄电中，此外并无他项电报。至前接兄函，要弟电兄归粤。此则虽以刀锯加颈，亦不肯为。盖弟自得兄西行，已不啻如天之福，岂能干此破坏大局之举，以重罪戾。仲元[4]遽遭惨害（查为刘志陆购凶所致），吾党健者，又弱一个！吾侪与仲元相处逾十年，道义之交，海内有几，追怀良友，辄复潸然出涕。渠生前至爱赣园，临终亦以执信[5]为念。赣园适与执信墓相对，故拟卜葬于此。已电园主协和[6]乞地矣。回师之举，如可转圜，仍以依原定计划为妥。否则内忧将无已时，吾不欲观之矣。兄作战计划原稿，乃遭回禄，此弟所引为至憾者。日记一册，弟当韫椟藏之，断不令再失也。……[7]

恺启　四月三日

刊于《民国十五年以前之蒋介石先生》，据《民国十五年以前之蒋介石先生》刊印

---

[1]　蒋介石经各方函电催促，于1921年12月22日才抵广州。1922年1月18日到达桂林。时孙中山正在准备北伐，蒋介石又想离去，故廖仲恺致函责之，婉转指出离开桂林，不协助孙中山先生北伐，就是"破坏大局"。

[2]　即刘纪文。

[3]　许崇智字汝为。

[4]　邓铿字仲元，广东梅县人。为辛亥革命、讨袁战争各役广东的首领之一。1922年初孙中山任邓铿为粤军参谋长，协筹北伐军饷械。3月20日，在广九车站被陈炯明暗杀。

[5]　朱执信于1920年9月21日在广东虎门为桂系军队杀害。

[6]　李烈钧字协和。

[7]　《民国十五年以前之蒋介石先生》一书删节。

致陈炯明电①

（一九二二年四月十三日）

（一）介石昨晚到梧，顷已会见。

（二）先生②蒸日起程，介石先行，目的在免除误会。

（三）先生遄归，意旨在添调军队图赣，并谋饷弹补充之确实，使此举不至无功，以坠声威，此外无他希冀。桂林调归各军，经三水、浔江口，集中韶、雄，宜于一星期内予以通过，俾勿别生枝节。

（四）嘱达先生各节，已转电昭平矣。

（五）同人意，驾能来梧接见先生③，面商一切尤佳。（四月十三日）

刊于《民国十五年以前之蒋介石先生》，据《民国十五年以前之蒋介石先生》刊印

---

① 时陈炯明任广东政府的陆军总长、粤军总司令、广东省长。却与北洋军阀曹锟、吴佩孚勾结，阴谋叛变。孙中山正在桂林筹备北伐，因陈炯明暗中掣肘，所以由桂林回广州。并用一切办法，争取陈炯明。陈炯明曾有电质问孙中山回广州事，故廖仲恺电陈炯明说明情况。

② 先生，即指孙中山。

③ 约陈炯明到梧州与孙中山会面。后陈炯明不应召去梧州，反而电请辞职，避往惠州。

致蒋介石函电九通

（一九二二年五月至一九二三年二月）

一①

介石兄鉴：

先生、展堂②兄等已出发③，所恶者已去④，请速来。此间对赣，决定真日开始攻击。并闻。恺。庚。（五月八日）

1922年5月8日电，刊于《民国十五年以前之蒋介石先生》，据《民国十五年以前之蒋介石先生》刊印

二⑤

上海林焕廷兄转介石兄：

函悉。鸿楷⑥元日，汝为删日，已赴前方。先生俟第二师到韶后，即归广州。兄不来，无以安诸友之心，盼火速起程。恺。铣。（五

---

① 孙中山由桂林回广州后，陈炯明的叛迹更为显露。蒋介石遂于4月23日离广州回上海。故廖仲恺电蒋介石，催促回广州。

② 胡汉民字展堂。

③ 5月6日，孙中山到韶关。

④ 据5月3日许崇智致蒋介石电："介石吾兄惠鉴：函电并呈阅，先生即令礼卿（吴忠信）离粤，昨已行矣。该部暂直属于军部。"

⑤ 1922年5月9日蒋介石致书廖仲恺，反对北伐，要求孙中山由韶关回广州。故廖仲恺致电说明，并催蒋介石回广州。

⑥ 粤军师长梁鸿楷。

月十六日)

1922年5月16日电,刊于《民国十五年以前之蒋
介石先生》,据《民国十五年以前之蒋介石先生》
刊印

三①

介石兄:

电悉。粤非确有事变,则由前方回师,为情势之所不许。梁黄两部②皆绝对不愿见此,若二军独行其是,必遭各部反对。今兹所期,惟在胜敌于外,而镇静于内,以消患无形。省城有海军与三师,宵小必不敢妄作。兄当速来,即赴前敌,以助汝为。徒令汝为及我辈吃苦,兄何忍。恺。世。(五月三十一日)

1922年5月31日电,刊于《民国十五年以前之蒋
介石先生》,据《民国十五年以前之蒋介石先生》
刊印

四

转介石兄:

恺由韶回,读尊电,复如下:

(一)某部③来省,除电请仍令某主持广东军队外,尚无其他举动。

---

① 1922年5月25日蒋介石又电汪精卫、胡汉民、廖仲恺、许崇智等人,要求回师广州,停止北伐。廖仲恺复电解释不能回师的理由,并催促蒋介石回粤。

② 梁鸿楷与黄大伟两部队。

③ 孙中山北伐,出师韶关之后,陈炯明调驻广州军队,在石龙布防;并调叶举部五十余营自肇庆回到广州。5月8日叶举等要求复任陈炯明为粤军总司令暨广东省长。某部盖指叶举部。

（二）竞①屡辞北伐职务,及君武②来告桂乱,颇愿负责,先生③照去年援桂例,着以陆长办匪。

（三）竞答应来省,或仍赴肇,分调某部各回防地。

（四）某部如能陆续离省,甚好,否则尊电实为不得已时之必要处置。前方根本,统筹兼顾,实不可无人,万望即日命驾,勿延迟。……④ 仲恺顿首。六月一日。

1922年6月1日电,刊于《民国十五年以前之蒋介石先生》,据《民国十五年以前之蒋介石先生》刊印

五⑤

介石吾兄惠鉴:

长函⑥阅后,当呈先生。但现时各方情形,已有多少变更,兄非常住此间策划不可。盖时事瞬息万状,而尤以军队情形为然,非日夕与各方消息接触,恐少逊随机应变之妙用。此间待商之事正多,请即命驾来沪。汝为感日电称:"展堂日间拟赴王处⑦,徐亦将行矣!"匆匆此复,敬请

大安

恺、铭同叩 八月三十日

---

① 竞即陈炯明。时孙中山仍命陈炯明为陆军总长,办理两广军务,并调叶举部队到江西边界前线,参加北伐。叶举部抗不奉命。

② 马君武于5月22日电孙中山,辞广西省长职。

③ 先生即孙中山。

④ 《民国十五年以前之蒋介石先生》一书删节。

⑤ 1922年6月16日,陈炯明叛变。8月14日孙中山由广州到上海。孙中山欲留蒋介石在上海寓邸办事,蒋介石不听从,并于8月23日返回浙江原籍。故廖仲恺致函劝蒋介石回沪协助孙中山工作。

⑥ 1922年8月29日,蒋介石致廖仲恺、汪精卫一长函,谈及广东军事计划等问题。

⑦ 1922年8月21日胡汉民赴福建延平与王永泉商订合作条件。

再者：兄函所述，弟等完全同意。而近日情事剧变，有在兄意料之外者如下：(一)左丞电告，在桂之滇军五旅，已不服从张开儒，径赴南宁，取道回滇。(二)协和率朱、陈、李各部，进取湘南甚速。即此两事观之，可知即令兄在沪，亦有时遥度不及，而不能不随机应付，况在乡间。先生决定计划之时，或变更计划之时，无兄在左右，如何而可。弟意兄宜急来此，专掌军机，一切应酬，尽可不经意。政治问题等等，兄如懒理，当由弟等撮要报告，共同商决。否则军事无人参画，若决定计划或变更计划有误，悔之已晚矣！

1922年8月30日函，刊于《民国十五年以前之蒋介石先生》，据《民国十五年以前之蒋介石先生》刊印

六

介石兄鉴：

兄到沪之翌日①，弟偕许志澄至大东访之，而兄与启民皆不在，后晤见静江，始知兄在彼处，而弟则并静江来沪亦不知也。又翌日，偕展堂再访，启民在，而兄已忽然归，使弟爽然若有所失。昨奉惠缄，言居沪心绪不佳，亦无所事，故决计还乡。弟则以为兄在此间，待商待决之事正多，若避去乡居，则事无从谋。人人如此，则先生左右可无一人矣！其说通乎？恺日间当赴日本，精卫、展堂、溥泉②三人，亦另有使命他往，则在先生左右为料理笔墨者，仅沧白③一人。故函招季陶来，未审其果能来否，即能来，亦不过服书牍之劳，各方面军事固不在行，且不接头者多。而关于汝为方面之

---

① 蒋介石经孙中山与廖仲恺等人函电催促，于9月9日到上海，但立即又回浙江。

② 张继，字溥泉。

③ 杨庶堪，字沧白。

111

事,尤为重要。日夕思维,非兄常在此间不可。故恳兄无论如何,仍再命驾来沪,家事恺当嘱启民为兄料理妥当,毋须兄焦虑。兄固当留此精神为中国、为先生、为吾党出力,不可消耗于不必消耗之事,以伤身体。弟知兄必不我弃,故敢强以相劝,望兄垂听。匆匆,此请

大安

弟恺手启　九月十四日

1922年9月14日函,刊于《民国十五年以前之蒋介石先生》,据《民国十五年以前之蒋介石先生》刊印

七

介石兄鉴:

手书诵悉,精卫、展堂两兄,昨晚自杭州归,结果甚善。浙卢①主张浙、奉与我三方,应各派军事家一人,在沪组织军事委员会,以资联络进行。奉张②特派韩麟书来,此行极有重大关系,请兄无论如何,即行来沪,商略一切。广州、上海,在弟亦认为至可厌恶之地,但我辈既有大目的当前,自不能不降心迁就,否则除自杀外,无他途也。专此,敬颂

大安

弟恺手启　九月十八日

1922年9月18日函,刊于《民国十五年以前之蒋介石先生》,据《民国十五年以前之蒋介石先生》刊印

---

① 浙江督军卢永祥。
② 奉军首领张作霖。

八①

宁波濠河头新顺木行转蒋介石先生：

兄四旅长电②拍发前，声明敷衍面子，警卫两营直辖总部，一营已派往泉州，皆无问题。惟觉生到处致函为子荫运动③，请设法劝止。恺。庚。（十二月八日）

1922年12月8日电，刊于《民国十五年以前之蒋介石先生》，据《民国十五年以前之蒋介石先生》刊印

九④

介石兄鉴：

手书诵悉。各种年鉴，已属舍侄婿往觅，购就，当于下月初由渠带沪。恺长居热海，计尚有三星期逗留也。

去年托购各书，经于新历年底邮寄福州，书到而兄已行，一包折回公使馆，另一包至今尚未见折回。据菊池书店云：兄寄三十

---

① 1922年10月18日孙中山任许崇智为东路讨贼军总司令兼第二军军长，蒋介石为参谋长，黄大伟为第一军军长，李福林为第三军军长。22日蒋介石到福建第二军军部。十一月中，蒋介石即想弃职离去。孙中山曾于十一月十九日电蒋介石说："万勿轻去，以致偾事。"并派廖仲恺到闽帮助蒋介石。时黄大伟因改编部队事与许崇智发生冲突。十一月二十四日，蒋介石竟与黄大伟结伴离闽。船至马尾，适廖仲恺持孙中山手书来挽留，蒋介石仍不顾而去。孙中山仍令蒋介石回闽，故廖仲恺致电蒋介石。

② 蒋介石的长电未见。据下文所述，似蒋介石有所要求，均已答应"皆无问题"。

③ 居正字觉生。黄大伟字子荫。居正如何为黄大伟运动，不详。蒋介石当时正与黄大伟取一致行动。十二月十一日蒋介石致黄大伟函中说："弟之行止，尚难自决。要当以兄之行止与本党之利害如何为断。"廖仲恺电中要蒋介石劝止居正为黄大伟运动，似有劝告蒋介石停止与黄大伟一致行动之意。

④ 蒋介石于1922年12月18日，经孙中山等几次催促才赴福建。但于1923年1月7日又返回上海。1月26日孙中山与苏联代表越飞发表联合宣言。2月15日孙中山由上海赴广州，组织政府，催蒋介石去广州。这时廖仲恺伴同越飞赴日本。廖仲恺在日本发此函，意为劝蒋介石去广州。

元,已照所列书目购备,亦于年底付邮寄福州,至今未见退回。查日本在中国内地邮局,本年一月一日起,一律撤销。想各书寄到福州时,无人代收,而邮局撤销在即,未交各邮件移交中国邮局之际,未审用何手续,辗转之间,易于遗失,且此后不负责任,则办理多疏,此固可不问而知者。只有照前单再购一次。但恐有现已售罄者,即再购亦无从得,为可憾也。

恺归时,拟偕兄赴粤一行,商赴欧事。台意如何?匆匆此上,敬请

大安。

仲恺手启　二月二十六日

1923年2月26日函,刊于《民国十五年以前之蒋介石先生》,据《民国十五年以前之蒋介石先生》刊印

致古应芬电①

(一九二三年五月十三日)

古主任鉴:

应密。固卿② 需树人③ 为助,政务厅长无人,不得不以烦兄。军旅之事,兄可卸溃于簏堂④。战阵非兄所长,及时而止,至为得

---

① 这是廖仲恺于1923年5月7日接任广东省长以后给古应芬的电报手稿。原稿无年月日,从内容分析,应为1923年5月13日发出。古应芬时任陆海军大元帅大本营驻江门办事处主任。

② 徐绍祯,字固卿,原任广东省长,1923年5月7日改任大本营内政部长,广东省长由廖仲恺接替。

③ 陈树人,原任广东省政务厅长,1923年5月21日改任内政部总务厅长。

④ 即魏邦平。

计,且居省较易为一、三师助,故不待兄同意,敢开硬弓。先生①闻之,亦谓适宜。盼归面议。再,惠州无线电报,杨坤元②退走,并闻。恺。元。

原稿藏中国革命博物馆,据原稿刊印

拟以军法办理盗匪案给
大元帅的呈文③

(一九二三年六月一日)

呈为盗匪滋炽,拟请变通办法,并准通饬各绥靖处及各县援令办理,呈请核示事:本年四月二日奉大元帅第五十九号训令内开:查广州市内竟有白昼抢劫情事,甚至日有数起,惊扰闾阎,妨害治安,殊堪痛恨。着由该省长督饬所属,一体严防密查,遇有抢劫案犯,一经拿获证明,即依军法从事,以儆效尤而清匪患。除训令卫戍总司令遵照外,合行令仰该省长即便遵照办理。等因。当经令行广州市公安局及南番两县遵照在案。现查省外④各属地方清剿盗匪文告,及商民上控被劫呈词,其盗风之猖獗,实与广州市情形无异。为目前治标计,此后凡有关于各属强盗案犯,拟请准予通饬各绥靖处及各县一体援照前令办理,以清匪患。惟强盗案犯就获后,必须讯取供证,录案呈报职署核准,方得执行,期无错误,而重人命。一俟大局平定,匪风稍戢,再行呈候核示遵办。所有职署拟

---

① 即指孙中山。
② 杨坤元,拟为杨坤如,是陈炯明派驻惠州的守将。
③ 标题是编者所加。
④ 指广州市以外各县。

请援用军令变通办理缘由,是否有当,抑应如何办理之处,理合具文呈请鉴核,统候指令祗遵。谨呈大元帅。

广东省长廖仲恺

原载《陆海军大元帅大本营公报》,据《陆海军大元帅大本营公报选编》刊印

设置西江船舶检查所给大元帅的呈文①

(一九二三年六月十六日)

呈为呈请事:现准大本营驻江办事处②主任古应芬支电开:查西江余孽合北江溃兵,所有西江来往船舶亟应严密检查,以杜奸宄。请帅座即日宣布西江为戒严区域,设置西江船舶检查所,派委得力人员,前往办理,并令行交涉员知会洋商轮船暂行开至德庆县止,以免危险。是否有当,伏候迅赐分别办理。又据元日戌电开:查西江战事方殷,敌人每恃港梧轮船③以资接济,请照民国九年成案,速设西江船舶检查所,俾断敌人交通各等由。准此,查十年五月粤军援桂之役,宣告西江沿岸警备区域临时特别戒严条例内声明,设立西江船舶检查所,并附有该所组织法及规则各一份,自设立之后,颇著成效。惟该检查所应由军政机关设立,现古主任所请设立西江船舶检查所,为杜绝桂省叛军交通起见,似应照案准设,

---

① 标题是编者所加。
② 即大本营驻江门办事处。
③ 指往来于香港、梧州间的轮船。

合将该检查所应予设立缘由，呈请大元帅鉴核令遵。谨呈

陆海军大元帅

广东省长廖仲恺

原载《陆海军大元帅大本营公报》，据《陆海军大元帅大本营公报选编》刊印

致中央直辖讨贼军西路刘总司令等邮电

（一九二三年七月十三日）

中央直辖讨贼军西路刘总司令① 鉴：
增城县黄县长览：

黄阳日邮电悉。查各县警察分所长员等职，照章应由县长于分发任用警员中遴选，呈署核委，历办有案。前以县属各分所长，被驻防军队占委，迭经前任申明定章，并将军警系统未便淆混情形，详晰声叙，函请查照办理在案。现称忽接有自称奉中央直辖西路讨贼军新编独立旅旅长邓，委任增城县警察第二分所长万树藩，逼令原任分所长黄聘璋出走，擅自就职，并截留本署屠牛捐饷项，骚扰商人等情，若不亟行制止，殊于警务庶政，均有妨碍。据电前情，应请贵总司令希为查照，转饬邓旅长迅将所委万树藩调回，即由原任第二分所长黄聘璋接理。嗣后警察分所长员任免事宜，仍由县照章办理，以清权限，而免纠纷。仍祈见复为盼。仲恺叩。省长廖。元。印。

---

① 刘总司令，即刘震寰，当时任中央直辖西路讨贼军总司令。

取缔重抽厘金给广东财政厅的命令

（一九二三年七月十九日）

令广东财政厅：

现据广九铁路管理局局长温德章函称：现准英段总理伯克君函开，兹将各转运公司关于香港运入华段之货物，拟重纳厘金一事，联名致敝段车务总管一函，抄送察阅。倘长此不已，此种情形，恐于华、英两段之运输，均蒙重大之损失，此层想在洞鉴之中。闻各洋商亦已得到此种消息，对于本路运输货物，现已迟疑观望。贵局长素与各当道接近，务恳极力设法，于最短时期，将此项重收之厘金撤销。敝段已将此事详报本政府，想不日或能达到解救之目的也。等因。并附抄函一纸，经饬据车务处查明复称：香港各转运公司致英段函内所述各节，自属实情，但未见之明文。近日华商所运省港货物，在大沙头、深圳两站①，均须缴纳厘金。其原因系大沙头至石滩②一段，由一军官管辖，石龙③至深圳一段，另一军官管辖，双方均照全额抽收厘金。惟此事本处未据华商函诉，拟请根据英段所附抄函，转陈当道设法取缔等情前来。查本路运输，因有航务竞争，平日已受影响，若如英段抄函所称，所有运输货物，均须纳厘二次，如此重抽，不循常例，势必商运尽趋航路，长此以往，车务蒙其损失，固属不赀。且恐英段因此致启交涉，观于该总理所云，已将此事详报本政府等语，想见已露其端，理合肃呈鉴核，俯赐设

---

① 大沙头是广九铁路广州的起点站；深圳是广九铁路华段的终点站。
② 石滩，属广东增城县。
③ 石龙，属广东东莞县。

法取缔，务使往来货物，仍照原则抽收，免为外人借口，以恤商艰而维路务。伏候训示祗遵，实为公便等情。并附抄白英段总理原函一纸到署。查所称该路输运货物，由大沙头至深圳须纳厘金两次，系属违例重抽，请予设法取缔，仍照原则抽收，应由该厅查明，核议呈复，以凭察夺。除函福军李军长①查禁见复外，合行令仰该厅遵照办理。此令。七月十九日发。

省长廖仲恺

刊于《广东公报》，据《广东公报》刊印

关于北江西江水灾函电三通②

（一九二三年八月三、四、十三日）

一

广州治河处汤督办鉴：

财政厅邹厅长、清远县吴县长览：

吴县长艳日邮报悉。该县风雨为灾，前据具报，节经行厅会商在省善团，集议筹款赈济在案。据报前情，仰厅迅遵前令办理，仍由县分别各处灾情轻重，设法先筹抚恤，毋任失所。其崩缺堤基，应如何设法修复，并请汤督办派员勘办见复为荷。仲恺叩。省长廖。江。印。

刊于1923年8月7日《广州民国日报》，
据《广州民国日报》刊印

---

① 即李福林。

② 1923年7、8月间，广东北江、西江发生水灾，围堤崩缺，灾情严重，廖仲恺对此极为关注，曾多次督促有关部门全力开展救灾工作。这里选录的是廖仲恺所发的函电中较有代表性的三通。

二

广州治河处汤督办鉴：

财政厅邹厅长、高要县严县长览：

　　严县长艳日邮报悉。据称县属基围崩决及危险各情，应请汤督办赶紧派员会县确勘，分别设法修复培筑，应需经费，即由厅遵照前令，分函在省善团集议筹款补助，以资救济。景福围为西江下游屏蔽，关系重要，现虽天放晴霁，潦未尽退，该县仍应督率绅董，加工培筑，实力保护，毋稍疏虞。是为至要。仲恺叩。省长廖。支。印。

刊于1923年8月7日《广州民国日报》，
据《广州民国日报》刊印

三

广州治河处汤督办鉴：

财政厅邹厅长、四全县巫县长览：

　　据四全第三区高路围绅董黄道华等呈称：窃高路围外临河海，中起岗陵，两江冲要，遍地低洼，土瘠民贫，村稀县少。论税亩不过三十余顷，无一处是上税良田。计居民亦仅四五村，无一家有千金实业，专以批佃租耕，男女合作，自食其力，终岁劬劳，舍此别无生涯，以资补助。加以近年荒歉，十室九空，困苦之情，已可概见。今夏霪雨兼旬，河流飞涨，危险异常。当经遵奉陈分所长函示，预办椿木、麻包，以备救护。连日以来，曾率各乡男女，不分日夜，竭力团救，转危为安。忽于八月三日上午十点钟时候，先崩缺大兴围白庙上基，水势狂奔直冲，缺本围龙头岗基约三十余丈。一片汪洋，如同泽国，田地种牲，淹浸无余，损失甚多，贻累不少。数千难民，流离失所，或高栖屋顶，或露宿荒岗，采薇而食，席地而居，哭声震天，惨难言状。况迭年来，水旱兵贼，灾害迭侵，吾民何辜，遭此荼毒。今复水灾，一连六围，同遭浩劫，哀鸿遍野，待哺嗷嗷。然尤有虑者，河水将退，亟宜赶筑秋基，以补秋耕，而顾民食。惟地瘠灾深，工繁费重，预算需支数千，方能筑固。但以四乡穷民，从何筹措，非仗伏钧宪维持，逾格恩恤，势难筑复完全。除呈报列宪暨分函省、港、澳各善堂请账外，理合沥叙灾情，备文呈请察核，伏乞恩准令行广东财政厅暨九大善堂院，派员诣勘，分散急赈，源源接济，以救灾黎，并筹拨赈款，助筑秋基，以维民食而保民命等情。据此，查前据该县威整堡团局局董陈文波，以旧历四月廿八、九等日，大雨滂沱，河水陡涨，堡属一片汪洋，俨成泽国，灾黎遍野，乞设法筹赈等情，呈由该县具报前来，当经行厅会同善团商会，集议筹款放赈，一面赶将河堤勘明，设法修复在案。兹复据高路围绅董黄道华等续报前情，仰厅遵照前令，一并妥速会商办理。该围既处两江冲要，并请汤督办派员会县督同绅董，勘明该处地势河流，妥筹修筑，藉减水患。应需经费。即由该县就地筹拨，仍广劝绅富量力捐输。一面先将灾民设法安辑，赶办急赈，毋令失所，是为至要。一切办理情形，应请汤督办随时见复，并由该厅、县具报察核。仲恺叩。省长廖。元。印。

刊于《广东公报》，据《广东公报》刊印

致叶恭绰函①

（一九二三年七月或八月三十一日）

誉虎部长惠鉴：

---

① 原函系用"广东省长公署用笺"，无年月。推测当为叶恭绰任财政部长时。刘部似为刘震寰部。此函似为1923年秋刘震寰部东征陈炯明时所写，即可能为1923年7月或8月31日所写。

刘部催款甚急。尊处任筹之五万，尚应交一万四千元。务乞下午四时以前，饬交到署，以便转发，解赴前敌。专此，敬颂大安，并候复示。

仲恺　卅一日

原件存中国革命博物馆，据原件刊印

制止军队擅捕通电

（一九二三年九月二十七日）

大本营军政部程部长、广州卫戍司令部杨总司令① 鉴：

现据广州市公安局局长吴铁城电呈：现据第十二区四分署长何海屏呈称：本月十九夜七点余钟，据白蚬壳英商太古洋行货仓特务警长莫礼电称，现据警察吴秋报称：顷间有穿黄斜制服军队二人、穿白夏布长衫者四人、穿黑胶绸衫袄者一人，均系操外省口音，乘座光天电船一艘，该船悬有黄色杨字旗，并青天白日海军旗一面，由省河驶来，湾泊本货仓第一号码头。该穿长衫及穿黑胶绸衫袄者共约五人，立至湾泊第二号码头之"苏州"、"上海"船上，将操外省口音、不知姓名搭客一人拘去。该被拘之搭客，当时并无声张，追行至第四号货仓口，即似不欲举步，而穿黑胶绸衫袄者，立在怀中拔出左轮手枪指吓，强行拉去。警察上前询问，据称系江防司令部军队，今奉令到来拘人，毋庸警察干涉等语，并以手枪相向，随即将搭客一人拘落乘来之光天电船，向省河方面驶去等情。正查核间，又据该特务警长电称：该光天电船顷间又由省河驶来，拘去搭客之后，复上"苏州"、"上海"船上，不由分说，尽将被拘之搭客行李

---

① 程部长，即程潜；杨总司令，即杨希闵。

藤篮铺盖共约五六件,匆匆搬落电船,仍向省河驶去,警察询问,置之不理等情。查军队搜查逮捕,向须会知警察,以免流弊发生。况该货仓及"苏州"、"上海"船,系属英商产业范围,尤须慎重,防蹈交涉。今该军队并无知会段警及到分署接洽,擅自到该英商船上拘捕搭客,偶涉疏虞,易惹外交,至于是否假冒,尤难识别等情,报请核办前来,理合据情转报察核,应请饬行各项军队。嗣后逮捕搜查,务须知会警察,以防假冒,而杜流弊等情前来。查军队搜查或逮捕人犯,自应知会该管区署警察,协同办理,系为杜绝流弊,以防假冒,应请通饬所属各军,嗣后搜查或逮捕人犯,务须查照办理,并祈见复是荷。仲恺叩。感。印。

刊于1923年10月1日《广州民国日报》,
据《广州民国日报》刊印

复蒋光亮电[①]

(一九二三年九月二十八日)

滇军第三军蒋军长鉴:

号电诵悉。财厅开办商业牌照税,系奉帅令特准,并奉指定用途。尊议以服从命令,交还财厅办理,期于不悖财政统一。此系尊重政府统系,即所维持军民两方威信,实深感佩,专电奉复,惟希察照。仲恺叩。俭。印。

刊于《广州民国日报》(因残缺,日期未明),据
《广州民国日报》刊印

---

① 滇军第三军军长蒋光亮,在他所驻防的广三铁路沿线设置财政处,擅自收取原属广东省财政厅征收的商业牌照税,后经大元帅命令将该财政处撤销,蒋光亮不得不致电广东省财政厅表示服从。这是廖仲恺就此事给蒋光亮的复电。

复蒋光亮电①

（一九二三年十月八日）

滇军第三军蒋军长鉴：

通电奉悉。建国根源于财政，而整理财政，非趋统一，无以策励将来。我粤自军兴以还，饷需浩繁，各军就地派员经理各项捐税，原为暂时权宜办法。尊议注重统一收支，首倡将经管各财政机关从十月起，悉数交还各主管官厅办理。推诚示信，大义炳然，洛钟一声，祖鞭猛着，关系于理财一面，即关系于我粤全局。瞻望前途，拜嘉原意。复电感佩，希为察照。廖仲恺叩。庚。印。

刊于1923年10月12日《广州民国日报》，

据《广州民国日报》刊印

关于都市土地税给大元帅的呈文

（一九二三年十月十二日）

呈为呈请事：窃维都市土地价值日昂，其影响于工商事业至巨，非以一种土地税法调剂参互于其间，断不能保市民负担之公平而弥经济制度之缺憾。当经考查状况，编为《都市土地税条例草案》，详著理由。在民生主义尚未实施之前，苟能行此税法，慰情亦当聊胜。拟请明令颁行，先由广州市试办，并拟请设立土地局隶

---

① 蒋光亮把持广三铁路沿线的财权，遭到广州舆论以及各界群众的强烈指责。为了缓和民愤，他便装模作样地发出通电，表面上表示将各项财政收入交还政府办理，而实际上却依然如故。这是蒋光亮通电发表以后，廖仲恺给蒋的复电。

省长公署直辖,由省长派员办理,以专权责。理合将理由书及条例汇列清折,呈请陆海军大元帅。

计呈《广东都市土地税理由书》及条例清折一扣。

广东省长廖仲恺

中华民国十二年十月十二日

广东都市土地税条例草案

(一九二三年十月十二日)

理 由 书

土地为生产之要素,而又有限之物也。工业商务发达之区,人口繁殖,欲望增进,需用土地以为生产日益多。求过于供,则地价自然腾贵,无待人工之改良。是以土地增价,实为社会之产品。地价贵则地租随之,地主不劳,坐收增益;而商贾劳工,勤劳终岁,反博得负担之增加。物之不平,孰有过于此者!前英国财务大臣雷佐治之言曰:"现在我国土地制度之最大缺点,在使社会不能自收人民合作之利益,而反自处高抬地价之罪以谢地主。"言之可慨也。此种现象,随处皆是,岂独英伦一隅已哉!我广州市自拆城辟路后,数年之间,地价骤增数倍。地租之贵,决非一般人民之力可能担负者,虽曰出诸自然趋势,岂非社会经济制度之不良有以致之哉。我孙大元帅目睹社会失序,贫富悬殊,阶级战争,其端已肇,慨然以改革社会为己任,创平均地权之说,以为改良社会经济之方,整理国家租税之具,其要旨系土地皆有税,且重课其不劳而获之收益。夫地价税,良税也,重征之不以为苛。由社会道德方面言之,重税土地,则地价贱,地价贱则地租低落,而使用土地之权得以平均。请申言之,地价者,土地收益以普通利率还完之数也。地税者,不能转嫁之负担也。地税不能转嫁,自当向土地收益扣除,土地收益既减少,还完之数亦随之而小。埃尔兰学者巴氏谓经营土地,不过求收益而已,凡减少其收益者,即减少其售价,是土地价税,减少地价之具也。地价,未税之值也。地价既减,人人得以贱租使用土地,故曰平均地权。不宁唯是,税重而不能转嫁,则繁庶区内,向无收益之空地,当变为有建筑地以求收益。有建筑地如逐渐增加,而需求居常不改,地租降落,可立而待也。由国家理财方面讨论之,土地为适宜课税之物,理由有数端:(一) 土地为有形不动之物,按物征收,无可逃避。(二) 地价易于考定,以相邻间土地之买卖价格,及其本身状态评定之,估价无过高或过低之弊。(三) 土地不能伸缩,地价涨落,比较别物为有常,税收额可预定。(四) 我国田亩有赋,其他土地不征。租税原贵普及,彼税而此免,岂得谓平?且纳税能力,宅地远胜于田亩。(五) 我国近来国用浩大,杂税繁兴,制度紊乱,苛扰人民,亟待整理,以舒民困而裕国计。倘土地价税全国举办,以四百万方英里之土地,其间名城大邑,何止千百,每年收入,当以百兆计。行之有效,则所有不良之税,自可一律废除,舍繁归简,即整理税制之道也。

广州都市土地税条例草案

第一章 总 则

第一条 条文所用名词之解释。

 一 宅地 凡都市内人烟稠密处所,可作建筑、住居、营业或制造场所之用之土地,即为"宅地"。

 二 无建筑宅地 宅地区域内之空地,或虽设有临时建筑物之宅地,均称为"无建筑宅地"。

 三 农地 在都市内除宅地区域外,所有农田、菜地、果园、苗圃、鱼塘、桑基及其他种植之土地,均包括之。

四　旷地　都市区域内除宅地或农地外,均属"旷地"。

五　土地改良　于都市土地上建筑、增筑、或改筑房屋、道路、沟渠及其他工作物等,有使土地增加效用而能耐久者,谓之"土地改良"。

六　土地改良费　改良土地有形之资本,谓之"土地改良费"。

七　地税　包括普通地税土地增加税而言。

八　地价　指地价评议会判定之地价。

九　土地增价　凡土地现时价额,超出于前判定之地价,其超出之价数,即为"土地增价"。

十　关系人　指有土地权利关系者而言。

十一　铺底顶手　指限于经领有登记局之铺底顶手登记完毕证者。

十二　铺底权利人　即铺底顶手所有人。

第二条　城市、商埠、乡镇,其人口在五万人以上者,均适用本条例。但须依照第三条之规定行之。

第三条　各都市施行本条例之时期,由广东省长斟酌地方情形,随时以命令定之。

第四条　有税地分为下列三种:

一　宅地。

甲　有建筑宅地。

乙　无建筑宅地。

二　农地。

三　旷地。

第五条　施行本条例都市之行政长官,应依都市之情形,酌拟宅地区域,呈由省长核定公布之。

都市行政长官,认为有变更宅地区域界线之必要时,得将情形及酌拟变更界线绘图附说,呈由省长核定公布之。

第六条　都市内未经公布为宅地区域之土地,而有建筑房屋,能作住居、营业,或制造场所之用者,作有建筑宅地论,但栅厂蓬寮不在此限。

第二章　普通地税

第七条　每年征收普通地税之定率如下:

一　有建筑宅地　　　征收地价千分之十

二　无建筑宅地　　　征收地价千分之十五

三　农地　　　　　　征收地价千分之八

四　旷地　　　　　　征收地价千分之四

第八条　全年普通地税,依下定期限征收之。

第一期,一月一日至一月三十一日。

第二期,七月一日至七月三十一日。

地方遇有特别情形,不能依前项所定期限纳税时,都市行政长官,须将情形具报,由省长核明展期征收之。

第九条　都市行政长官,认为地方情形有必要时,得请求省长将第七条第二款规定之税率加重或减轻之。

第十条　免税土地,依下列各款定之。

一　关于教育慈善使用之土地。

二　寺庙、庵观、福音堂。

三　公立免费之游戏公园。

四　墓地。

五　公立劝业场。

六　其他土地,得省长或都市行政长官指定免税者。前项之规定,限于自己所有或承典及永租土地适用之。

第十一条　前条所列一、二、三、五、六各款之土地，如有以一部或全部为有偿的，或赠与他人作营利事业者，不得享受第十条规定之待遇。

第三章　地价之判定及登记

第十二条　凡关于土地权利成立所有之书据，无论已未经登记局登记，限于本条例施行之日起，四个月内，连同抄白书据一份，申报地价书一纸，呈缴土地局查验登记。

第十三条　缴验书据，每件应征费银壹元。

第十四条　申报地价书，须依式填报下列事项：

一　姓名。（土地所有人，永租人，典主，或铺底权人。）书据如系用堂名，须加该堂代表人名。如系店名，加该店主事人名。如系二人以上共有，则用第一人之名。

二　通信处所。（如处所变更时须即申报）

三　土地种类。

四　座落。

五　面积。

六　每井价值。

七　全段地价。

八　改良费额。

九　前项投资时期。

十　年租。

十一　如有永租、典当或铺底关系，须详细报明。

十二　土地现充何用。

第十五条　各种地价当事人，依限申报后，由地价评议会审查其申报地价之当否，分别判定之。但有铺底顶手关系者，须照第二十四条之规定办理。

第十六条　地价判定后,地价评议会即将判定之地价,通知土地所有人,永租人,或典主。

第十七条　土地所有人,永租人,或典主,认判定地价为不合时,得自收到通知书之日起,三十日内,向地价评议会申述异议，请求复判。

地价评议会,对于当事人申述异议,所为之复判,为最终之判决。

第十八条　土地所有人,永租人,典主,认复判地价为不满意时,得自收到通知书之日起,十五日内，申请都市税务官署,将土地征收之。其征收地价之标准,规定如下:

一　复判地价与申报地价,相差百分之一十或以下者,由税务官署照复判地价征收之。

二　复判地价与申报地价,相差超过百分之一十者,由税务官署照申报地价加百分之一十征收之。

第十九条　各有税地变更其种类时，土地所有人及关系人应于变更前，将变更事由,呈由地价评议会核准;并于变更程序完毕后十日内,呈报土地局登记。

第二十条　凡有税地变为无税地,或无税地变为有税地,其土地所有人、关系人,应于变更前,将变更事由申请土地局核准,并于变更程序完毕后十日内,呈报登记。

第廿一条　无税地变为有税地,其土地所有人限于变更程序完毕后,十日内应将地价申报,由地价评议会依于申报价额与土地状况及相邻土地价格之比例判定登记。

第廿二条　凡土地之让与、永租或典当,须于契约成立时呈报登记。

第廿三条　永租权、典当权、铺底权及其他土地之地租，有变更或修改时,关系人限自变更或修改之日起,十日内声请土地局修正登记。

第廿四条　有铺底关系宅地之地价，以全年租金之十二倍及铺底顶手金额合成计算之。

第廿五条　土地改良费，于地税征收时，应由地价项下扣出半数免除之。但以经地价评议会核定登记者为限。

第廿六条　土地局地价评议会规则，及登记规则另定之。

第四章　普通地税之纳税人

第廿七条　有铺底关系宅地之普通地税，其土地所有人应照年租十二倍缴纳。其铺底权利人应照铺底顶手金额缴纳。但本条例未施行前之改良费不得免除。

第廿八条　有典当关系土地之普通地税，由典主缴纳。

第廿九条　永租地税，由永租人缴纳之。

第三十条　其他地税，概由土地所有人缴纳之。

第五章　土地增价税

第卅一条　土地增价税率列下：

　一　土地增价超过百分之一十至百分之五十者，课百分之一十。

　二　超过百分之五十至百分之一百者，课百分之十五。

　三　超过百分之一百至百分之一百五十者，课百分之二十。

　四　超过百分之一百五十至百分之二百者，课百分之二十五。

　五　超过百分之二百者，课百分之三十。

第卅二条　土地增价免税之定率列下：

　一　土地增价在百分之一十或以下者。

　二　农地或旷地每亩地价二百元以下者。

三　宅地全段地价在五百元以下者。

第卅三条　土地增价税之征收办法列下：

一　土地转卖时，出卖人照现时地价扣除原价，或最后经纳增价税之地价额及改良费之半数，所余之额，依率缴纳。

二　土地继承时，继承人照现时地价，扣除被继承人原价或最后经纳增价税之地价额及改良费之半数，所余之额，依率缴纳。

三　土地权或永租权，经十五年未有移转时，土地所有人或永租人照现时地价扣除前十五年地价及改良费之半数，所余之额，依率缴纳。

第卅四条　土地所有人，于土地典当满期赎回时，或典主于期满断典，取得土地所有权时，应照现时地价扣除典产原契成立时所值地价，及典当后土地改良费之半数，所余之额，依率缴纳。

第卅五条　违背第十二条第十九条至二十三条之规定者，处以五元以上一百元以下之罚金。

第卅六条　本条例如有未尽事宜，得随时修改之。

第卅七条　本条例由大元帅核准公布施行。

附　说　明

一　土地税分为普通地税、土地增价税二种。前种按值抽税，凡价值相等之同种土地，一律受同等之待遇，办法本甚公平，但未足以对付不劳增益。是以普通地税之外，复设土地增价税以补其罅漏。土地增价既系社会之产品，不劳之增益，不应全入私人囊中。政府征收一部以办社会事，自无不合之理。

二　土地亦有因人工改良而增价者,此种增价,不得谓之不劳而获。地主之功,亦有足纪者。拟免除改良之费半数,借以奖励良好建筑。

三　繁庶都市中,无建筑宅地为最适宜之投机物,税率应较他种为重,以防止投机。并迫促弃地变为有用之地。惟地方有时而衰落,衰落之地,其租必贱,无建筑物者,应减轻税率,以昭平允。

四　旷地征收普通地价千分之四,表面上似过轻,恐为投机家所利用。究其实,所谓旷地,大抵未经改良,不能使用,难求近利。千分之四,已属太重,过此恐难担负。查英国旷地,每镑征半个辨士,未及千分之三。有税无收,已不适于投机,而况另有土地增价税以取缔之。

五　政府征收土地,其权利关系人,直接或间接,必受有一种损失。应照申报地价增加些少,以为缝弥。＊

六　有铺底顶手关系之土地,其地租不得任意增加,若以相邻间无铺底顶手土地之价值为纳税之标准,则殊非平允,故以年租十二倍计之。铺底顶手权,已视为土地权,其金额亦应视为地价。

原载《陆海军大元帅大本营公报》,后又发表于1924年7月20日《新建设》第二卷第一期,据《陆海军大元帅大本营公报选编》刊印,据《新建设》校

统一军政财政命令①

（一九二三年十月）

训令广东财政厅、广州市政厅、沙田清理处、官产清理处、广州市财政局、广州市公安局、各县县长：

案奉大元帅第三三七号训令开：军兴以来，各军所需伏食等费，为数甚巨。或由各财政机关指拨，或各就地筹给，手续不免分歧，系统尤形混乱，殊非所以统一军政财政之道。现因裁撤兵站，折发给养草鞋各费，头绪更多，若不急谋经理统一之方，势必使军政财政同时陷于纠纷，而管辖军政机关，于饷糈支出，漫无稽考，尤非所以慎重出纳。兹为解除此种困难起见，重新改定办法如下：一、自十一月一日起，所有各财政机关，关于原定每日发给海陆各军伏食，及东江作战军给养、草鞋等费，着按日悉数解交军政部；二、海陆各军，原由各财政机关领取之伙食，及东江作战军给养、草鞋等费，自十一月一日起，着归军政部发给。以上各项费用，除东江作战军给养、草鞋等费，业经明令规定外，至于伙食一项，其据实呈报，按照人数请领者固多，而其中浮额虚领之数，亦复不少，应着军政部长随时考察，酌量核减，以资樽节。当此财政奇困之际，各统兵长官，为国宣劳，深明大义，自当共体时艰，督饬所属，切实施行，庶几事有专责，饷不虚糜，本大元帅有厚望焉。此令。等因。奉此，自应照办，除分行外，合行令仰该　长遵照。此令。

广东省长兼大本营筹饷局总办廖仲恺

刊于1923年11月10日《广州民国日报》，据《广州民国日报》刊印

---

① 孙中山和廖仲恺鉴于财政收支的混乱，决定对财政体制进行调整：一切军费开支，统一由大本营军政部发出；另成立大本营筹饷局，统一经理军费的征收和筹措。1923年10月1日，孙中山任命廖仲恺兼任大本营筹饷局总办。这是廖仲恺发出要求各机关严格遵守财政收支新规定的命令。命令发出的时间应该是10月，具体日期不详。

在广州市全体党员大会上的演说^①

（一九二三年十一月十一日）

余昨赴石龙，以今日本党改组党务事报告大元帅，并向索训词。帅意谓：与其文章上之训词，毋宁代将此意对众详为宣达。兹谨为吾党述之。本党自同盟会起，迄于今日，名义数更，组织屡变，个人与团体的牺牲亦既巨且多，虽其中屡起屡蹶，又复屡起。然试看本总理自奔走革命以来，于兹数十载，今日须鬓皤然，仍须沾渍锋镝于沙场血泊中，则是本党十数年来所牺牲以较今日所获效果，未免得不偿失矣。考本党不进原因，约有二事：组织之未备也，训练之未周也，皆其重且大者。兹就组织方面言，曩者吾党组织，形式上似部别整然，然实际则不特以全党事务委一人之手，且以一人而供孤过，其不失败不陨越者几希。然则吾党同人今后当知所鉴，当自信吾党主义固有绝大把握，但能组织完善，则收效正大，否则恐终不能通力合作也。

诸君试思，今日吾党革命之成功，实以外洋支部为原动力，总理撑拄于内，外洋援助于外，彼外洋支部所以得而援助者，以有较完备之组织耳。吾人既知组织之未完，当思有以改善，务使以前党员活动由上而下的形式，一反为由下而上。盖总理非有硕大无朋之力，必须吾党同人先固其本，然后了望有成。至于训练方面，譬如军队，先自排营，后至师旅。此外训练，盖从基础着手，则本党训练之程序，又何独异。是总理以为本党主义，将来能否呈功，胥以此问题能否实行为标准。现在前敌披猖，将士劳瘁。吾人处此等

① 1923年11月11日，廖仲恺就国民党改组事，召开了中国国民党广州市全体党员大会。出席大会的党员一千五百多人，廖仲恺担任大会主席，并发表了演说。

事信偬时期,自当整理内部,以为后方接济,牺牲个人私利,而为国家谋幸福。某项租税之应缴者,宜亟跃输,将勿有吝意。盖财政充裕,则军民又安;财政困难,则乱象继起,本党亦不免有动摇之势。果尔,试问犁庭扫穴之期,更待何日耶。本党目前虽有种种困难,惟吾党人正当制胜此困难,向前奋斗,作人的进化,而勿作物的发达。盖物的发达,是由无抵抗的方面去,而人的进化,则由有抵抗的方面去,此即人类奋斗之旨也。总理甚愿吾党良好的组织与训练,从速实现;尤愿吾党同志,各尽厥职,或为口头上之鼓吹,或为文字上之宣传,阐我党纲,扬我党誉,俾本党日臻于昌盛。斯则总理之所殷殷仰望于同志诸君者也。

据手抄件刊印

抵沪后之谈话①

(一九二三年十一月三十日)

鄙人于三月前即因党务及其他要公,有来沪之意,当时已曾向中山先生请假。乃是时适博罗得而复失,战局②颇形紧急,遂告中止,绵延数月,迄未能行。今则陈军③败退,联军④局势,已极稳固,故奉中山先生命委派来沪,办理要公,省长职务,委人代理,大约星期后⑤,即须返粤。

---

① 为了与北方各省支部商讨国民党改组工作和有关召开 国民党第一次全国代表大会等问题,廖仲恺受孙中山的委派,于1923年11月下旬专程赴上海。这是他抵达上海后向记者发表的谈话。

② 指孙中山领导"联军"东征陈炯明的战事。

③ 陈军指陈炯明的军队。

④ 联军指广州革命政府领导下的粤、桂、滇、湘、豫等军。

⑤ 原文如此。

外传余来沪原因，系与军队中意见不洽，绝非事实。惟汝为（许崇智）来沪养病，中山先生命余便中往视病状，并促其病稍见痊，即行返粤。余昨已晤见汝为，彼病已见愈，已允不久即归矣。

至粤中战局，及陈军猛扑广州之经过，有可得而言者。初，林虎[1]对于汝为迭通款曲，信使往还，表示好意，遂不加备。而林虎突然进攻，我军猝不及防，不得不退向河源。是役我军失枪四千余枝，子弹亦多。嗣陈军又二次进攻，是时我军部队分散，战线甚长，运输不便，益以右翼进攻惠州，故我军另一部队，虽自后附其背，而竟失利，失枪二千余枝。而敌复以一万五千之众，进逼广州。我军遂由石龙退至广州，整理部队。经四日之休息，即行反攻，一鼓作气，即将敌击溃，获械甚多，两次损失，俱已恢复。敌军损失达三分之一，经五六日之休息，即其部队尚未能整理就绪，可知其战斗力之大减。现闻彼等已决定退至惠州、博罗矣。至湘军对于东江方面，并未加入作战，现专在北江防守。我军人数，约达九万，实力至为充足。

刊于1923年12月8日《广州民国日报》，
据《广州民国日报》刊印

---

[1] 林虎，原为旧桂系将领，后改归陈炯明指挥，任陈炯明的救粤军总指挥兼第一军军长。

在中央干部会议第十次
会议上的报告①

（一九二三年十二月九日）

此次为党事来沪，凡关于党之改组及清厘内部，俾机关可以顺利进行，与党员人人皆可以参预党务，现广州已开始进行。盖广州正奉总理命，先设临时执行委员会。现来沪与商明年正月开大会②的事。

此次之所以必改组者，本有极大的原因。广州政治起伏之经过有三度：1.为元帅府。2.为总统府。3.为各军逐陈，请先生③仍回粤。三次失败，皆因军人持权，党员无力，故党之主张无力。第一次之政府成立，不过专靠方○，张开儒，魏邦平，程璧光④数人而已；然不久而海军陆军均形涣散。第二次粤军回粤之力，亦属不小，其内又有党军，如许部邓师、洪部⑤，与非党军。当时以团体加入之党军，即为日后攻总统府之人⑥。可见加入党者须以个人，不可用团体也。假使广州方面有相当数目（如有十万党员）之党员，何致得历次失败之结果。党员本在民众之内，果有多数党员，庶足制伏军队。因为徒恃军队，必至为兵所制，不能制兵也。因为做事不

---

① 国民党中央干部会议第十次会议于1923年12月9日在上海举行，这是廖仲恺在会上所作关于国民党改组问题的报告。

② 指即将召开的国民党第一次全国代表大会。

③ 先生即孙中山。

④ 方○，拟是方声涛，与张开儒同为滇军将领；魏邦平，广东地方派将领；程璧光，海军总长。

⑤ 许部指许崇智部，邓师指由邓铿任师长的粤军第一师；洪部指洪兆麟部。

⑥ 1922年6月16日陈炯明叛变时，洪兆麟部是围攻总统府的主力。

能不赖力,一方虽赖军力,然一方不可不有一种力量,能制伏军队之力量,即党是也。吾党情形,目下除少数干部,并无党员,虽亦有力量,然不过一部奋斗之历史而已。此种力量固可张罗于一时,恐日久必穷倒。如神道设教,虽可维持于一时,然遇穷凶极恶之人,敢于一度冒犯之后,其所有威严必至扫地。本党自同盟会以来,即无精密组织,如民国成立改为国民党后,仅以议员为党员多少标准,其后经过中华革命党,中国国民党,均属无甚组织。

改造中国之责既在吾党,倘非从下层多做工夫,而徒拘泥于上层之干部,必不足以负此伟大责任。因为专靠上层,必致如广州今日情形;徒赖军队,不过终为军队所用而已,遑能改造国家哉!现在广州已开始专从下层组织,以区分部为基本,内举三人为执行委员,每星期必开会一次,将一周所得,报告上级机关一次。其所属区之党员,每二周开大会一次。收党员亦从下层收入,且须先通过党员大会。区分部为基本党部,其上为县党部,再上为省党部,再上为中央执行委员会与全国党员大会。

现第二步对于军事者,尚有军团之组织,暂定为六百人。凡所教者:1.欧洲①以后军事教育;2.惟党可以造国之教育;3.政治关系。每日上午为受教时间,下午为教兵时间。大略如此办去,一年以内,可以成两师真正党军。

至于党员分散于各团体中,可以积极活动。

前数年已觉本党之有缺点,但不知缺在何处。今年始寻出,故遂决然改组,俾各党员皆得直接负责;若徒恃干部少数人精神奋斗,为力终觉有限耳。

查广州本党现分为十二区,先时广告嘱有党籍者须登记(姓名、籍贯、入党时已否纳费),共计登记三千人。嗣后开大会,到场

---

① 疑为欧战。

一千五百余人。就场由执行委员为已区分组织就绪，各区部不久可得真正党员万人，广州暂行执行委员会已成立。现上海推举汪精卫、居觉生、张溥泉、叶楚伧、戴季陶、胡展堂、谢惠生① 七人。

原刊《中央干部会议第十次会记录》，
据《革命文献》（台北版）刊印

致蒋介石函电四通

（一九二三年十二月二十、二十二、二十六、二十八日）

一②

介石先生鉴：

前途③ 要件寄到，鲍君④ 有事与商，学校⑤ 急待开办，无论如何，乞即买舟来沪，同伴南行⑥ 为荷。恺。哿。（十二月二十日）

刊于《民国十五年以前之蒋介石先生》，据《民国十五年以前之蒋介石先生》刊印

---

① 居正，字觉生；张继，字溥泉；谢持，字惠生。

② 1923年蒋介石参加孙逸仙博士代表团赴苏联。8月16日由上海起程，9月2日到达莫斯科。11月29日离莫斯科返回，12月15日上午回到上海。蒋介石并不立刻赴广州向孙中山报告访苏情况，却于当日下午回浙江原籍，故廖仲恺致电催促蒋介石赴广州。

③ 前途指苏联。

④ 鲍君即鲍罗廷，1923年12月13日孙中山正式聘鲍罗廷为顾问。

⑤ 学校，指军官学校。

⑥ 时廖仲恺正在上海，准备赴广州。

二

介石我兄如握：

惠柬敬悉。弟自送兄船回①，即以兄意函达先生②。今晨弟等复联电先生，乞速发表，并乞沧白勿辞。此事总可如兄之所言。惟望兄早日来沪。鲍先生③及弟等待商之事甚多，万不能以此一事，遂耽阁来沪之期也。鲍先生事，尤关重要，彼每见弟等，必问兄来未。弟等以为此事或较省长问题为尤重，兄不可因小失大也。余不一一，伫候相见。即请

台安

弟廖仲恺、汪兆铭、胡汉民谨启　十二月二十二日

刊于《民国十五年以前之蒋介石先生》，据《民国十五年以前之蒋介石先生》刊印

三

介石我兄惠鉴：

沧白复电抄呈。（一）恺今将归。鲍先生日盼兄至，有如望岁。兄若不来，必致失望。（二）十三日国民党党员大会已告成立，十四区分部同时组织，现已就绪。党事较一切为重。兄所主张者，今诸问题待兄至而决。兄迟迟不来，党事无形停顿，所关甚大。军官学校，由兄负完全责任办理，一切条件，不得见提议，无从进行，诸如此类，非兄来不可。省长问题，犹在其次，沧白就否，尚须有数度之磋商。兄若坐待省长发表，始来上海，此层似非必要也。且以他事

---

① 12月15日下午蒋介石乘船回宁波时，廖仲恺、汪兆铭、胡汉民等人曾到船上相送。

② 先生，指孙中山。时蒋介石提出了要求，故廖仲恺函孙中山报告。

③ 鲍先生即鲍罗廷。

141

牵累,其为损失,岂有纪极。望于见此信后,即速命驾,盼甚祷甚。
余不一一。专此敬请
台安

弟胡汉民、廖仲恺、汪兆铭谨启　十二月二十六日

刊于《民国十五年以前之蒋介石先生》,据《民国
十五年以前之蒋介石先生》刊印

四

介石兄鉴:

二十三、四日函诵悉。……① 军校教务长,当俟兄就职后定人。
至于政治部长,虽由中央执行委员会以鲍君当场介绍,决定委弟,
然季陶允任,较弟任为佳。到粤后,当将此意报告中央执行委员会,
改任季陶。弟本候兄来再行返省,但明正四日船,精卫、展堂诸兄,
皆欲乘去,弟若同行,于汝为方面,虑有他种忖测,故决卅一日船
行。请兄最迟明正四日船偕精卫、鲍君等同行,万不能再延,否则
事近儿戏,党务改组后,而可乘此惰气乎。……②

仲恺手启　十二月二十八日

刊于《民国十五年以前之蒋介石先生》,据《民国
十五年以前之蒋介石先生》刊印

出席上海议员欢迎宴会的演说③

(一九二三年十二月下旬)

中山先生在粤各方规划,辛苦勤劳,有甚于仲恺十倍。仲恺自

---

① ②　《民国十五年以前之蒋介石先生》一书删节。

③　上海的国民党议员同志会,为了欢迎廖仲恺来沪,特于12月下旬举行欢迎宴
会,这是廖仲恺在会上发表演说的记要。

返粤后，愧无建树，此次为党务奉命来沪，实非偶然之事。三数月前，即已筹及，惟因战事剧烈，未能遽离。此次局势稳固，故暂请假来沪，办理一切。窃以历来吾党对于国事，缺乏成绩，决不能徒责他人，自己亦须负其责任。年余以来，广东完全在军事期内。惟改革国事，虽不能不赖军队，亦不能专赖军队，故必须吾党努力作大准备，始有成功希望。

刊于1923年12月27日《广州民国日报》，
据《广州民国日报》刊印

在上海党员大会上的发言①

（一九二三年十二月二十三日）

改组党务，为本党五六年来认为最重要之问题。惟每年奋斗结果，大都俱属无聊。而其重大原因，实由于章程办法不尽妥善，遂使党员抱有才能，不克发展以改革国家。故此次广州方面党务改组，赖于党员对国事表示意见之机会，力为策划。……至广州区分会之组织，则先以登记入手，故成绩殊为良好。

原载《广州民国日报》，据《广州民国日报》刊印

---

① 1923年12月23日，上海召开国民党党员大会，廖仲恺出席并发表了演说。这是报纸上登载的演说记要。

由沪返粤后的谈话①

（一九二四年一月八日）

（一）许总司令崇智现尚在沪，精神健全，惟对于省长一职，许氏仍谦让备至②。大抵其意以民政方面，他事不难整顿，难在统一财政。财政不统一，他事亦无从着手。且现在掌握一部分兵权，尤有不便之处，故许氏之辞意颇坚。在许氏之意，对于粤军总司令一席，尚不欲干，然广东军队复杂，又非许氏出而整理不可。粤军将领，亦多知联合一致之必要，迭有代表赴沪，邀请许氏返粤主持，许氏自不能固却，大约稍迟亦必返粤。对势如此，亦不容许氏摆脱一切也。至胡汉民将数日后可以返粤云。

（二）国民党改组问题中连带而发生之事务，办理甚为完满。即如各省选举代表一事，今已次第举出。北方军阀，对于此事，甚为注意。盖知本党改组后，积极进行，北方各省之革命潮，益蓬勃而起，不可遏止，此于军阀官僚，多有不利，则其注意固宜。而国民党近日之活动，甚有朝气，国内各小党，如共产党为较著者，亦一致加入吾党，以图合作，则前途之顺遂，可预卜也。

（三）浙奉③于月前颇有于旧历年内出兵讨曹④之说，然在奉方现不受直方之迫压，可以从容筹备。筹备之时期愈延长，则其胜

---

① 廖仲恺在上海办理国民党改组工作达一个多月，于1924年1月4日乘船离沪经港返粤。这是他返抵广州时对记者发表的谈话。

② 国民党改组以后，廖仲恺决意摆脱行政职务，专门从事国民中央的领导工作，因此，准备辞去广东省长的职务，曾建议由许崇智出任省长，后因各种原因，没有实现。直到1924年3月，才决定省长职务由杨庶堪接替。

③ 浙，指浙江军阀卢永祥，卢倾向奉系；奉，指奉系军阀。

④ 指曹锟。

利之把握较大。浙江形势,则受直方之压逼,如苏齐① 若妄敢加兵
侵浙,则卢永祥为自卫计,必起与抗争,同时亦惹起奉直之战。如
直方之逼浙不为已甚,则浙亦断不为戎首。以现在形势观之,则前
传旧历年内发生战事之说,或可稍缓也。要之,我而若能赶速出兵
北伐,则奉浙必为响应,是时期问题,在我而不在彼也。

刊于1924年1月9日《广州民国日报》,
据《广州民国日报》刊印

责金章书②

(一九二四年一月十日)

浩亭足下:

　　恺于七日抵港晤某君③,述曾于六日与足下谈及粤局。足下
初谓孙公④ 去粤,竞存⑤ 回粤,即可无事。某君谓此即前年六月十
六日之故智,兵力所不能济者,乃欲以口舌济之,何从说 起。足 下
乃易其词,谓孙公、竞存同时去粤,从事北伐,事或可为。某君以为
北伐固孙公夙志,但不能以此为条件。足下乃表示竞存可宣布服
从孙公命令,受孙公委任,随同北伐。孙公自率兵当中路,滇、湘军

---

　　① 指江苏军阀齐燮元,齐属直系。
　　② 金章,字浩亭。1904年广东公费赴日的留学生,后加入同盟会。回粤后任教于
广东法政学堂,结识当时就读于法政学堂的陈炯明。辛亥革命后成为陈炯明的亲信,
常为陈炯明出谋划策。1921年孙中山在广州任非常大总统时,金章是广东法政专门学
校校长。陈炯明叛变以后,与陈一起蛰居香港。1924年1月,廖仲恺由沪返粤经香港
时,曾应金章之邀与之会面,后金章借此造谣污蔑廖仲恺和广州革命政府。廖仲恺特发
表这封公开信予以斥责。
　　③ 某君指何人不详。
　　④ 孙公,即孙中山。
　　⑤ 竞存,即陈炯明。

当左路，竞存率所部当右路。至于孙公躬自出师，系为一种希望，并非条件云云。

某君并谓足下知恺抵港，亟求相见，遂托某君转告足下于七日之夜，至恺寓所。恺所正告足下者，以为欲谋孙公与竞存复合，当从根本处着想。从前不相容之故，乃在孙公欲实行主义，竞存惟欲苟安，今不于根本处求解决，则一切枝节，均无着落。足下谓以今日广州政府所为，何尝实行主义。恺谓此种痛苦之代价，乃一时所难免，足下前亦曾置身广州政府中，何尝能尽丝毫之职责。足下又谓，孙公往往固执，一意孤行，殊难强人以必从。恺谓吾党以三民主义为建设中华民国之要道，政治行动，当决于党议，党议既定，则个人意思，当为之牺牲；竞存亦有固执之弊，此亦当去。足下闻之，连称公允。

当夜所谈，荦荦大者具如此。乃香港《华字日报》[①]所载，"孙派要人对于孙陈调和之意见"一则，其中所述共产主义云云，杀绝粤人云云，彻头彻尾，无一语非完全虚造，且含有恶意的作用。某君见之，大为不平。恺以为此段新闻，自称专访，其所根据，非出于恺，亦非出于某君。则其所自来，不难推定。使人见之，可瞭然于足下所称道调和云云，为别有意。且将以此种涛张为幻，引为笑柄。足下求与恺相见，恺与足下接谈，皆当一本诸诚心，何必为此鬼蜮以自贬人格。足下若犹自认为男子，当于两日内函《华字日报》更正，俾世人得知此中真相，否则足下于竞存之使命为不忠，吾辈不屑与谈也。专此奉告，即希裁察。

廖仲恺　十日

刊于1924年1月12日《广州民国日报》，据《广州民国日报》刊印

---

①　香港《华字日报》，是受陈炯明控制的报纸。

为保留香山县田土业佃保证局给大元帅的呈文①

（一九二四年一月十四日）

呈为呈请事：现据财政厅长梅光培呈称：据香山县县长朱卓文呈称：本年十二月二十一日奉钧厅委兼香山经界分局局长，所有奉委开办日期，除另文呈报外，但关于办理经界阻碍之处，不能不预请钧厅裁夺之。查中国田亩未清理者，为时已久，以故膏腴转成沙坦，泽薮已变为肥田者，不知凡几，更有契典隐诡过割不清，或种无粮之地，或纳无地之粮，不为清理，必致病民。今设局办理经界，仰见钧厅蠲除民累、保证民权之至意。惟经界事务宜从调查测丈入手，经调查测丈之后，方能整理田赋，保证佃业。乃现在职县有田土业佃保证局之设，地方颇疑虑。该局办法虽照佃约征收，而征收悉以契照所载之地亩为根据。如未开办经界地方，政府为保证业佃起见，不妨从权办理，稍资挹注。职县既着手办理经界，则该局已无设立之必要。一俟经界厘定，随即兼办田土业佃保证手续，既省于民，亦觉便利，若分途并进，人民既厌其繁苛，进行亦多所窒碍。管见所及，理合具文呈请钧厅转呈省长，饬将香山田土业佃保证局撤销，以一事权，而免阻碍，实为公便。等情到厅。据此，理合转呈察核，指令饬遵等由。查田土保证局之设，原案声明：业主加租，佃户霸耕往往发生争讼，官厅处分讼事，悉以批约为断，因议设局为租赁批约之保证。论其性质固与经界两不相涉，按之事实自与经界不妨并行。且此项收入，业奉帅令专拨国立师范学校。比

因学款紧急，经由该局先行筹款借垫，并奉帅府续颁明令：由省长通饬所属，无论何项机关，不得任意提借。各县军警随时认真协助，以维教育，而利进行。等因。是大元帅注重教育，正在极力维持。纵如香山朱县长所陈人民颇多疑虑，并应明晰开导，以释群疑。此事一方面为田土弭租赁之争，一方面为学费补助之效；设或停顿，则前之借垫无可清偿，后之学费停顿支付，殊违当日统筹兼顾之意。所请撤销，俟经界厘定后，再行兼办田土业保证，碍难照行。理合录案呈明帅座示遵，以便再行通令遵照，免生疑阻，而碍进行，实为公便。谨呈

陆海军大元帅

广东省长廖仲恺

原载《陆海军大元帅大本营公报》，
据《陆海军大元帅大本营公报选编》刊印

关于征粮事给大元帅的呈文[①]

（一九二四年一月十六日）

呈为呈报事：案奉帅座第三九一号训令：据善后委员会拟请催收旧粮，预征新粮及清丈亩一案，饬即督饬财政厅详拟办法，克日通令各县举行。其对于清丈田亩一事，饬按照民生主义参酌地方情形，拟具章程呈候核定施行。等因。奉此。经即令行财政厅查案复核议呈，以凭转呈核办。现据该厅呈复后开：查催征旧粮，先经由厅增订章程，责成县委按限催征，截至十二年旧历年底为止，此后永不减收，呈奉钧署通行遵办。兹复由厅分路特派专员驻县，

---

① 原呈无标题，本标题是编者加的。

会同县委对于未完粮欠切实督催,对于征存新旧粮银照数提解,责限二十日内办结。现在各委员陆续出发,职厅仍当督促进行,务于最短时期,收集巨款以济饷需。至预征新粮,原为急筹军费,但预借必须酌减成数,始获鼓励输将。惟旧历年关转瞬即届,民间习惯多以旧历收租之后清完钱粮,值此旺征时期,若将来年新粮减收预借,则业户贪图利便,移纳预借之粮,不缴本年之赋,彼盈此绌,无裨库收,即对于减征旧欠,亦蒙莫影响。职厅悉心筹议,斯时预借新粮妨碍滋多,拟俟来春青黄不接之时,再行察查情形,妥订办法呈请核定,现在未便同时举办。其清丈田亩一事,业经督令经界局,拟具实施规则,积极筹备赶速进行。奉令前因,理合将核议缘由呈复察核,俯赐转呈帅座,实为公便。等由。查核所呈应准照办,除令复外,理合呈报大元帅鉴核令遵。谨呈

陆海军大元帅

广东省长廖仲恺

原载《陆海军大元帅大本营公报》,据《陆海军大元帅大本营公报选编》刊印

在中国国民党第一次全国代表大会预备会上关于筹备经过的报告①

(一九二四年一月十九日)

当未筹备改组之先,即在广州开一次谈话会,请党员发起改组事情。至大会之代表,由各省党员互选三人,总理指派三人,海外

---

① 这是从《中国国民党代表大会开会记》中选出,该文记载了大会的整个过程及摘要刊录了有关报告。廖仲恺这个报告,看来只是记要,原文说是在大会开幕前的谈话会上作的。现在的标题是编者改写的。

华侨每支部一人，海外各分部共由总理指派十人。其改组要点在修改党纲，订定党章，改组手续，一概以大会决定。……①

至各省党务情形不同，有可公开者，有应秘密者。因以上原因，所以选举之手续不同。有在上海举行选举者，有在广州举行选举者。盖各省之有不能公开党务者，须在广州举行。至海外党员人数极多，每支部定派一人，由当地选出，但分部亦准派一人。

至议事日程，第一天组织主席团。每日议事由上午九时至十二时，下午二时至五时，下午七时半开委员会。……代表资格，其中稍有变更，所以决定有资格审查委员会。至大会之提案，须经审查，故有各种委员会之组织。……

刊于1924年2月20日《新民国杂志》一卷四期，
据《新民国杂志》刊印

在中国国民党第一次全国代表大会上的发言②

（一九二四年一月二十、二十三、二十八、三十日）

二 十 日

今日开中国国民党代表大会，开会的旨趣，总理已言过，即改组本党和建设国家二个问题。各位同人对此二问题，想都十分清晰。本党何以要改组？国家何故此时再来建设？必先求其原理，此原理在本党宣言书与政纲中都已发表出来。前十余年，我们日言

---

① 底本如此，下同。

② 中国国民党第一次全国代表大会于1924年1月20日至30日在广州举行，廖仲恺在会上作过五次发言。

破坏与建设，或破坏后再建设，但破坏的是些什么？破坏的目标又在什么地方？建设的又是什么东西？凡此均应先行认清。否则，虽闹来闹去，十年二十年甚至百余年，还是不能得有眉目，所以应先定目标，而后成功可期。

一个党为什么要讲组织和方法，自然因为都是很紧要。但组织若无内容，则组织不成为组织；方法若无主义，则方法尽变为空虚，永远没有成功的希望。我们自讲三民主义以来，到底发挥了多少？实行了多少？以前的错误，我们不能不承认，也不应该不承认。以前本党之一再失败，而国家之乱源亦由是不能廓清，其故既在于认识目标之不清。现在我们已有了宣言，目标算是已定，但其内容只为水平线上的表现。我们的希望就不止此，应更提高之，使超出水平线之上，此为发表宣言后之希望。至于建国是当然的事情，不容讨论，只要先去从事宣传，遇有机会，即能实现。

二十三日

本席对于宣言审查修正结果，认为满足。此次大会宣言全文及政纲，大致表现十分清晰。本席对此次宣言有三种见解：第一层，本党之宣言及政纲，是革命的性质，实行打破一切军阀官僚，铲除一切发展的障碍，并且表现本党作事的精神，不可与普通的一般宣言同论。第二层，我国从前许多政党，均有洋洋大文发表，其实皆满纸空谈，一无价值，绝对不如本党此次之宣言，丝毫不假借，完全依照主义而实行。第三层，此次本党既发表切实之宣言，实将本党置于几何学之定点上。有了定点，才能前进，才能发展，如太阳升天，同一向上发扬光大。此宣言不但代表本党大会诸君的意思，并且代表全国人民的要求。嗣后无论如何，必须以此宣言为奋斗进行之标准，努力前进，冀贯彻本党主义，完全达到目的。

二十八日

对方君之提案①，表示反对。吾人第一要问，我们的党是什么党，是不是国民党？第二要问，我们的党是否有主义的，是否要革命的？如对于我们的主义能服膺，革命能彻底，则一切皆可不生问题。且加入本党的人，我们只认他个人的加入，不认他团体的加入。只要问加入的人，是否诚意来革命的，此外，即不必多问。此次彼等之加入，是本党一个新生命。诸君如果不以为然，请先闭目静想，其意何居，且彼等亦不是来拖累我们的，是与我们同做国民革命工夫的。请大家思之，重思之。

三十日上午②

一、租界制度于二十世纪之今日，尚任其存在于中国，实为中国人民族之耻辱，应由中国收回管理。二、外国人在中国领土内，应服从中华民国之法律。三、庚子赔款当完全划作教育经费。

三十日下午

声明：请各代表对于介绍青年军官学生③特别注意，必其人明

---

① 在讨论中国国民党章程草案时，方瑞麟发言反对共产党员加入国民党，还污蔑这是一种"阴谋"。李大钊发言申明共产党员加入国民党的必要，并印发了《北京代表李大钊意见书》，驳斥了方瑞麟等人对共产党、对"联俄、联共、扶助农工"三大政策的攻击。廖仲恺支持李大钊的意见，作了这个发言。会上就这个问题展开辩论，一些人支持方瑞麟的意见，但更多人反对。最后，大会通过了廖仲恺等所起草的"章程"，同意共产党员和青年团员以个人身份加入国民党。

② 1月30日是大会的最后一天，廖仲恺提出了收回租界的临时动议，要求变加议事日程，讨论此提案。主席孙中山请廖仲恺说明提案旨趣，廖仲恺作了这个发言。廖仲恺发言以后，孙中山说：本案加入政纲中，本总理非常赞成，……。本总理以为应将这三件事大书特书。大会最后一致通过将本案加入政纲的对外政策中。

③ 指黄埔军校学生。

白本党主义,且诚实可靠,能做事,方可入选。……① 海外代表亦可介绍,惟须与此同一注意。

原载《中国国民党全国代表大会 会 议 录》,据《中国国民党全国代表大会会议录》刊印

发行善后短期手票给大元帅的呈文②

(一九二四年二月二日)

为会同呈请事:查年关迫近,军饷急需,节经部长等与各善堂院商定,由 各 善堂院提出产业价值一百余万元,按揭毫银五十万元,以应急需。并经与银业公会、忠信堂、广州总商会、筹商按揭办法,金以忽遽之间, 难期速效。嗣于二月一日, 在广州总商会开各界大会议,讨论办法。当经公决,发行善后短期手票五十万元,由广东善后委员会、广州总商会、广东善堂总所、九善堂院联合发行,即以各善堂院价值百余万元产业契照作按。此项契照交总商会存储,而以民产保证局交由各法定社团,推举人员,妥为办理。所有民产保证收入,专收此项短期手票,不收现金,以偿足五十万元为止。无论何项机关, 虽万分紧急, 不能提用。民产保证局对于此种 手票,随收随截角,存候验明汇毁。订于民国十三年二月三日,先发三十万元,余由阳历二月八日起,按日分发二万元,俾行之以渐,免生窒碍,并准市面一律通用。所有决议办法,节经刊载手票,以资信守,准广东善后委员会、广州总商会、九善堂院、广东善团总所,函请照

---

① 廖仲恺声明以后,萧佛成代表发言:"廖先生所说之事,海外代表可否介绍"。廖仲恺再作如下答复。

② 原呈无标题,本标题是编者所加。

153

办前来。查当此旧历年关,军糈孔急,为巩固军心计,为地方安全计,舍此别无良法。但求办理得当,使军人不至骚扰,商民不生怀疑,自可通行无碍。所有发行善后短期手票缘由,理合备文呈请鉴核,令准施行。并分别令行各军一体遵照,毋得借此骚扰,以利进行。谨呈

大元帅

　　附呈:短期手票办法、手票式样各一纸。

大本营财政部长叶恭绰

广东省省长　　　廖仲恺

短期手票办法

　　一、此票由广州地方善后委员会、广州总商会、广东善团总所、九善堂院,联合发行借贷于政府维持军费。

　　二、此票以五十万元为限。

　　三、此票由各善堂院以价值一百余万元产业为保证金,其契照交由广州总商会存储。

　　四、广州市民产保证局专收用此票,概不收纳现金,以偿足五十万额为止。

　　五、此票市面一律通用,不得拒绝收受。

　　六、此票自民国十三年二月三日发行。

据1924年2月3日《广州民国日报》刊印

追悼列宁大会演说①

（一九二四年二月二十四日）

今天俄国代表鲍先生说，我们要实行国民党主义而奋斗，使中国成为独立自由的国家。今日中国是何种感想？中国现在情形何若？白鹅潭兵舰几何？外国势力若何？中国自改元以来至今十三年，乱事多少次？已经四五次了。此乱何来？大家都说第一次是袁世凯。袁氏是借外国二万万借款，才可以乱中国。我们要知袁世凯如不得二万万借款，则中国乱从何来！第二次是外国人劝袁世凯做皇帝。第三次是督军团造反，解散国会。督军团如不得日本借款，试问有何方法以捣乱！我们又知袁氏未做皇帝以前，外国人士都来劝他，他们以为不如此做法，则中国不乱。中国不乱，外国无利益。这就是外国帝国主义压迫之明证，故要将帝国主义打破。今天追悼列宁先生。列宁先生是打破帝国主义的实行革命家。六年以前，俄初革命，世界上帝国主义的国家，都骂他是强盗，来反对俄国。今日世界上如英、美都来承认他。果何先倨而后恭耶？因他们先欲压迫俄国，后至无力量，故乃承认俄国。现俄国已有地位，均是由奋斗得来。若止靠他人做便饭，是要饿死的。所以今日在此追悼，我们应受此最大的教训。

今日国民党追悼会，追悼列宁先生。我们意思，不是形式的，是有很深的意思在内。第一，我们为什么不追悼威尔逊而追悼列宁？我们不是看见世界上没有一定是非，我们是把是非来衡论一个人物。在是是非非无定的中国，我国追悼列宁先生，是很有大意味

---

① 1924年2月24日，广州开追悼列宁大会。此为在大会上的演说。

的。军队、学生、各界诸君，要知列宁是什么人物。他是一个革命党里为主义奋斗、牺牲的人物，所以寿数如此短促，这是他彻底的生涯的结果。你看威尔逊死后，世界有何影响。人人皆知，威尔逊提出那十四条件，要求世界承认，以他的大力，本可实行。但看到后来的结果，世界不能自决的民族，不知要受何等大害。列宁是一个革命党首领，自一九〇五年奋斗到一九一七年，才得他成功初一步，又复继续奋斗六年，以至于死，要达他的目的。他所做的事都是为被压迫民族奋斗，为无产阶级而奋斗。使他有一天工夫，便做一天，有一时便做一时。我们中国，将来实在不知受他多少利益。威尔逊的主义宣布出来，你看有什么……凡尔赛会议后就没有了。俄国列宁主义，现在却还继续进行为世界主义奋斗，为无产阶级奋斗。今天追悼他，可惜死了一个为主义奋斗的人。同时我们还要知道，我们须切实做去才对。但是我们要得人提携，奋斗的力量才大。尤其是青年兵士，我们属望更切。现在兵士、学生，我相信这次印象一定很深，将来中国解放就在此。今日开此会，可谓不虚。

据《廖仲恺集》刊印，据1924年
2 月25日《广州民国日报》校

致胡汉民电①

（一九二四年二月二十五日）

介石去，闻因西岩② 不给款。……但党事将因此受大打击，请

---

① 此电为1924年2月28日胡汉民致蒋介石电中所引。上下款与中间均删去。时胡汉民在上海，其致蒋介石电云："顷得仲恺致兄电，即抄如另纸。又致弟电中，则云……"据此可知2月25日廖仲恺致蒋介石电，系电胡汉民转，与此电同时拍发。廖仲恺在电中托胡汉民劝蒋介石回广州。

② 西岩，即杨西岩，时为禁烟督办。

力劝之。

刊于《民国十五年以前之蒋介石先生》,据

《民国十五年以前之蒋介石先生》刊印

致蒋介石径电①

(一九二四年二月二十五日)

转介石兄鉴:

党事讵可因兄而败!已代告假半月。来沪之军官学生,即请就近考验,事竣即归。择生②来。恺。径。(二月二十五日)

刊于《民国十五年以前之蒋介石先生》,据

《民国十五年以前之蒋介石先生》刊印

致胡汉民虞电

(一九二四年三月七日)

展兄鉴:

支电悉。季新③兄鱼④晚四川船归。军校势成骑虎,介⑤不

---

① 1924年1月16日蒋介石经孙中山等函电催促,始到广州。1月24日孙中山派蒋介石为陆军军官学校筹备委员会委员长,28日孙中山指定黄埔为校址,2月6日设立军校筹备处。时蒋介石不愿担任这种职务,竟于2月21日擅自离职回上海。23日孙中山派廖仲恺代理军校筹备委员会委员长。廖仲恺电蒋介石速回广州。

② 邓演达字择生。

③ 即汪精卫。

④ 鱼即三月六日。

⑤ 介即蒋介石。

即来,学生学校皆不了,只有迫弟自杀谢人。务请催介行,勿延。恺。虞。(三月七日)

刊于《民国十五年以前之蒋介石先生》,据
《民国十五年以前之蒋介石先生》刊印

致蒋介石函电十通

(一九二四年三月十日至四月三日)

一

沪执行部转介石兄:

　　军官及学生到粤投考者二百余人,候已一月,旅费用罄,纷纷函诘,无从置答。现已定期本月二十四日考军官,二十七日考学生,请即先期在沪考试毕即归,毋负远来考者以损党誉。各事皆如兄意进行,四月一日筹备完竣。并闻,盼复。恺。蒸。(三月十日)

刊于《民国十五年以前之蒋介石先生》,据
《民国十五年以前之蒋介石先生》刊印

二

介石兄:

　　先生切盼展及兄归。兄所欲去者,亦已去矣①。至于根本改革,民政当与军政同时并举;且必君子道长,始能望小人道消。又学校建筑及筹备各事,因兄不在,弊端滋生。军官教授,待兄而决。

---

　　①　1924年3月17日,禁烟督办杨西岩免职查办。

158

学生旅费不支给,责言备至。考取后,急须迁入学校。望兄偕展速行。恺。篠。(三月十七日)

刊于《民国十五年以前之蒋介石先生》,据
《民国十五年以前之蒋介石先生》刊印

三

介石鉴:

寒函①悉。已往之政事、党事,弟任其咎。盼兄即归图更始。恺。巧。(十八日)

刊于《民国十五年以前之蒋介石先生》,据
《民国十五年以前之蒋介石先生》刊印

四

江北岸引仙桥十号。介石兄鉴:

叠电计达,兄不速归,事大不了。先生将顺兄意,不为不至,

---

① 1924年3月14日蒋介石致廖仲恺函,污蔑孙中山"赏罚不明,邪正倒置。"又反对孙中山联俄联共的三大政策。摘录其原函如下:"孙先生回粤已阅十五月,为时不可谓不久,而对于民政、财政、军政,未闻有一实在方案内定,如期施行……财政、民政其初为徐、杨办理,固不得法;而其后接办者为兄与海滨,何亦丝毫无起色?……至军事方面……致有今日军事紊乱不可收拾之现象,比去年之粤局不进步,兄与海滨与弟三人皆与有罪也。……今日粤中财政,已为财团所把持……试问在粤各军总司令军长中有一人赞成财团者乎?……如果哲生此后仍欲庇护财团,执迷不察,而孙先生必以哲生信用财团为是,此非财团误大局,实乃哲生害大局;亦可曰,哲生之终身,乃为孙先生所害也。吾于孙先生决策力行,凡宏纲毕举,所见者大而且远,实无间然。吾辈得此导师,实为吾辈之幸。独于此对人对事之要点,若有未悉合乎中道者。古今来未有赏罚不明,邪正倒置,而能成功者;亦未有不讲条理,不定次序而能立业者。……尚有一言欲直告于兄者,即对俄党问题是也。……彼之所谓国际主义与世界革命者,皆不外凯撒之帝国主义……中国共产党员之在俄者,但骂他人为美奴、英奴与日奴,而不知其本身已完全成为一俄奴矣。吾兄如仍以弟言为不足信而毫不省察,则将来恐不免堕落耳。"

兄当有以慰之。兄可敝屣尊荣，不能敝屣道义也。盼复。恺。马。
（三月二十一日）

刊于《民国十五年以前之蒋介石先生》，据
《民国十五年以前之蒋介石先生》刊印

五

介石兄鉴：

奉阅十四日手书①，所以责备于弟者甚至。弟虽不肖，然断不至并此种感觉而无之。故对于良友之忠告，惟有反省以求己过。至于非弟力所能及者，亦当奋励以图。自谓苟不如是，则于国家、于个人皆无进步可言。社会如此，则陷于濒死之状。希腊、罗马末日，悲观哲学，泛滥一时，节欲独善之流，期以此挽狂澜于既倒，而终于无效。后世论史者，以为持此救国，无异缘木求鱼。观察较深者，则目为事势时代有以使然，而视为无可奈何之举。中国现状，曾否至此程度，虽不可知，然弟终不望其陷此绝境也。西岩免职查办，电请展兄归任秘书长。皆兄所期望，而先生所赞同。且既实行，以示更始之意。财团之说，现似不成问题，盖财政为郑绍宽所司，目为财团，未敢尽谓适切。而赵士觐之司盐政，且可目为反对财团最烈者之一人。至于沙田清理处，为公武所管，自与财团毫无关系。其他更不足数。故财政改革，责在吾辈。弟在职省长，无状至多，政之不行，固坐德化不能及物。凡此之咎，弟不敢辞。顾欲大举廓清，以期小人道消，则必君子道长而后可。道在兄辈，责当较重。兄等皆去，而又何以责人也。至于对外问题，不自弟始，亦未尝因弟而加甚。弟以为现状如此，将必以虚名而受实祸。独立自决，弟无间言。惟数百青年慕兄来学，为兄信用计，断不能使

---

① 见1924年3月18日《致蒋介石巧电》注。

160

来自远方者,望崖而反。故仍积极筹备,以付兄托。校中财政已妥,兄归便可发表。其他改革,亦俟兄来共同策进,不成则同去未晚也。专此,敬颂

大安

恺启　三月廿一日

刊于《民国十五年以前之蒋介石先生》,据《民国十五年以前之蒋介石先生》刊印

六

转介石、汝为、季陶兄:

择生归,告先生以介兄不归之故,深致歉歔。……① 请兄等即行,以免先生加受一重精神上痛苦。盼复。恺。敬。(三月二十四日)

刊于《民国十五年以前之蒋介石先生》,据《民国十五年以前之蒋介石先生》刊印

七

转介石兄:

归否,请即复,俾得自决。恺。宥。(二十六日)

刊于《民国十五年以前之蒋介石先生》,据《民国十五年以前之蒋介石先生》刊印

八

沪执行部并转介石兄:

粤考军官学生千二百余人,除粤籍外,湘、桂、赣、闽、滇等省数百人。中有三分之一青年,曾经毕业中学及专门,故试题于国文、

---

① 《民国十五年以前之蒋介石先生》一书删节。

算术外，加三角、几何、代数三种，以便较别。沁勘①验体格，艳②考试，各题全作者，为数不少。定额太隘，去取甚难。闻沪取学生百三十人外，尚续取七十名。果尔，则将来到粤复试，不及格者必多，资遣往返，亦嫌糜费，请妥为斟酌。并复。季陶兄居室已纳空租一月，速来为佳。介石兄亦请即行。恺。陷。（三月三十日）

刊于《民国十五年以前之蒋介石先生》，据
《民国十五年以前之蒋介石先生》刊印

九

蒋介石先生：

俭电③敬悉。此间考试事，正在进行中，一般成绩尚优。惟开学期近，各级官长暨诸同事，均待驾临决定。请速来，俾得举办也。仲恺、济深叩。东。（四月一日）

刊于《民国十五年以前之蒋介石先生》，据
《民国十五年以前之蒋介石先生》刊印

十

转介石兄：

陷电④悉。军校款，弟不问支出，兄亦不问来源，经费不乏，尽可安心办去。惟请即来。先生近多感触，亲信者不宜离去也。恺。江。（四月三日）

刊于《民国十五年以前之蒋介石先生》，据
《民国十五年以前之蒋介石先生》刊印

---

① 沁勘，即27、28日。
② 艳，即29日。
③ 1924年3月28日蒋介石曾电廖仲恺，表示"必来粤"，但无确定回广州日期。故廖仲恺与李济深联名复电，催促速来。
④ 1924年3月30日，蒋介石电廖仲恺，问军校月款"是否政府另有指定?"

石井兵工厂青年工人学校演词^①

（一九二四年三月）

列位工友诸君：

兄弟今日得到厂与各工友见面，非常欢喜。此校之所以要设立,其意思甚长。兄弟闻许多人言及“民主国”与“君主国”都是一样食饭,都是一样纳饷,用不着来理什么“民主”与“君主”这样的说话。都是未曾明白到“民主国”与“君主国”的关系和分别之故。诸君之不能明白“民主国”与“君主国”的分别,就因为你们大家无从来认识。譬如有一块铜片是可以用来制子弹,别人则不知道,只知道是一块铜片而已,你何以知道这块铜片可以做子弹呢？因为你认识到用怎么法子就可以做成一个子弹。别人不知道这块铜能为子弹,就因为他们不知道怎样法子来做子弹。工友们！我们的民国情形与往日不同呢！即如知道这块铜片能够成为子弹一般,我们明白到现在是民主国家,你们不能明白,因为现在民主国家未曾造成,其理与一块铜片未制成一个子弹的相同。为什么要做一个民主国呢？因为做成一个民主国,然后可以把国家主权放在四万万同胞手上,然后使四万万同胞都有管理国家的义务,国家才可以发达,人民才可以安宁。以前推倒满清,现在我们想国家发达,人民安乐,一定要有一个正式的“民主国家”。

一个国家任由一个人管理,是很危险的。因为任由一人独行独断,一定弄到象历年君主国的崩坏情形一般。满清之所以割地

---

① 《农民运动》第四、五合期106页载:民国十三年三月兵工厂创办了一间青年工人学校,开学那一天,廖仲恺来讲演了两个钟头。

赔款给外人，致令我们还要负上很重的债，不能够清还，这样的情形，自然使国家穷困。国家穷困，一定会亡。这是一个国家任由一个人管理的危险情由。如一个国家的权力，不是放在少数人手上，放在我们四万万同胞手上，国家一定比较安宁。因为国家所以能存在，一定依赖全国人民来把持住，人人知道把持国家，国家自然发达，人民自然安乐，享太平之幸福。但国家的主权在人民，人民必须具有主义、有精神、有远大眼光，国家才能兴盛。不然，国家必归衰弱。把一个国家变为多数人的国家，不是一个人的国家，人民又必须能判分是非黑白。一个人民能明白是非黑白，是一件很重要的事。所以"识字问题"是最要紧急解决的问题。如被无知识的人来做一个主权者，一定弄到国家陷于崩坏情形，这是亡国兆头。求国家发达，而不解决识字问题，是自相矛盾的。自己没有知识，野心者即可操纵专权，则国家仍然归于少数人手上，国家一定不能兴，反要亡国才了结。国家必先解决识字问题，然后可以得到太平。中国之任由少数人来把持，自私自利，不顾群众幸福，到今日这样情形，这就是中国的乱源。我们的眼光要放远大点，袁世凯的野心想把中国放在他手里，传子继孙都是袁家的天下。这样在普通人眼光看去，岂不是袁世凯个人的罪吗？是的。但是我们要有远大的眼光观察，才能够看得透彻。我就把袁氏做皇帝来解释下去。我们听见袁世凯做皇帝的时候，他用钱来买无耻的猪仔议员，使他们不反对他做皇帝；又用钱来买各省的督军，不反对他。袁世凯能得到这样多钱买人不反对他，试问袁世凯的钱由何处得来？这个问题非解答不可。中国自满清失败，海禁大开，至今仍是一个财穷势弱的国家，袁世凯自然不能在中国找到钱来买人家不反对他做皇帝，所以他向外国大借特借他然后可以得钱给过我国的军阀来捣乱。等我们不能得着一块安乐的地方来谋生，我们谋生困难，工业衰弱，国货不能振兴，外人就借此大输洋货进来，

164

把中国的金钱年年送去他的祖国。这样的侵略，便是叫做"列强帝国资本主义侵略"。我们想解决此问题，就要先解决识字问题。一个人能够识字，就有远大的眼光，不象"近视眼者"只能见近不能见远。我们既知道中国延长战争，使我们的兄弟不能谋生计，就是军阀。军阀的可以作恶横行，他们背后就靠列强帝国主义者来扶持。军阀是一傀儡，列强帝国主义者在后拉线。由斯而谈，我们想得到安享太平，丰衣足食，不日日被军阀来压迫，被列强帝国主义来侵略，更莫怪政府抽捐。政府抽捐不是乱源，因为政府要去打倒勾结列强来压迫人民的军阀，政府要去打倒利用军阀来侵略中国的列强，必定用兵去打，用兵就不能无饷，所以就不能不抽捐。我们想得到丰衣足食，又不被军阀和帝国主义者压迫，又一定要明了主义，一致去打倒军阀，一致去打倒列强、帝国主义，所以就要解决识字问题。

常有许多记者问兄弟，劳工教育比较义务教育孰为重要？我说：现在义务学校的训育成材，非十年八年不可。而吾侪现在即须为国家做事，等如许光阴，是没有希望的。故此施行义务学校，比较起来，不及提倡劳工学校的重要。各工友不识字，知识就低。想得到知识，不能不读书。如多听演讲，亦未始非求知识之一法，唯如此机会是不常的。如以为有留声机就可以，留声机是不普遍而且能力甚微的。故想知识增加，非从多阅书报不可。看书、阅新闻纸的收效，比起留声机收效大得多。人类的思想得到发展，都是借文字的功能，能阅书就可因此得悉前人所遗之教训。倘若不识字，事事都要亲眼见、亲耳闻，然后可以知识增加。但一个人是很难得到许多时候与机会，来给我们亲眼见、亲耳闻。况且世界上把人类各民族的寿平均起来，至高不过四十五岁。童稚之年浑无所知，非在二十岁以上，不能去远的地方来求知识。如不识字，则更属困难，无从得知识。所以一个人的寿命有限，不能去得许多地方，而且还有些不能及的。如果不识字，又不用亲见亲闻，知识就能发达，除非是圣人才可以做到。工友们！圣人是不容易得的。几千几万年都不过一个圣人罢了。我中国想希望产生多几个圣人来救中国的危亡，这是不能救中国的。中国不用求圣人，要求工友们大家一致去想，大家一致去想一个方法来救国。我们大家一致去想，但并不要空想，大家想的实际方法，才能救国。倘若大家都是空想的，就误事了。大家能识字睇书，把前人已经想过的，继续想下去；前人想不到的想出来。将人家的知识来补自己的不足。切莫将他人曾经想过而且错的实行，莫象那班呆仔成日空想，若如此就差了。一个人能识字，在工作的方面说，亦得许多知识，可以发明新器；在个人上，不被人来压迫；在国家方面，不致财穷势弱。种种的利益幸福都是由解决识字问题得来。

刚才厂长所说，兄弟前年为陈永善困于本厂①，说工友不明主义，所以不想法营救。以兄弟看来，这一层比较的不要紧。现在世界最紧要的就是肚饿。得到饭食才能生，求生就要食饭。怎样才可以食饭妥当呢？这是要有识字能力才可以解决。求一般人免于肚饿，须先打倒不平的现在社会制度。从消极来讲，何以许多人无饭食，无书读呢？要设学校来补救不足呢？其原因在国家里面，社会的制度不平等，遭军阀的压迫，想做生意又不得到安静的地方，想找工来做又没有。做生意又不能，打工又不可，所以就要挨肚饥、挨冷，想读书来增加知识又更加难。所以我们一定要革命，把目前的不良制度推倒。这个问题，是目前最急需解决的。外人能够解决此问题，全世界只有俄国而已。他现在革命成功，对于工人方面，极力鼓吹识字，还有一间"工人大学"来补救。中国不解决此

---

① 1922年6月16日陈炯明叛变，14日诱捕廖仲恺于石龙，15日押到石井兵工厂，即将廖仲恺囚禁在厂中。

问题,又无饭食,又无书读,内受军阀的压迫,外受列强帝国主义侵略。这样的痛苦,不止北京一班武人武客之错,也是满清的错,因为满清已经种下此毒很久了。我国的不能办学补救工友的知识,没有经费来开办,就因为外交失败。同人家打,时时都失败,打败时候,就是割地赔款。我们不是欠人的债,不是借他的钱来兴实业、办教育,不过白白赔给过人家的。还不止此,当袁氏打民党的时候,又向外人借债,借三万万,来做皇帝;乱的时候,再借二万万八千万来打。养兵来残杀人民,所以那里有钱来办教育呢!我工友没有书读,知识又少,于是日做日穷。国家的市政不好,交通不便,不能令国家发达。有铜、铁、煤等,不能运去别省。卖本国的货物去外国,又要受协定关税的影响。外人输入来的货品税微而成本轻,这就是外货平过国货的原因。本国的货运去外国税重,不能平过外人的货,所以我国工业不能振兴,弄到今日经济破产。外人用经济侵略的手段来侵略,我们想得到饭食,得到安乐,一定要打倒列强帝国主义的侵略。大家要认识,一个识字问题,是这样的重要。我们想得到识字,一定要打倒军阀背后的拉线人。想晓得谁是能侵略我们,一定要识字。能识字,就能睇新闻纸,知道中国被人家捣乱和侵略。这样才能够打倒利用军阀侵略中国的列强,这样才可以打倒勾结列强来压人民的军阀。

据《廖仲恺集》刊印

史坚如石像开幕演说①

（一九二四年四月三日）

教职员先生、同学诸君：今日贵校为史坚如烈士石像开幕纪念会，并纪念黄花岗七十二烈士和史坚如先生当时之就义。时间与事实虽有不同的地方，史坚如先生与七十二烈士，均为我民国开国先驱，为民国革命中的Pioneer②。先行探险，大刀阔斧，以辟开这一条荆棘道，而中华民国以成。当时的荆棘不全在满清的君主、腐败的官僚，而茅塞实存于思想界之中。史坚如先生与七十二烈士先打开这一条新路，于是我们中国人脑子里才有空间容得中华民国这个观念。但这个观念之诞生，实比较数十万军队的势力还为难能可贵。

史坚如先生与七十二烈士，实处在满清淫威宰制、重重压迫之下。当时中国人的思想，完全与现在不同。当时的社会制裁，与当时的思想界对于先烈这种行动，均发生极大的反抗和无穷的压迫。我们知到史坚如先生就义之日，比七十二烈士先几年。史坚如先生之发难，实欲响应当时惠州诸同志之起义。惠州之发难，因革命同志知北方有"拳匪"之难，故相响应。我国对于庚子之役，实多未明其重要意义。"拳匪"二字实为失词。从历史眼光观之，当时中国，实多在风雨飘摇之中。瓜分之祸，时时可以实现，就因为中国人民全无抵抗能力之表现。庚子发难，虽为仇外，而中华民族民心未死，强悍之气犹未泯息。列强不敢谓秦无人，瓜分中国之念，乃

---

① 这是1924年4月3日在岭南大学学生公宴席上的演说。
② 意为拓荒者或先驱者。

不敢发生。此非我个人之私言，英人 Sir Robet Hart① 也曾说过："庚子之役既起，瓜分必不能做。虽能做到，亦属无益。"此完全是事实证明。此实1901年《评论之评论》所载的言论。由此可知庚子之役之重要，而"拳匪"二字定为轻蔑不庄之词。但当时北方既有激刺人民之猛烈剂；南方同时亦有唤醒国魂的行动。所以惠州同时起义，而史坚如先生所以响应于广州。

当时惠州之役，史坚如先生之就义，均为中华民国奋斗。形式虽有不同，举动虽有差别，然以当时眼光观之，均为大逆不道之行。当时社会情形，对于革命事业，不同今天行开幕礼时诸君赞助之诚，社会欢迎之切。当时不特无人赞助，无人欢迎，史烈士就义后，家族认他为不肖之子，朋友认他为不忠之人。此等举动，他们以为非天下之至愚，断不如此轻举妄动。到现在民国成立已是十三年，我们才有恭恭敬敬的开幕礼。由后人看起来，真真是其智不可及，其愚不可及。史坚如烈士之不可及处，乃在认他为愚，他实在不愚，他实在是一个大智。我们应在大智之下，低首下心，以他为模范。

我们对于烈士的事迹，很容易误会的，就以为怀手枪带炸弹的人，都是暴徒。不知史烈士不是一个腰大十围，狞目獠牙，不守规律的荡子。他生在俗说所谓"书香之家"，史家里的进士、翰林、举人都有。实生在钟鼎荣华之家，是一个膏粱文绣的子弟。他家庭是受满清的殊恩，但他能决然舍去，抛弃纨袴之习，能在青天白日旗帜之下，想惠州革命成功，乃自己先作牺牲，以达团体所想达的目的。这种舍己为人的态度，虽在今古号称文明的国家，他这为人牺牲的人格，在人类中，实在无时不占一个重要的位置。

我们若把社会分几个阶级，我们可以分为三层：一为先知先觉，二为后知后觉，三为不知不觉。先知先觉之人，乃不世出之奇

---

① 即把持中国海关的总税务司赫德。

才。不知不觉的人,亦在民族中占很少的数量,故国家不靠这两种人。先知先觉的人或五百年而诞生,或一千年而始有,遭遇不常,偶然不适,岂非落空。不知不觉,蠢如鹿豕,亦非国家社会之中心分子。故国家所依靠的,乃靠着第二流后知后觉之徒。先知先觉为开山祖,开始发难。继续做去,实在靠后知后觉之人。比如军队里有人打了先锋,但打先锋之人,完全要靠四面埋伏着的人来响应。苟有一人打了先锋,而四面埋伏不起,则打先锋的人落空了。我们同志,自乙未之役起,以至史坚如先生惠州之役,黄花岗之役,均已一重重的打开血路,斩除荆棘。现在先知先觉已做了开始的事业,故我们后知后觉应当继续向前,步武先烈。如果我们只记着享福,一切事业都做不去,故当先有一种愚拙的心肠,诚恳的态度,去做世界的事业;享福与不享福,都不必问了。

现在岭南诸同学,你们已有前辈在此(史坚如在岭南读过书)。先辈非有特殊的生长,不过能打胜环境。史烈士虽然生长在钟鼎荣华之家,食膏粱而衣文绣;但他乃有这付大精神去做救国的事业。史坚如先生虽已成历史上的伟人,我们应该以他的精神为模范。

今天仲恺来代表孙大元帅出席,所贡献于诸君仅此。望诸君勿忘!

据《廖仲恺集》刊印

支援江门油业工人通电

（一九二四年五月九日）

孙大元帅、杨省长①、东路许总司令②、吴警务处长③、中国国民党中央执行委员会、广州报界公会、新会蒋县长、江门李警察厅长钧鉴：

顷据广东油业工会出席代表出席报告：该会江门支会会员千余人，参加五一巡行，被江门蚬步街协成英店恶声侮辱。三数工友上前质问后，该市商团④借端架陷。竟于下午四时，由油业东家李超，充该市第四分团长，督率数百人，分路围困工会，搜索工人，开枪射击。工人手无寸铁，四散逃走，伤毙人数，不知多少。其在会内及街市上各过海渡头，被商团见其身佩油业工会襟章者，要被掳归商团团局，私刑拷打，惨不愿闻。现在会员失踪八十三人。除该商团被江门警察厅严重交涉，只将二十一人交去江门军警巡查处，转交警厅递交新会司法分庭外；其余六十二人，不是奔避过海时，中弹落水而死，即为商团擅捕，团局私刑拷打而灭尸。种种惨情，不堪尽述。苟不与之抵抗，何以慰此工人。伏维我广州工人代表大会，乃系广州市工人集合机关，自必专为工人谋保护。谨请协力声援，以与此万恶东行及蛮横商团对抗等语。

查得此次油业及江门商团，仇恨工人，借端伤杀，围困工会，拷打无辜。此等行为，直同野兽。吾辈工人，利害与同。岂能任此横

---

① 广东省长杨庶堪。
② 东路讨贼军总司令许崇智。
③ 广东省警务处长吴铁城。
④ 广东的反动武装，以大买办陈廉伯为首。

行,长为吾辈工人之大毒。当经敝会议决,一致力争,务必达到下列五条最低目的:

(一)赔偿损失。

(二)抚恤伤毙。

(三)限制商团不得干涉工人行动。

(四)电请国民革命政府,保护工人,成立工团军,以保工人行动之自由。

(五)依法严惩江门油业东行及商团,以为惨杀劳工者戒。

工人代表会主席廖仲恺暨代表二百人同叩。佳。

刊于1924年5月14日《四邑平报》,

据《四邑平报》刊印

救国的三要件①

(一九二四年五月十一日)

各位同志:

前次兄弟曾在此讲演一回,距今已有数天了。与前比较有不同的样子,就是在各位同志精神上看起来,比前次大不相同了,现在的精神差不多已经完全统一起来了。足见猛进的现象,非其他的学校可以比肩的。

中国的缺点,诸君应该明白,中国目前顶大的缺点,不是没有人才,实在是没有统一的组织,没有统一的意志,没有统一的精神,

---

① 1924年5月9日,孙中山特派廖仲恺为驻黄埔军校中国国民党代表。这是5月11日在黄埔军校就任党代表后的讲话。《黄埔丛书》与《廖仲恺集》标题为《主义上的统一为救国之要点》。

所以许多毛病都发现出来了！

试看德国在欧战以前，各种学问推为世界第一，教育事业及工商事业也都发达，因而造成空前的欧战，也莫非德国和列强的帝国主义冲突的结果！自欧战发生到现在不过十年，这十年中德国的军事长官及经济学家，还都存在；但是社会上所受的痛苦，比中国更加厉害。国家变成四分五裂，经济流通几乏活力，所资以维持的专靠纸币，而那班军事家，经济学家也束手无策，徒唤奈何！自欧战至今为时没有几久，何以从前那么强，而现在这么弱呢？就是因为没有统一的组织，没有统一的意志，没有统一的精神；并不是人才缺乏，尤其不是工商业不振的原因。

俄国自革命以后，国势蒸蒸日上，是否人才比别的国家多呢？或是工商业比别的国家发达呢？其实都不是。我们知道苏俄自有组织、有计画的共产党握了政权以后，国家改造的一切事业，都能够表现出有统一的组织，统一的意志和统一的精神来，所以成为苏维埃共和国的新生命。

现在我们中国是否可以一切不问，只要注重人才？有人主张增加学校，养成人才为挽救中国之急务。说得天花乱坠，娓娓动人，这种主张也许不是全非，但是这事谈何容易，非百年不能见效。而挽救中国要待百年以后，恐怕来不及了！所以现在只有教育人材，决不能挽救中国。

想救中国，只有三件事：就是要统一的组织，统一的意志，统一的精神。却是这三件事，须从国民党做起，尤其须从本校做起。如果这三件事做不成功，就是本校失败。本校失败，就是国民党失败。国民党失败，就是中国失败。要请各位特别注意！

又凡做事须从小事着手，倘如小事不注意，大事就无从做起了！譬如饮食起居，自家先要统一起来，这是不能欺人，也欺不得人的。今天兄弟与各位同志讲解，觉得非常快乐。其余的话等下次再说罢！

刊于1926年8月黄埔军校出版的《廖党代表讲演集》，据《廖党代表讲演集》刊印，据《黄埔丛书》校过

作事必须有恒心①

（一九二四年五月十五日）

各位同志：

今天是兄弟到校之第三次，觉得各位精神一次比一次好。对于各位要表十分敬意！各位都是从旧社会里面跑到军官学校，并将旧社会里面之好的和不好的，都带进校里来，所以本校为社会的缩影。不但为社会的缩影，且是中国的缩影。

中国急待改革的事多得很，全赖各位努力做革新运动。各位在校，或者有少数人受不起苦的，或者有少数人身体不好的，但是只限于少数人，不足代表全校。中国人向来的习惯，起居饮食没有秩序，时间尤不经济，所以一进到有秩序有纪律的地方，总觉得有点不舒服的。然而凡百事情，只怕不去做，能去做，没有不成功的。各位要晓得做一件事，要有决心而要有永久的恒心。此种决心及恒心之养成，要以吾党总理为效法。

兄弟试拿一个事情做比方：本来中国人向来没有养成开会的习惯及开会方法。当初同盟会会员有数千人之多，总理的意思，先要将开会、议决等各种习惯，给他们养成。否则要改造国家免不了生出许多阻碍的。拿他做的一本英文书——《民权初步》，嘱兄弟

---

① 这是1924年5月15日在黄埔军校讲演。

译成中文,给我们同志和中国国民研究。该书里面所说的,都是开会、议决等各种方法。当时兄弟以为这种书干燥无味,太没意趣,所以不甚当心,遂置诸高阁。后来总理由美回来,还问该书已否译成。兄弟因为当时尚没知道该书是为中国所急需的,抛置不译,心里非常难过!旋再拿该书详细看一遍,并观察中国各地开会时,乱七八糟,凌杂无章,往往不明白开会程序及其方法,随便谈天,终无归宿。可见那本书不但中国人应该看,就是亚洲东方人也应该看。如果要建设有系统的国家,必定要从那本书做起。那本书,实在是重要到了不得!我们不知之,而总理则每见面,必常常询问,总理对于区区一本书,始终不忘,其恒心之坚韧如此。

兄弟追随总理约二十余年,他的性格思想,知之最详。总理很少闲谈,且很不轻易下一断语。但是谈到国家社会的事情,虽连续谈数日夕都无怠容。而他的断语,通常看透十年以后所需要做的事情。

各位在校,无论何时,自己的志愿,亦不可轻易变更,必须自己对于自己下批评,不必要待人家来批评。如果自己能够拿定宗旨努力去做,将来就能够担当改造国家的事业!

刊于《廖党代表讲演集》,据《廖党代表讲演集》刊印,据《黄埔丛书》校过

致巴黎中国驻法使馆电①

（一九二四年六月二十一日）

巴黎中国公使鉴：

　　十码，廿电②悉。越督六月十九酉时抵珠江，直入沙面法租地。是晚八时，法居留民在沙面英界洋人开设之域多利酒店公宴，席设楼下。有人自窗外抛入炸弹，毙五人，伤五人，皆法人，法领亦伤，越督无恙。凶手在沙面跳入江中，尚未捕获。事前法领曾言，恐越人有非法举动，请于越督到华界时妥为保护，故疑凶手系越人。翌晨越督迳由沙面登轮赴港，始终未履华境。查沙面系租界，治安及捕权，向操诸英、法两领，不容华官参预。武装兵警，不得入界，华人犯罪，亦须引渡。相隔虽一衣带水而竟同异国，此案无归咎粤官之理。现粤军警悬赏协同缉凶，务获归案。请代宣布。广东省长廖仲恺叩。廿一日。

刊于1924年6月25日《广州民国日报》
及广州《现象报》，据《广州民国日报》
刊印，据《现象报》校过

---

　　① 法国驻越南总督马尔兰，于1924年6月19日下午抵达广州沙面，当晚八时，出席法国侨民于沙面域多利酒店举行的欢迎宴会，被越南革命志士范鸿泰掷炸弹行刺，当场炸毙法人五名，伤五名，马尔兰幸免。此次事件传至法国，引起法国朝野人士的猜疑和误解，中国驻法使馆特电广东省政府询问详情。这是廖仲恺给中国驻法公使的复电。

　　② 该电全文如下："十码，法外交部询广州谋害法人事，法国人民惊异，舆论诋毁，详情请电复，以便登报解释。驻法公使馆。廿日。"（见1924年6月25日《广州民国日报》。）

悬赏缉凶命令①

（一九二四年六月二十一日）

据报越南总督来粤,于六月十九日下午八时,在沙面英界之域多利酒店宴会,席间被人抛掷炸弹,轰毙法国人五名,伤五人,越督无恙,沙面巡捕,追拿凶手不获等语。查越南总督,系远来游客,本省政府,预备接待,竟有不知国籍之凶人,②胆敢在沙面掷弹谋炸,殊堪骇异。呈犯事地点,不在华界,自当严同协缉,以昭友谊。兹本署悬赏五千元,购缉凶犯。除分令外,合令该○转饬所属,严密购线,认真踩缉,务将本案真凶拿获讯明,分别领赏惩办。此令。

省长廖仲恺

刊于1924年6月25日广州《现象报》,
据《现象报》刊印

驳复英领事函③

（一九二四年六月二十三日）

迳复者：

顷接本月二十日来函,以安南总督在沙面英界域多利酒店,有

---

① 这是沙面行刺案发生后廖仲恺发布的缉凶命令。报纸刊载该令时没有注明发布日期,据6月21日廖仲恺致驻法使馆电所述,缉凶命令亦应该是同日,即6月21日发出。

② 此案凶手是越南革命志士范鸿泰,他于掷炸弹后,跳进珠江,终被溺毙,尸体后来才被发现。在这期间,广州一些报社又收到由朝鲜人徐兴亚寄来的信件,内有范鸿泰生前的照片及遗书,各报都在6月25日如实予以披露,完全证实此案与华人无关。

③ 沙面行刺越督案发生后,沙面英国领事竟然认为凶手是华人,于6月20日致函广东省政府提出"抗议"。这是廖仲恺对英领事"抗议"的驳复。

详服华人抛掷炸弹，提出抗议，以为本省政府负有重责，并拟严定规章，限制华人入沙面等由。本省长阅悉之余，殊深诧异。

　　查本省政府闻越督来粤，即预备迎接，设宴款待，及预派军警保护，种种布置，而报章记载，亦皆表示欢迎，足见本省官民对于越督之来，非常欣悦，极为欢迎。乃越督于十九日下午行抵珠江，未履华界，即由兵舰迳赴沙面法界之法领署，是晚法国居留民在沙面英界之域多利酒店设宴款待。越督为法国重要人物，贵总领事官负英界治安保护之责，应如何严为防范。然以沙面弹丸之地，四周有水围绕，域多利酒店主人，即为英界之巡捕长，域多利酒店之邻屋，即为巡捕局，而竟任凶手在街外由窗户掷炸弹入酒店之食堂，既掷之后，复得从容赴水逃去。先事防范不周，临时保护不密，事后追捕不力，恐贵总领事官及所属巡捕，实不能辞其责。不知责己，反欲尤人，岂如此竟可卸责于他人耶！所谓凶手系穿洋服之华人，未知有何根据。查是日下午法国代理领事在领署茶会欢迎越督，隔肇事之时仅两句钟，法领曾与外交部长伍①说及，越督此来，须防安南人，并有一安南人尤为注意等语。现在凶手未获，无从确知其为何国人，然事前则法领谓宜提防安南人，贵总领事乃为凶手为华人，未知有何证据，遽下此断语也。至云华人蓄谋仇洋等语，更未知贵总领事所指何事。不料贵总领事急于卸责，遂作此无稽之言，挑拨华洋恶感，间离中外交情也。来函又谓拟定限制华人入沙面规章，更与此案风马牛不相及。沙面官警，屡欲提议限制华人之规例，若必再提议以遂所欲，亦不必以此案为借口。但如果实行，倘有损华人权利之处，本政府当不能自安缄默也。

　　查此次越督来粤，为本省贵客，因贵总领事官保护不力，致令

---

　　① 广州革命政府外交部长伍朝枢。

受惊。且始终未履华界,将翌日一切会约,概行取消,**遽即离粤**,使大元帅及本省政府欢迎之意,无由得达。法国代理领事及绅商士女,侨居此邦,亦因此致伤致毙者十余人。对此多点,本省政府不能不提出严重抗议。

广州市面地方辽阔,人口繁多,较之沙面区区之地,警察保护之难,相去何啻天壤。乃凶手炸弹不掷于广州市,而掷于沙面,事后复得从容遁去,足见沙面警察之无能。然而沙面又在广州市警察范围之外,是沙面实于广州市之治安秩序有极大危险,此次之事甚易明证。本省长特提议商榷,嗣后如遇必要时,本政府得遣派警察入沙面协同维持治安,于本市及沙面两有裨益,当亦贵总领事官所赞同地。尚希见复为荷。顺颂时祺。

此致
大英国驻广州领事官翟

广东省长廖仲恺

刊于1924年6月24日《广州民国日报》,
据《广州民国日报》刊印

革命党应有的精神①

(一九二四年六月二十四日)

各位同志:

----

① 这是1924年6月24日在黄埔军校的讲演。《廖仲恺集》标题作《革命党应有的精神之伸义》。

刚才俄国驻广东代表鲍尔廷①和高和洛夫②将军所讲的，大概各位同志已经明白了。俄代表所讲的，是俄国人何以今日到这里来演讲，演讲到底有什么意义。他说中国和俄国毗连数千里，人民的交接也很多，关系是极其密切的。在前几年正当俄国革命的时候，他们没有时间来看中国，现在俄国的革命已经告了段落，所以特地到中国来，看看中国有没有革命，谁是中国的革命者。

　　他说只有我们的孙总理是有热心、有魄力的革命领袖。中国的革命运动，已经有了两次：前一次就是义和团，因为当时的朝政日非，一般官僚情愿把国家的利益送与外国，竟致民生憔悴，外国人的势力越大，人民的生活就越苦。所以弄到后来，人民实在迫得不得已了，拿刀也要杀外国人。无奈当时的官僚，误会他们以为是拳匪，不配为国家作事，不信任他们，所以就致失败。第二次就是辛亥革命，要想推倒满清，实现民治。结果下来，满清虽是推倒了，但民治仍然不能实现。所谓民国，除招牌而外，内容全无，这是辛亥革命的失败。

　　但是辛亥革命失败的原因是什么呢？就是一班同志，只顾自己，不顾国家，与私人没有利益的，便不去做。所以满清推翻之后，争权的争权，夺利的夺利，一直弄到丧失革命的原意。所以革命的

----

　　①　鲍尔廷，即鲍罗廷的另一译法。苏联为援助中国革命，派鲍罗廷为代表驻在广东，1923年10月25日，孙中山曾电正在莫斯科的孙逸仙博士代表团，感谢"友邦政府及政党，派代表鲍罗廷到粤援助之热心与诚意"。1927年国民党叛卖革命之后，鲍罗廷返回苏联。

　　1924年6月24日鲍罗廷在黄埔军校讲演《革命党应有的精神》。讲词全文刊于《黄埔丛书》。

　　②　高和洛夫，又译包和罗夫，是孙中山由苏联请来的黄埔军校的顾问。1924年8月初在石龙溺死。8月4日黄埔军校开会追悼俄顾问包和罗夫将军，孙中山亲临主祭，并亲书"遗恨何如"四字挽辞。

　　1924年6月24日高和洛夫在黄埔军校讲演《俄国革命及红军经过的情形》。讲词全文刊于《黄埔丛书》。

效果,全然没有。只有我们的孙总理还是要继续的革命。他又有几个同志帮助他,和他一同革命。中国经过义和团和辛亥革命以后,本来象到了茫茫的大海一样,什么都没有了,幸喜还剩下几个人。我曾问过孙总理:"你对于中国的革命,已经有了准备么?"他说,已有了准备了。所以孙总理还要贯彻他的革命主张。他因为要再造革命基础,所以一面把国民党改组,一面又办一所陆军军官学校。

从前中国之所以失败,是由于大家拿刀枪杀自己,不是去杀反革命派,所以革命才没有成功,才有今日再起革命之必要。望各同志从此以后,便把以前所有的恶习彻底改良,要以国家的利益为前提,不要学从前那样的自私自利,以至害国殃民。如果不如此,诸位就是进了陆军军官学校,也是无益,也是无益于国家。望诸位总要跟着本党总理,一心准备革命才好。

俄代表讲俄国的革命军,并没有薪金可言,两天才有一磅面包吃,衣也没有穿,他们只顾热心革命。我们要做革命党的人,目前的私心是不能不放弃的。不能放弃,便不配在革命军里生活。望大家切不要怀此私心!否则连从前那种革命军都不如,何况真正的革命军。

大家要晓得为什么进这个学校。并不是为做官、为拿指挥刀才来进这个学校。如果为国家出力,或者做官也是有的。不然,若专为做官而来当本校的学生,便大违本校设开之旨了。如果诸位专为做官而来当本校的学生,就使毕业出去,当了一个总司令、军长,难道就算革命成功么?穿了一件军装,拿了一把指挥刀,就算革命成功么?要是革命不成功的时候,我以为就是有穿有吃也是糟。我们原来是为救国才来革命,如果革了命也是糟,又何必革命。

且慢说我们这个军官学校毕了业,什么事务,只要与党有利的都要去做。就是在外国的军官学校毕业回来,也可以去当兵。比方要去改变敌方的军心,或侦探敌方的军情,就是投入敌方做兵士,也要去的。并且要与兵士为伍,才能够变敌军的军心,宣传自己的主义。如果我们的革命军要打胜仗,非有这些人来,牺牲个人的幸福与安乐不可的。外国人要预备同敌国打仗之前,不但是派军官到敌军里面去做侦探,就是他们做将领与主帅的,往往亦要扮作乞丐或苦力,蓬头赤足,到敌军里面去做侦探。他们俄国革命有如此良果,亦往往用这种法子,进到敌军里面去,搅乱他的军心。所以俄国革命成功,能有如此之快。如果说我们军官学校出来,只做军官,不做小卒,试问遇着这种工作,又叫谁去做?再比方在打仗的时候,硬要把一队人去塞炮眼,才能取得他方面较多的胜利。如果大家只顾住私利,试问塞炮眼这一队人,又到那里去找?

中国的军队,全被袁世凯他们弄坏了。袁世凯惯用钱来收买军队,于是就养成军队为钱打仗的习惯,没有钱便不去打仗。久而久之,这桩要钱的风气,便传遍了全国的军人。诸位或是学生,或是官长,都是从校外才进来的,在社会里面生活了许久,自然也不免染了这桩要钱的社会恶习。传染病固然是会传染人的。要晓得社会的恶习,也是和传染病一样,也能传染人的。不过我们要晓得自家珍重,才能免受传染。比方传染病流行的时候,我们就要讲究卫生,方免传染。现在军队只晓得要钱的恶习流行的时候,我们就要独具灼见,以免中毒。确信主义,就是我们顶好的避毒方法,望各同志努力实行!

刊于《廖党代表讲演集》,据《廖党代表讲演集》刊印,据《黄埔丛书》校过

学生当耐受军事训练^①

学生当耐受军事训练[①]

（一九二四年六月二十八日）

各位同志：

今天兄弟听见校长对你们说了这一大篇话[②]，不觉发生了一点感想。就是诸位既然晓得到这个学校来读书，何以还要校长讲这些话？据兄弟看来，各位都是革命同志，都有革命的决心，都预备了受苦，怎么还说这个学校的生活太机械，太枯燥无味？中国这几年以来，已是乱七八糟，已陷于无政府状态，要讲自由，恐怕再没有自由过中国的了！要讲放任，恐怕也再没有放任过中国的了！欧洲西班牙、葡萄牙本来是最放任的国家，然而也许还不如中国。这是什么缘故？怎么中国人便如此放任，如此没有秩序，就是中国人没有受过军队的训练。

世界上最有军事训练，而又影响最大的，就是德国。德国的军事训练，不仅影响于军队上，就是国民性以及生产方法，都受了军事训练的影响。德国的军事训练是极严整的，所以他的国民一举一动都有秩序。他如英美两国的国民习惯，是由工厂里面训练出来，所以他很有秩序；不过还不如德国除在工厂训练之外，还有军事训练的那般好。所以军事训练，是极要紧的，是极不可少的。如是国民没有受过军事训练，国民就一定没有团结力，没有秩序。现在我们中国之所以乱七八糟，就是上了没有军事训练的当。但或者也有人

---

① 这是1924年6月28日在黄埔军校的讲演。《黄埔丛书》和《廖仲恺集》标题作《军事训练之可贵在团体的精神在生活之养成》。

② 1924年6月28日，黄埔军校校长蒋介石对学生讲演，只强调学生应熟读操典、射击与体操等各种教范和战中勤务令所谓"典、范、令"三样课程。

要说德国后来的失败，都是由于军事训练不好的缘故。殊不知德国之所以失败，是主义不好，政策不好，并不是他的军事训练不好。现在我们中国要学他的军事训练。

诸位试看中国各个大学，各个高等师范以及各中学，他们的内容如何？就以寝室而论，是不是醃臢不堪的？这种习惯好不好？虽然是一件小事，却可以代表我们数十年来教育的结果。象这样的结果，诸位看了以为如何？中国人象这样的放任，国家又怎么整理得好！我老实不骗各位说，现在如果有人从外国，或者外省来到我们军官学校，没有不说好象到了外国一样，觉得是别有天地。如果我们又拿外面的恶习搬进来，到底好不好？好象高等师范的学生一样，上课的时候都唱起小调来，又到底行不行？我们要知道我们今日所以要受军事的训练，要过枯燥的生活，都是为了将来要做革命事业起见。

如果我们今日在学校里，都嫌学校生活太机械，太枯燥，将来出去实行的时候，那个生活又怎样过得。现在我们在学校里大家的知识都差不多，商量什么事情也容易。将来各同志出来练兵的时候，当兵的有几个识字的，商量什么事情，是不是更加费力。

俄国在一九一三年调查他全国的识字与不识字的人数，结果男人一千个当中就有三百多个不识，女人一千个当中就有五百多个不识字的。自一九一七年以后，政治极力运动，想减少不识字人数，直到他年调查一次，都还有几成不识字的。我们中国不识字的人数之多，更不消说。现在姑且定他占全国人民的十分之八。换一句话说，就是十个人当中有八个不识字的。如果将来出去练兵，当一个连长，部下就有七八十个不识字的，诸位那时又将怎样办呢？对别人讲一句就是可以懂的话，对他们讲二句或者都还不懂，那时诸位的生活，不是更加枯燥么？如果说他们不懂，便不管他，自己另外跑到都市上去和朋友谈话，那末军队又怎样练得好呢？我们练兵，原来是要把平常人教练成兵，感化成为同志，才是道理。如果怕麻烦，怕不自由，便只有跑到英国、美国去带兵，因为只有英国、美国的兵士才各个识字，就连俄国的兵都不行。如果这样，那还成一个革命党么？还成一个真正的革命军人么？

大家还要晓得，革命是要使人民自由，使人民不过枯燥的生活，并不是单为自己谋自由，单为自己谋不枯燥的生活。我们革命军人都还不愿过枯燥的生活，还等谁来过枯燥生活呢？我们军官学校的学生，都还不作个模范，将来中国的军人，还有希望么？我们学校里有一个俱乐部，现在想买些围棋、象棋等等玩具来，影戏也想带来给大家看看，就是极①调剂一下诸位的枯燥生活。不过诸位要记得，这是暂时的娱乐，将来练兵的枯燥生活，仍然是不能避免的。诸位想必都读过《孟子》。《孟子》上面说："天之将降大任于斯人也，必先苦其心志，劳其筋骨，饿其体肤，空乏其身，行拂乱其所为，所以动心忍性，增益其所不能。"现在诸位在这里读书，这就正是"增益其所不能"的时候，所以样样都要忍耐。人家做不到的地方，我们要做得到。要是大家都能这样，中国的前途才有希望，临到有事也不会乱七八糟。

我们试看去年日本大地震的时候，同时又起大火，岸上不能住人，大家都到船上去。当时听说，日本人不准中国人上船，把中国人打下海去。后来调查，并不是这样；是因为中国人争先登船，所以混乱拥挤，就挤下海里去了。外国人却有秩序，一排一排的上船，没有一点危险。这是什么缘故呢？就是由于中国平时没有群众的训练，所以临时便不能开交。如象那个戏台上耍武技一般，一出台便乱打筋斗，没有半点阻碍；如果是平时没有训练的人才，几个人走上台去，站也没有地方，何况要翻筋斗。所以无论什么事都要平时有训

---

① 原文如此，或"极"为"想"字之误，或下脱"想"字或"力"字。

练！

现在我们中国的革命运动,都端赖这些受过军事教育的人材。望各同志不要因为今日生活枯燥便不耐烦,都要忍耐下去,造成良好军事人材。那末,我国的革命运动才有成功的希望。就是中国大模范的生活方法,也要受良好的影响。

刊于《廖党代表讲演集》,据《廖党代表讲演集》刊印,据《黄埔丛书》校过

检阅驻广州武装部队后的演说①

(一九二四年六月二十九日)

各位将官:

大元帅命令本省长代向各位说几句话。今日军警团大家会操,大元帅检阅,非常嘉勉。今日检阅结果,一般看来,训练上似未甚充分。然欲达此目的,非经过长时间不可。今以如此短促时间,及在今日情势之下,能有如此成绩,已属难能可贵,此为将领诸君努力之所致。现在广东如此时候,中国如此状态,革命十三年来,尚未能得革命之效果,达到国福民利地步。现欲达到本党的三民主义,使国基巩固,民生乐利,全国得享革命成功后之幸福,固须由全国人民奋起协助,但仍要穿军服者本其本领与人民合作,方能迅速收其效果。所谓本领者,即由训练而得之好结果也。故将来结果之良否,当视乎军队之能否努力革命,及警察、商团之能否捍卫地方为断。诸君在此短促时期中,已有此成绩,果能继续奋斗干去,得收民生

---

① 1924年6月29日上午,驻防广州的各支武装部队,在广州北较场举行联合演习,孙中山借廖仲恺等出席检阅。检阅毕,廖仲恺代表孙中山发表演说, 这是当时各报刊登的演说记要。

乐利之效果,可断言也。而如何方能达此目的,则继续向训练上加工做去。此则大元帅所希望于诸君。

刊于《广州民国日报》和广州《现象报》,据《广州民国日报》刊印,据广州《现象报》校过

统一广东财政通电①

(一九二四年七月十二日)

　　(衔略)顷复蒋军长②一电,文曰:"粤省财政,久陷分裂。握军柄者,各就防地,自筹军食。掌度支者,形同守库,挹注无从。于是占有防地之军队,赖有余粮。转战前敌者,或以缺乏地盘之故,给养无出。肥瘠悬殊,劳逸亦异。设有征调,猜嫌四起。盖各顾防地之心日重,即一致对外之心日轻,肇端甚微,流祸甚重。东江南路,逆氛久未削平,岂军力尚有未足,实财政分裂,军心不一,有以致之。倘长此不已,则一星之火,可以燎原;万丈长堤,溃于一穴;实有为仲恺所不忍言者。我国根本未定,欧战、华会,屡失时机。现在强邻环伺,而市侩军阀,盘据北省,方且日肆屠戮。御侮讨贼,吾辈负责至重。千钧一发,实非急起直追,无以应事机,而拯危亡。唯细察粤局,又非统一财政,无以作士气而一军心。尊电首倡财政统一,专意整军,大义凛然,洵可奉为圭臬。而'军心涣散,由于财政割裂'一语,暮鼓晨钟,尤足发人深省。回环捧诵,感彻心脾。古训有云:'言之非

------

　　① 广东财政为各军所把持,尤以滇军、桂军为甚。1923年10月,广州政府提出财政统一问题,各军多反对。此电系廖仲恺为呼吁财政统一而发。旧本《廖仲恺集》刊印本文时上款略去,下款有文字。据1924年7月16日《广州民国日报》所载,得知该电是7月12日致"杨总司令、谭总司令、刘总司令、樊总司令、许总司令、各军、师、旅、团长"的。

　　② 滇军第三军军长蒋光亮,当时把持着广三铁路,该路收入和佛山等沿路各镇的税收均归蒋所有。

艰,行之维难。'至于足下,信必能言行一致,以振军人全体之精神者。谨掬愚诚,伏乞教正"等语。尚希诸公一致主张,共维财政统一,借作士气,而挽危机。不胜翘企之至。廖仲恺叩。文。

刊于《廖仲恺集》,据《廖仲恺集》刊印,据1924年
7月16日《广州民国日报》校过

关于沙面罢工复法领事函①

(一九二四年七月十九日)

敬复者:

现接大函,于沙面发生罢工风潮,嘱设法制止等由。查罢工之举,亦各国所恒有,非政府所制止,证以欧美各邦之情形及中国现在之民气,可以知之矣。且地属沙面租界,工部局之华人,系沙面洋人所雇用,在沙面时很处英法管辖范围之下。今因愤激而起风潮,本省政府实无从预为防范。乃来函所言,粤官不先预防,殊不近理。此次沙面工人罢工,全由沙面英法工部局颁布新律所激动而成,倘若辈于广州市内有越轨行为,本省官厅自当力为制止,本省长早经饬令市公安局派遣警兵前往弹压矣。抑尤有言者,沙面租界,在本国辖权之外,如贵领事官嗣后允许本省武装警察随

---

① 沙面行刺越督事件发生以后,由于英国领事污蔑凶手是华人,遂激起在沙面工作的华工的愤慨。他们接连举行集会,决议向英领提出质问:污蔑华人行凶,用意何在?并限于二十四小时内答复,否则全体罢工。沙面租界当局不仅不承认错误,竟于七月初颁布"新警律",规定自八月一日起,住在沙面的华人进出租界,均须携带执照。沙面华工忍无可忍,便于7月15日宣布罢工。罢工发生后,由法国领事出面,致函广东省政府要求制止罢工。这是廖仲恺给法领事来函的复函。原函在报上刊出时,没有署上下款,只在发表该函的新闻报导中说明是廖仲恺复法领事函。

时进沙面协助,或可防患于未然也。

刊于1924年7月21日《广州民国日报》,

据《广州民国日报》刊印

请协力组织农会给广东
各县县长的命令①

(一九二四年七月)

我国土广人稠,向以务农为重,乃自军兴以后,盗贼溢多,各属农民,无不备受痛苦,亟应提倡联结,藉图自卫。现中国国民党中央执行委员会,本大元帅三民主义,为农民谋幸福,订定农民协会章程,随由政府发出宣言,申明意旨,应即依照办理。除分行外,合就印发前项宣言暨章程各一份,令仰该县即便遵照,诱掖当地农民,根据章程及宣言,组织农民协会及农团军,实行自卫。如有中国国民党中央执行委员会或各属地方党部委员,前来照章组织时,应竭力援助进行。仍按情形,即时具报。

刊于1924年7月24日《广州民国日报》,

据《广州民国日报》刊印

---

① 原命令在报纸上发表时,没有注明日期,也没有署上下款,只在新闻报导中说是省长给各县县长的命令。

农民运动所当注意之要点^①

（一九二四年七、八月间）

农民运动之重要　各位同志：各位在此时此处来研究农民运动方法，这对于本党是有非常重大关系的。本党负有国民革命历史上的使命，责任既然如此重大，但应怎样方能使其完成呢？吾人须知，国民革命之主要分子为国民，国民中最多者莫如农民，故国民革命之唯一要件为须得农民大多数了解与集中本党旗帜之下。如农民不了解与不集中本党旗帜之下，则革命断无成功之可言。故我国国民革命之成功与否，全在乎农民之了解革命与否一问题。

农民运动要点一　吾人做农民运动时，若只对农民要求他加入本党做党员，犹不可靠。必要使他明了何以要起国民革命，国民革命之成败与他有何利害关系，他方有参加革命之希望。此为最要之点。

农民运动要点二　如何可以把我国变为一完全独立自由的国家呢？千头万绪，殊非一时所能尽述。然有一要点在，则要使全国农民皆知我国何以会变成如此贫弱，如此痛苦，如何能改变贫弱，除去痛苦。这种重要原理，现在简单加以说明。

中国何以会变成如是贫弱如是痛苦　我国以农立国，自有国家社会以来，皆以农业为国计民生之主干。故古来诸子百家关于政治问题之著作，多注重农业，以为改造政治之张本。欧美各国在产业革命未发生前，其重农轻工商亦与我国无异。殆至十八世纪

---

① 本文最早的刊本未见。《犁头》第十三期刊载的阮啸仙《廖先生仲恺殉国一周年纪念与农民》一文说，这是廖仲恺在第一届农民运动讲习所的演讲。据此，演讲的时间是1924年7、8月间。

机器生产发明，产业革命发生后，工商业方起而代之，以工为本，商次之，农落后，是为世界人类生活大起变动之革命。由是各国皆重工业，极力求其发展。遂至一方生产过多，一方原料不给。彼工业国为维持其资本主义之生产，不能不尽力向外找殖民地，不能不尽力在内谋持政权以行其侵略政策，帝国主义于是乎起。帝国主义一出，全世界弱小民族与国家，无不被其侵略。不独小手工业尽被摧残，农业受害尤烈。不独澳、菲、印等地方尽被压迫，我国数千年之安定生活，及以农为本之国情亦随之根本摇动了。

什么叫做产业革命？又何以会发生帝国主义？吾人当先明白了解，方能发生深刻之觉悟。

人类自足经济生活之安定状况　原来人类生活情形，因其各个之环境不同，各发生其各个单位之经济组织，或以一村一镇为单位，或以一县一国为单位。在其单位中，彼等于长年日月内，将其衣食住或其他之需要与供给及分工责任，或农、或工、或商，皆顺其自然之需求，互相调剂，以维持其适当之安定生活，必不至于或者供给过多，或者供给过少之弊。故除天灾人祸或夺食阶级者过多外，绝少发生畸形的冲突。天灾为无法免的，惟夺食阶级则自来被一般人所鄙弃，亦殊不能如何作怪。

我国以前经济状况　我国在海禁未开以前，人民生活除受水旱疫疠或每代帝王兴替之战争影响外，绝少畸形的变化与冲突，是为安定的生活。虽从井田制变为土地私有制时，社会经济生产上曾发生有大变化，然自封建制度崩坏，秦朝统一之结果，生活依然安定，依然是自足经济。此种安定生活是否可贵，吾不敢知。但吾人常闻老夫常谈，皆以为今日生活不大如昔。试思今日之生活，其程度较昔日为高，其生产量较昔为多，品质较昔日为优良，价格较昔日为昂贵，奢华较昔日为泰甚，何以不此之羡，而反羡昔日简陋之生活呢？诚以人民安常习故，生活安定则心境安定，乐也随之，不如今日之仆仆道途，人人有朝不保夕之痛苦。然而何者为致今日此种恶现象之原因，则帝国资本主义之侵略实为万恶之源。

何以帝国资本主义侵中国便会发生此种恶现象？若欲了解，则当先明了欧洲产业革命后之变化情形。

欧洲产业革命之变化　余前已述及在产业革命未发生以前之社会，为互相调和的、安定的。故每一社会中，其农工商之分配，必无显著的冲突。有农以产农物，必须有工为之制器，更须有商为之运输、交易（至于所得代价分配之得当与否，为另一问题），然后成其为经济社会。欧洲产业未发生前，其生活之安定亦如是。殆至十九世纪，火汽力机器发明，生产方法大变，产物日增。机器生产有二要件：一为生产量要多；二为贩卖路要广。由是遂不得不极力打破地方的、局部的生产制度，一变而为世界的生产。然一方生产则进步，他方社会财产制度绝不进步。于是有机器以生产之资本家，则日富一日，一般手工业劳动者则由失业而日贫一日。阶级悬殊，已渐渐形成。彼拥有机器以事生产之大资本家，为谋其自身之利益计，每当生产量过多，求其免除所出货在本国过多价跌时，彼将不顾本国人民之生活如何，强向其他积弱之农业国找销路以为彼之销货场。彼何以要找积弱之农业国为销货场呢？正以其无抵抗力之故。盖彼强有力之国，多以其国力施行保护政策，以俟己国之工业发达以抵敌之。如欧洲当拿破仑称雄时，曾用武力封锁欧洲大陆，禁止英货输入，禁止原料运英，以制英之死命。欧洲各国均采取海关保护政策以抗英，致英国当时在欧洲一筹莫展，乃不能不尽其力以谋向外的发展。非洲也，印度也，澳洲也，缅甸也，无一非维持彼之绝好殖民地，大帮之产物由是有销场，多量之原料由是有来路。殆鸦片一役，遂伸其势力于我国。其不惜远道用兵，实有两种目的：第一，为谋永远撤去我海关之屏障，以任其予取予携；第二为占领香港，强开通商口岸，以为其经济上侵略东亚之根据地。后来各国皆依样葫芦，所谓最惠国待遇之条件，咸皆沾有。于是此数千年来安定生活之中华民族，从此开其忧郁变化之端绪，财库宝钥之海关沦为列强所共管。其经济侵略政策之利害，殊足制人的死命而有余。盖古代之武力侵略为外表的、虚荣的，除为军事上或政事上不能不举行侵略外，鲜有欲使被压迫者在经济上沦为永远奴隶，或竟欲夷其种族者。

至今日之帝国主义则不然，其动机全为掠夺他人之经济，使弱小民族为彼工作，为彼销货，供彼原料，结果非至民穷财尽不了。至于军事上、政治上之武力侵略，不过用为经济上一种手段耳。我人苟不力图自振，则此后之被压迫、受痛苦，将犹无止期也。诚以彼帝国资本主义者，正力求生产之改良，如人力之减少也，出品之增加也，无不力求完善。此种趋势之结果，必须格外多找销场，格外多找原料，则弱小民族与农业国更难免其吞噬。英之侵略印度，以其地大物博，足供其多量之原料；以其人口众多，足为其最大之销场。今日印人所产之大宗棉花，已非印人所有；今日印人所穿之衣服，已非印人自织矣。吾人如欲避免此压迫、此痛苦，非先收回海关不可。要收回海关，非先打倒国内军阀，唤起国民革命不可。国民革命不成功，则实业之发展绝无希望。

我国农民在国际分业上之吃亏　或谓："工业国既需要吾农业国多量之农产原料，则吾人产物有无限销路，是岂非吾人业农者之无上利益吗？"上述见解，似是而实非。试观我国海禁未开以前与后来比较，则事实上已证明其为误解。因为：(一)机器生产速，而原料之供给为土地、气候及报酬递减律所限，供不应求。一年生产所得之原料，不及彼一季或短少时间已制完。由是农人一年勤劳所得之工值，而彼机器工业工人以一季之勤劳便可得之矣。以一年计，则彼工人每年所得，已多三倍于农人。故从时间上、工值上比较，可知农业国实在吃亏不少。(二)农产品多为原货或粗制货，其卖出时价廉。一经工业之机器变为精美,其输入时价贵。且同时夺去一切小手工业之生活及农人副业。此原料之一出一入,其结果工业国所得利益十倍多于农业国,农民所得者只有感觉物价昂贵,生活艰难,失业痛苦而已。

我国被侵略之现况　我国东南有不可抗之洋海,西北有不可抗之高山大漠,故在海禁未开以前,完全以一国为一安定生活之单位。迨帝国主义东渐,吾国沿江、沿海之重要门户,皆为彼所冲破,凡江、河、海、铁路所及之处,皆变为其势力繁殖之所在地,以致此数千年来过惯安定生活之中国人,一变而日处飘风悽雨中。都市日趋发达,农村日以衰微,人民为生活压迫与奢华所诱,群向都市以谋生活。结果至都市人口过多,生活困难,农地减少;至于腹地之农村,田野荒芜,渐成废壤。于是内地生活困难,不得已而赴外国,既而外亦取缔华人入口甚苛,由是我人之生活遂愈趋卑下了(其间内地各省虽间有仍为自足经济状态者,惟其不能久持也,自可断言)。

结论　吾人其不欲解决吾人之痛苦及谋国家人民之丰富则已,否则必须与帝国资本主义者战!吾人其不欲打退帝国资本主义者则已,否则必先与国内军阀战!吾人其不欲打倒国内军阀则已,否则必先唤起全国国民,共图国民革命!吾人其不欲国民革命成功则已,否则必先去干农民运动!故今日之农民运动,其根本原因为国际问题,国民革命问题,非只为对付地主之内部问题。愿诸君此后再三注意!

刊于《廖仲恺集》,据《廖仲恺集》刊印,据1926年8月《农民运动》第四、五合期校过

农民解放的方法①

——在香山县农民代表会议之演说

（一九二四年八月）

各位耕田兄弟：

我是广东省长。现在是广东最多事之秋，并且正在战事中。我本来事情非常之多，每每要经早晨八点钟起来办事直到晚间一点钟才得休息的。现在抽身来此，到底为什么呢？如果为游游香山，则今非其时。我是有很大目的来的。这个目的是什么呢？就是要来看看我们的耕田兄弟痛苦成怎么样，艰难成怎么样，受什么压迫，要怎么样救济。

东海十六沙佃户多是香山人，耕田的也多是香山人，但是收税的都是顺德绅士。这劣绅压迫农民，大家于是以为非归还香山自治不行。这种事实，我以前早已听见了，并且在民国元年我做财政司时曾经切实调查过好几次。所以到去年我做省长，便决定了拨为香山人民自治，以免你们大家受顺德绅士压迫。在当时我以为这样便可以解除你们的痛苦了，岂知最近还常常听见你们依然很

---

① 本文在《农民运动》第四、五合期刊出时，未载明时间，仅说明："这篇是廖仲恺先生在中山九区大黄圃农民代表会议时的演说词。"据同期《农民运动》所载阮啸仙《廖先生仲恺殉国一周纪念与农民》文中说，1924年廖先生任广东省长期间，"亲到中山县召集万余农友开会"。又107页载：1924年"七月时，农民协会章程正式由大元帅命令颁行。不久中山第九区民团成立，仲恺先生趁此机会跑去大黄圃对农民说：'农民协会是你们农民的救生圈。救苦救难的不是观世音，而是农民协会。你们大家努力去团结起来，组织农民协会去罢！'他已深切地认识了国民革命的基础，是要建筑在工农群众上面。"由此可知这篇讲演可能是1924年8月左右讲的。

本文在1926年刊出时，作中山县，因廖仲恺演讲时，该县还称香山县，故改为香山县。

195

痛苦。但你们到底痛苦成怎么样呢?除了水灾一件之外,其他我多不大知道,所以特自亲到此间走走。政府有军队在香山来保护你们,但是地多人少,照顾恐不周到,所以要完全依靠政府来解救你们是很困难的。大家都要知到,要人家来帮助你,你先要自己帮助自己。好象一个人跌了落水一样,跌落水一定要人来救了,但救得生与否完全要看那跌落水的能够明白"怎样才可以被救得起的方法"与否。如果不明白呢,人家伸手来救,你却连身连脚都紧抱住他,那就一定大家都同归于尽了。所以现在要解救你们的痛苦,也要你们自己起来一齐自救,你们并且要明白解救的方法才行。东海十六沙,我本来已经交还给你们了,治得妥当不妥当,还是要你们也来负责的,我也很愿意负责。现在我亲自落水来救你们了,准备替你们打不平了,替你们奋斗了。但是你们第一要晓得怎样被人家救,一拖你就上来,那么,我当带齐许多救生圈来解救你们。

我虽然做省长,但是手上带兵不多。广东虽是兵多,不过只是兵多也无用的,命令不行的,一定要有人民做后盾,才能使兵听人民的命令,才能解救你们。然则你们要怎样才可以自救呢?怎样才可以免除痛苦呢?什么才是自救的方法呢?我告诉你们:要免除痛苦,就先要自己预备力量、储蓄力量;好象要自卫,先要有刀枪一样。这力量是经那里来的呢?怎样去预备呢?他是从有组织、有团结来的。人民没有组织,就没有力量,好象一支小竹,一手便可打断了。如果把他捆成一大把组织起来,那就任你用刀来斩也难斩断呵!所以组织就是力量。力量是从团结得来的。现在,商人的组织有了,力量大了,政府也不能不帮助他,要取销什么捐税便可以取销了,这就是因为他有了商会。工人,近来也有了组织了,力量大了,政府也不能不乐于帮助他,要什么就可以办到什么了,这就是因为他有工会,因为有了组织才有力量。你们自己有了力量,政府来帮助你们才可以易于成功。现在还没有组织的,只是你们农民,所以你们最没有力量,最痛苦,最受人家压迫。人①们应该从速团结起来,组织起来,预备好你们的力量。旧农会本来是有的,但这是同你们农民无关的,是一班绅士学者组织的。你们要自己起来组织一个真正的农民协会。这个农民协会,就是我拿来救你们的救生圈。我现在抛出来救你们了,你们要从速起来接受!农民协会是怎样组织的呢?他有很完善的章程,由国民党决定了办法,已经由省长颁布了。县长也有助长农民协会之责的。但是你们一定要自己起来组织,不能依靠他人!如果农民协会能够今天组织成了,我明天便可以解救你们出来。否则,虽有贤者也无可如何了!这个农民协会绝不是为我的,不是为政府的,也不是为国民党的,完全是为你们农民自身利益的!有了这个农会,那就你们一切痛苦都可以拿团体的力量直接去同县长、省长、大元帅交涉了,解决了,不必间接几十重,受人家欺骗愚弄了。

现在我已经把救生圈抛给你们了。你们接得到和接不到完全是你们自己的问题,完全在乎你们手急眼快了!

今天晚上我听听你们痛苦的报告,我早知道不止你们东海十六沙的农民是这样痛苦,还有很多地方的农民也是一样的痛苦。要解除这痛苦,你们通通都要团结起来,自己救自己。好象水灾、虫害几件事,如果有了农民协会就可以设法统一救济,全盘计划过,由总会和政府合力来治河捉虫了。一劳永逸,那才可以永远无水灾,无虫害。你们有许多〔人〕以为虫害是你们命运不好,这是不对的。虫害并不是命运所定,这完全是看你们晓不晓得怎样去扑灭他的问题。行运不行运,就是全在看你们晓不晓得。如果你们是晓得的,大家联合起来,一致行动来扑灭他,那就虫实不是为害的。譬如现在有虫害发生了,如果你们没有联合,只是一个人自己去捉

---
① 应作"你"字。

自己那块田的,固然未必能捉得完;就是只捉大黄埔这一条沙也是不能捉得完的。因为那虫子当他还没有成虫之前,他是有许多飞蛾到处去飞,到处去产卵地下的。这些卵子都是你们所不见不觉的,一到成熟,便通通长出来变成害虫了。到处都有,捉了这处,他处又走到来。捉他处,那处又长起来。捉来捉去,都 是捉不完的。如果你们是有团结的呢,那 就不同了。你们尽可在总农民协会里请出晓农业学识的学者来设法捉他了。你们有了法子,就可以限一个时日,全农民一齐动手来捉他了。能够全县一齐动手,那他就飞也飞不去。这样,一年便可以灭绝他三分之二,到次年便可以把他永远灭绝了。如果你们没有团结呢, 实无法可以动手一齐来捉的,那是不能把他灭绝的。所以你们一定要团结,一定要组织农民协会!有了农民协会,那就政府和国民党便可以设法和你们一齐合作起来解救你们。今天我来此间,完全是为这几个问题来的。一来看看你们痛苦成怎么样,二来给你们一个救生圈,要你们组织农民协会。农民协会是救苦救难的,能够救苦救难的并不是观世音,就是农民协会!你们大家努力去团结起来,组织农民协会去罢!

原刊于1926年8 月《农民运动》第四、五合期,

据《农民运动》刊印

禁止商团联防总部成立训令①

（一九二四年八月上旬）

照得商团改组，应俟定章发布后，依照办理。未经核准以前，须仍用旧称，当经令行遵照在案。该商团发起联防，拟设总部，如果无背法规，又合手续，政府方且奖掖扶助，乐观厥成。此通令各县集合农民协会，编练农团军，可为证明也。

此次联防总部之设，谓根据代表会议。但其召集代表大会，并未将办法呈报官厅核准。突然集会，突然设部，又未俟组织章程立案后，即行着手办事。其不合者一。

商团系自卫性质，即属于内务行政范围，当然受民政机关之监督。该联防总部内所设总长副长，既由选举而来，应先将此项选举章程拟呈核定，并请官厅派员监视开票，以示大公。此次选举，并未依此办理。其不合者二。

此等机关，不过为商团之联合办事处，实与军司令部不同，名曰联防总部，命名已觉未妥。且各商团对于总部，须用呈文；而总部对于各商团，竟用命令。即就体制而论，亦非所宜。其不合者三。

上列各节，均为该联防总机关缺点之尤者。所以会议甫终，即被江门反诘②；办事伊始，迭为团友揭攻。如此次所谓成立庆典，

---

① 广州大买办陈廉伯，在英帝国主义支持下，阴谋以商团为反革命武装，反对广东革命政府。1924年5月27日，擅自召开广东各地商团代表会议，成立商团军联防总部。陈廉伯为商团联防总长，邓介石、陈恭受为副长。预定8月13日举行商团大联团开幕典礼。廖仲恺时任广东省长，以商团联防总部成立，系为反对广东革命政府而设，于是下令禁止。

② 在各地商团代表会议中，江门商团代表即反对成立商团联防总部。

未经政府立案,便公然进行,亦殊属卤莽。职此之由,自未便遽行成立,致起纠纷。本省长对于各种民团划一办法,现正从事起草,自应俟此项新章公布后,再行依法组织。为此令仰该团长遵照,并通告各商团知照。此令。

禁止商团联防总部成立布告①

(一九二四年八月上旬)

查东西各国,对于地方自卫之义勇军团,均有一定之法规,无论市镇乡村各种团队,莫不依法编制,受政府之指挥监督。诚以有武器、有组织之公共团体,恒视为国家机体之一部,必有划一制度以为之基础,上以纾政府之内顾,下以维社会之安宁。苟使任情组设,统系不明,微特治体所无,抑亦流弊不可胜道,若更为狡黠者所主持,以行其操纵把持,颠倒愚弄,其祸尤不堪设想。各国政制虽殊,其政府之于各种自治团军,系统未尝稍紊,中国今日扰攘已极,不能不思患预防,免滋纠纷。则各埠商团之设,原为自卫商场,纵使联络邻近,互相守望,亦只协议履行,实非供个人之驱策。是以政府对于农团军之宣言,已有农民自卫军当受政府之绝对监督,但政府不得以农民自卫军,充作别种攻击、非本村直接防御行动之用等语。政府为此规定,盖为杜渐防微计。农民如是,商团何莫不言。惟民国草创,法制仍属未备,凡以成立之团体,如系办理多年,又无越轨行动者,自应一仍其旧,除俟专章颁布,再事改变。若夫

----

① 《扣械潮》刊印本布告时,并未注明发布日期,从内容判断,似为1924年8月上旬发布。

最新发生之团体，又当别论，既无法律可采，亦无成案可援，着手之初，对于机关之组织，议案之执行，选举之手续，职员之支配，必先详定章程，呈奉政府批准，然后有所根据。此为一定不易之办法，设他日而有逾越权限，选举舞弊种种控案发生，政府亦得据案核办。今全省商团军联防之设，并未按照上述各项办理。似此自由集合，根据毫无，已无从准其成立。且此等动作，各方未尽同情，江门、广州商团同人，迭经表示反对，于此足见一斑。乃具有武器之团体，呈此意见纷歧现象，不特将来必无良好结果，更恐因此而殃及地方，于联团本意，不啻背道而驰，职此之由，更难准其成立。本省长对于各种自卫团军办法，现正从事起草，应如何设立总分各机关，如何联络各地分团，自当详细规定，以昭划一而免纷紊。现值大难未平，时局不清，各商人设团自卫，祈保公安，政府自当乐予扶助。但恐各商团放弃责任，或为他人利用，致固有名誉隳于一旦。此举实于已成之商团，具维持之诚意，无妨碍之别情；所愿全省商团各自努力，保卫地方，先保令名，勿越轨度。本省长有厚望焉。

刊于《扣械潮》，据《扣械潮》刊印

扣留商团私运枪械布告①

（一九二四年八月十日）

为布告事：现据粤海关监督署报告，挪威商轮，运有枪械九千余杆，子弹甚夥，到省请核示办法等情。查枪、弹为违禁物品，照章必须呈准领照，方得购运，本署查无核准购运此项大宗枪、弹之案。嗣查军政部于本月四日，曾准商团领照购枪。惟原案声明四十日

---

① 《扣械潮》刊印本布告时，并未注明发布日期，从内容判断，当为8月10日发布。

后运到，现距四号，计仅六日，时日不符，究竟该挪威商轮所运枪、弹，与商团所购是一是二，自非详晰查明，不足以昭慎重。现奉帅令，除饬由海关扣留，一面查明此外有无他种危险物品运载到省外，并饬该挪威商轮，移泊黄埔，听候查明核办。如实系安分商人，购为自卫之用，自必验明核发。现值军事时期，枪、弹关系治安甚重。此项处置，实为维持全省治安起见，合行出示布告，俾众周知。此布。

广东省长廖仲恺

刊于《扣械潮》，据《扣械潮》刊印

扣留商团枪械的再次布告①

（一九二四年八月十二日）

为布告事：案照挪威哈辅商轮，私运大邦军械进口，前据粤海关监督署布告，本署亦将办理情形详晰布告在案，但恐各处商团于本案原委仍有未尽明了，亟应再行剖告，藉杜荧惑。

查枪械子弹为军用品，按照定章，必须将购用理由、数目，先期呈奉核准，方能起运。定章具在，无可逾越。本署为管辖全省最高民政机关，团部购枪，该商团公所始终无只字呈报到署。私贩军火，罪等谋乱，此应查究者一。

各团军领枪，查该商团公所存根不过五千余杆；挪威哈辅商轮，现运枪枝将及万杆。两相比较，相差四千余杆之多。此项逾额枪枝，究系何人订购，将作何用，此应查究者二。

---

① 《扣械潮》刊印本布告时，未注明发布日期，从内容判断，似为 8 月 12 日前后发布。

八月三日,陈团长廉伯致许崇浩①转呈军政部函,声明此项枪枝为本公所订购,三个月内准可由欧洲起运。而商团团友许崇浩受陈团长之嘱托,致军政部函又谓:商团订购枪枝,外人须得本部护照,始肯签约。查军政部系于八月四日核发护照,倘陈、许两函所述是实,则八月四日以前,商团购械尚未签约。欧洲距粤,程途万里,岂能顷刻立至。是就陈、许两函严格解释,挪威哈辅商轮所载枪械,不得指为商团订购,事理至明,不容混饰。若谓确系商团所购,则按之时日,必订约于数月以前。陈廉伯身为团长,当必了然,何以托许崇浩转报军政部,有领照后外人始肯签约之语。而该团长原函,且谓三个月准可由欧洲起运,迷离变幻,莫可究诘。订枪九千余杆,关系至重,岂能儿戏出之,果属为公,何所用其欺饰,此应查究者三。

枪械运到,政府正在澈查,如确系商团所购,事实纵有未符,苟事出有因,陈廉伯身任团长,尽可来署陈明,本省长自必乐予维持。何以密商李军长②代任起卸,许以驳壳二百杆酬劳,李军长拒绝不允,乃转而密请于滇军。差幸各军队深明大义,不为所惑,否则因此骤生变故,咎将谁司,此应查究者四。

查陈团长所收团友枪价,核与原定枪价,贵贱相差甚远。苟为公共防卫计,何以有贩贱卖贵之弊,此事后发觉,又应查究者五。

在承平时代,一枪一弹,来历不明,犹待跟究。现值军事期间,东江南路,逆氛尚炽。今运枪及万杆,三弹三百余万颗,且有机关枪四十挺,疑窦百出,黑幕重重。万一为敌人利用,庄严都市,何难立变战场。粤人生命财产所关,若因坐视不理,酿成意外,何以对我粤人。此为维持治安计,尤不能不查究者六。

---

① 许崇浩,当时任粤汉铁路局局长。
② 指李福林。

哈辅商轮悬挂挪威国旗,按照国际惯例,运载大邦军火,必须先期呈报所在政府,军事期内,尤须慎重。今竟直运至省,并不遵章报明,实属蔑视我国。为国家威信,不能不将该轮扣留。

具此七项理由,故禀承大元帅饬将挪威哈辅商船及载军械移泊黄埔,以待查究。现为解释商民疑团起见,合再郑重宣言。各商民务宜安分营业,静候查明处置,万勿受人煽惑,自生纷扰。掬诚开示,其各凛遵。此布。

刊于《扣械潮》,据《扣械潮》刊印

复旅沪粤商电

(一九二四年八月二十一日)

上海粤侨商业联合会、广肇公所、潮州会馆、大埔同乡会、香山同乡会、肇庆同乡会、南海顺德会公鉴:

皓电悉。粤商团械,据陈廉伯、许崇浩八日函称,发照后签约,并准三个月由欧起运,且系英制二八废枪。现在截获挪威轮船私运军械,系于发照后六日运到,验系辉盛德制七六三口径。时日不符,形式各别,自不得借以影射。现定团军先已缴价领有商团公所正式收据者,仍予承认,准其补价领枪,实已特示体恤。一般商人,均已恍然大悟。至陈廉伯谋为不轨,业查有确据。政府为维持治安计,在所必惩。正当商团,本系良善分子,亦已明白布告,断不牵涉。远承电询,特陈概略,即希察照。仲恺叩。八月廿一日。

刊于《扣械潮》,据《扣械潮》刊印

致各属商会商团电

（一九二四年八月二十二日）

万急。□县□埠商团览：

陈廉伯包藏祸心，私运军火，幸早发觉，不致糜烂地方。殊廉伯野心不死，潜遣党羽，煽动各埠商民罢市，并纠匪抵抗。陈恭受自称攻城总司令，又以实行"公夫公妻主义"等谰言，诬诋政府。复声言陈廉伯助款百万，推倒现政府，自充省长。似此逆迹昭著，实属罪不容诛。各埠商团民团，俱系善良分子，深明大义，当不致为陈等愚惑，自陷罪戾。惟政府对于良民，爱护綦切，用特开诚告诫，各宜自顾生命财产，安份营生，毋为奸人煽诱，甘心从逆，致干剪灭，是所厚望！省长廖。养。印。

刊于《扣械潮》，据《扣械潮》刊印

劝谕商民切勿罢市布告

（一九二四年八月二十二日）

为布告事：案照陈廉伯私运枪械一事，迭经详晰布告，凡此不辞哓敝，剖诚相示，悉出爱护商团，保卫良善之苦衷，谅为商民所共见。乃现据报告，省外市镇①，间有误信谣言，停业罢市，以致土匪乘机蠢动，奸人借端煽惑，甚至自称攻城司令，公然推翻政府，似此行动，直与谋乱何异。本省长爱民至切，前此举报官产市产，以及苛

---

① 指广州市以外的省内市镇，广东人习惯称广州为省城。

细杂捐、承领愤山各案，一据呈控，立予撤销。举凡民瘼，莫不关心，力所能为，亦莫不竭诚维护，何必停业罢市，自取纷扰。至纠集土匪，倡言攻城，关系蓄谋作乱，政府为保持治安计，定必从严惩办。大兵所至，如日沃雪，奸人好乱，何恤乡闾，父老子弟，身家具在，岂宜盲从自杀。须知各从轨道，维持尚易为力，若甘走极端，则法纪所关，实若爱莫能助。安危治乱，一发千钧，各宜父诏兄勉，静候处置，慎勿误信谣惑，致生乱阶。剀切宣示，其各凛遵。此布。

八月廿二日

刊于《扣械潮》，据《扣械潮》刊印

通缉陈廉伯陈恭受电①

（一九二四年八月二十三日）

急。分送滇军杨总司令、湘军谭总司令、粤军许总司令、山陕军路司令、豫军樊司令、西路军刘总司令②均鉴：

陈廉伯阴谋内乱，现已侦查明白，确据有四。吴佩孚盘据洛阳，荼毒全国，粤、闽、川、湘，迭生衅端，均由挑拨，全国皆知。陈廉伯身为商团长，本无政治关系，乃竟假用商团名义，派遣刘焕为代表，密

---

① 广东政府扣留商团私运军械之后，8月11日商团首领即公开反抗政府。12日竟以商团军二千余人到大元帅府请愿，意图要挟。13日商团军联防总部，不顾政府禁止，悍然宣布正式成立，散发"布告"，自称：广东全省商团军联防总部总长廉长，"兹准于本月十三日就职"，即日启印视事。并煽动商民，酝酿罢市。18日全广州银钱业罢市，反对中央银行发行纸币。19日孙中山答复商团说，商人确向商团缴价购枪者，政府允许将所购枪械发还；其冒名商团所购之枪，不能发还。商团竟不服从，一面酝酿大罢市，一面阴谋武装暴动。故广东政府一面派武装进入广州市内防范，一面通缉罪魁陈廉伯和陈恭受。

② 滇军总司令杨希闵，湘军总司令谭延闿，粤军总司令许崇智，山陕军司令路学文，豫军司令樊锺秀，西路讨贼军总司令刘震寰。

谒洛吴,勾结为患,其确证一。

粤省商团,联结自卫,向不干预政事。乃陈廉伯托香港西报,著论颂扬其功,攻击政府;称其党羽为化思时地党①,欲 步意国墨素连呢② 之后尘;期于八月十四日起事,推翻政府,自为督军;同时取消独立,投降北方。其确证二。

商团枪械,本于八月四号请求发照,据称系英制八二口径 废枪;发照后始行签约,准三个月由欧洲起运。而八月十日,突有大帮枪械私运到省,枪枝九千余杆,子弹数百余万颗;查系德制七六三口径。时日不同,式样各别,决非商团枪枝。而出名购运者,系以陈廉伯个人名义。私运军械,罪证确凿。且事甫发觉,立即匿避香港,畏罪私逃,显然可见。其确证三。

私运军械,本与团枪无涉,乃借词影射,煽动罢市,遍贴白抄,诬诋政府。其确证四。

似此勾结北方军阀,图谋内乱,实属罪大恶极,万难姑容。业经呈奉大元帅核准,立将陈廉伯通令查缉,归案惩办。

又另准杨总司令函称,现得佛山确报,陈恭受在石湾等处,纠集土匪,冒称商团民团,自为攻城总司令,希图扰乱治安等语。陈恭受胆敢纠匪谋乱,厥罪尤著,应予一并通缉,以遏乱萌。除分行外,应请贵总司令、贵军长通饬所部,一体严行查缉,务将陈廉伯、陈恭受拿获归案究办,至纫公谊。廖仲恺。漾。印。

刊于《扣械潮》,据《扣械潮》刊印

---

① 化恩时地党,今译法西斯蒂。
② 墨素连呢,今译墨索里尼。

再致各属商会商团电

（一九二四年八月二十三日）

陈廉伯私运军械，业经明令通缉。团械亦经大元帅核定办法，缴价给还。省城商团深明大义，不受煽惑，现在秩序安定，贸易如常。惟奸徒乱党，投北希荣，糜烂桑梓，岂复顾惜。各商会商团，大义深明，断不为其摇惑。仍望联络地方军警，共除败类，力保公安。地方情形如何，并希按日电告。桑梓安危所关，谅承赞助也。仲恺叩。漾。

刊于《扣械潮》，据《扣械潮》刊印

三致各属商会商团电

（一九二四年八月二十四日）

各属分送各县长、各商会、各商团览：

迭据报告，南、韶、连、肇、罗各属商乡团，与省城联团迭少联络；此次两陈谋乱，各属一致拥护政府，并无歹人煽惑附和。省、番、从化、香、新全属以及虎门联团，亦不受摇动，四民安谧，贸易如常。即石湾等处，亦来表明心迹，深明大义。惟佛山一处，两陈四出煽动，聚匪谋乱，不恤糜烂乡间，希荣投北；正当商民咸动公愤，不愿盲从。省城仕绅工商各界，亦愤两陈图一己之利禄，不恤牺牲全市人民，洞烛其奸，绝不附和，一致恪守规律。现全城安宁，一如平时，可慰远念。仰即录电通告，俾众咸知。省长廖。敬。

刊于《扣械潮》，据《扣械潮》刊印

致广州总商会电

（一九二四年八月二十五日）

广州总商会鉴：

　　敬日邮电①悉。移军郊外，早经大元帅明令施行。近日陈廉伯、陈恭受阴谋内乱，煽动罢市，政府为保持治安计，自应酌量戒备。本市各商店如能不受蛊惑，照常营业，各军自必遵令移驻。该商会为商业总枢，尚希切实宣布，共维秩序，即所以互保公安也。再现据南海李县长敬电，佛山商店，业由商会传谕开市，一律遵办。并告。省长廖。

刊于《扣械潮》，据《扣械潮》刊印

表彰拒绝罢市商民的布告

（一九二四年八月二十五日）

　　为布告事：现据河南②全体商店公布，现有好事之徒，不计利害，四出运动罢市，我河南商民一致议决，因现在商业凋零，不宜有此举动，自受损失，不论何方罢市，我河南决不附和等语。具见大义深明，不受摇惑，披阅之余，嘉慰实深。河北商店明白事理者必据多数，尚望照常贸易，共维秩序。业经严饬公安局加派干员，切实梭

---

　　①　1924年8月24日广州总商会电孙大元帅、程军政部长、廖省长，以"诚恐军民杂处，误会滋多，或至发生意外"等话要挟政府，要求政府"令饬市内各军队，克日迁离"。

　　②　广州市民习惯称珠江南部的市区为河南，珠江北部的市区为河北。

巡,保护至周,不虞骚扰。其有立心煽动,或随声附和者,法纪所在,定予严惩。各其懔遵,勿贻后悔。切切。此布。八月廿五日。

刊于《扣械潮》,据《扣械潮》刊印

准予商团缴款领械布告①

(一九二四年八月二十五日)

为布告事:案照扣留哪威商轮军械一事,迭经帅座演说,本署布告,详细解释在案。现在侦查结果,真相大明。陈廉伯谋为不轨,外征之西报登载,内考诸私运军械煽动罢市诸端,实已阴谋毕露。政府为维持治安计,在所必惩。各商民贸迁有无,朝作夕息,既属良善份子,政府为维持国本计,亦爱护无所不至。乃陈廉伯鼓动风潮,不惜以全市商民生命资产为投北希荣之代价,谋乱有据,害马必除,政府复何顾惜。惟安份良民,一受蛊惑,误投法网,自拔无由,能勿痛惜。用特不辞晓敝,详为晓说。政府天职,惟在保民,吾党宗旨,以民为主,对于正当商民,结团互助,奖掖扶持,惟恐不暇,何有压抑。此次扣留哪威轮船枪械,从法理事实言之,实扣留陈廉伯私运谋乱之枪械,原与商团购以自卫之械无涉也。查哪威商轮私运之械,曾于哥林波②港被当地政府扣留处罚。在一个月以前,大元帅得密报后,经令粤海关监督,转令税务司扣留在案。嗣军政部接据许崇浩陈廉伯八月三日两函,以声明发照后签约,并准三个月内由欧洲购运,自与已在途中私运之械无关。且查核程部长③

---

①《扣械潮》刊印本布告时,并未注明发布日期,从内容分析,似为8月25日前后发布。

② 今译科伦坡。

③ 指军政部长程潜。

说明书,据许崇浩面称,商团枪械,系英国八二口径废枪,现在截获哪威商轮枪械,系七六三口径。此项私运枪械,不能指为商团所购,足以铁证。陈廉伯藉以影射,而不知时日具在,岂能移后作前,式样不同,又岂能指鹿为马,此则一言立明,无待赘说者也。此次查办逆党,亦只查究谋乱有据之陈廉伯一人,与安份商团无涉,且结团自卫,仍准照旧进行。本署现正组织民团统率处,凡百章制规则,均在筹议中。商团如有疑难事件,尽可来署陈明,定予维持扶助,倘须购领枪枝,应照章列册呈报来署,准照民团条例,立即给发。每杆定价一百六十元,其前经在商团公所缴款领收据者,亦特示体恤,概予承认。即已缴百元者,准予补缴六十元,立即发枪。似此办理,政府于商团爱护至深,并不以一二人之谬误,牵涉全体,苦衷已可共见。近日商团迭发诬诋政府之宣言,遍贴通衢,何异作乱。正当报纸,横遭掠弃,派报工人,又被截击,尤属横蛮无理。此种举动,必系有人煽惑,各商民良心具在,试思政府爱护商团,无微不至,苟非立心谋乱,何以破坏手段百出不穷。政府职责具在,本难缄默坐视,然而避回审慎,尚未执法严绳者,实以意存宽大,不忍不教而诛。各宜体谅政府苦衷,各祛疑惑,共维公安。以前稍有误会者,准予查明免究,其能将鼓煽乱国谋不轨之辈,举报惩究者,立予上赏。自此布告之后,仍有执迷不误,甘受煽动,本省长责任治安,惟有执法严办,不稍假借。倘不幸风潮扩大,则商场糜烂,必在西关繁富之区,商民资财损失,破产立在目前。牺牲全市以求一逞,陈廉伯诚不足惜,商人何辜,受其荼毒。粤商生死关头,系此一线,各宜猛醒,毋入迷途。本省长爱民至切,故不惜再三剖诚相示,期祛疑窦,藉遏乱荫,其各懔遵。此布。

刊于《扣械潮》,据《扣械潮》刊印

再次劝谕商民切勿罢市布告①

（一九二四年八月二十五日）

为布告事：现据报告，有人在佛山等处，藉口扣留团械，煽动罢市，扰乱治安，莠言荧惑，亟应明白晓告，免淆观听。查商团订购枪械，据陈廉伯许崇浩八月三日函称，请领护照后始行签约，准三个月内由欧洲起运。许崇浩并称，此项枪械，系英制八二口径废枪。现在陈廉伯私运枪械，系于去年十二月签约，八月十一日运到，且系德制七六三口径。时日前后不同，式样口径各别，是二非一，政府辨析至明。本省长剖明相示，不止再三。前据商团请愿，大元帅以结团自卫，允许维持，特准补价给领。其先已缴价领有商团公所收条者，概予承认。查商团枪价，陈廉伯本已卷挟俱逃，政府准予扣还，实已特示体恤，岂容再有异议。乃陈廉伯陈恭受早已洛吴②勾结，明知私运军械，业已截留，谋乱无资，于是诿为团械。岂知八月四号以后签约之团械，安能于六日之内，由欧到粤，英制八二口径废枪，又安能变作德制七六三口径。以个人谋乱损失之资，转嫁商团全体，居心至为狠毒。陈恭受又复变本加厉，煽动罢市，倡言攻城。夫一枪所值不过百数十元，万枪亦仅值价百数十万元耳。全粤财产，何止万万。假令别无野心，则轻重悬殊，何至倡言罢市攻城，以百万生灵，亿兆财产，殉百数十万元之枪枝耶。其所以一意孤行，不惜以全粤为孤注一掷者，实以投北希荣，为惟一宗旨。桑梓糜烂，岂复顾惜。父老子弟，试图平心究察。停业罢市，则已办之

　　① 《扣械潮》刊印本布告时，并未注明发布日期，从内容分析，似为8月25日前后发布。

　　② 指直系军阀吴佩孚，其总部驻河南洛阳。

货物,败坏损耗,额支之铺租工食,无所取偿,每店损失,奚止百十元。且穷苦小民,粮无隔夜,米业朝停,抢劫夕见。加以两陈所纠集,悉系土匪无赖,焚劫掳杀,是其故技,一入城市,祸伊胡底。政府责在保持治安,万无缄默坐视之理,大军所至,如风扫叶。土匪志在劫掠,星散瓦解,固可立俟,而城市圩墟,玉石皆焚矣。两陈逍遥港沃,何损毫毛,惟安份良民,惨受荼毒,能无痛惜。本省长民瘝关心,力所能至,誓必竭诚尽瘁,共挽危机。凡尔商民,苟有疾苦,不患呼告无门,毋事纷扰,徒供两陈之牺牲。自此案发生以来,本省长诰诫再四,不啻笔秃墨枯,祇以桑梓所在,安危所关,未忍不教而诛。故不辞垂涕而道,静候解决,则四民安谧,秩序如常。盲从附和,则变乱立见,玉石俱焚。何去何从,一惟自择。开诚布示,其各熟思慎处,切勿甘受愚惑,自贻噬脐之悔,是为至要。此布。

刊于《扣械潮》,据《扣械潮》刊印

着商团副团长劝商民开市的命令

(一九二四年八月二十六日)

感日邮电已悉,商团团务,前经饬令,在正团长尚未依法选出以前,由副团长分团长直接禀承本省长办理在案。日来广州商店,停业罢市,各社团均出调停。惟商团总所,不特不从事劝导复业,且有团员四处胁迫罢市,而副分团长毫无表示,一若已失其统驭能力者。本省长以治安所关,商团不可无人负责,故特饬选举全权负责之人,以凭督饬办理。现据电称,由该副团长代行职务,至可嘉慰。目前急务,应令全体商店立即开市营业,该副团长代理团务,尤属责无旁贷。仰速劝谕停业商店,大开门户,照常贸易。商团各店,类属殷商,尤应首先复业,以资提倡。情形如何,仍著随时呈报察

213

核。此令。

省长廖仲恺　八月廿六日

刊于《扣械潮》，据《扣械潮》刊印

劝谕商民开市布告

（一九二四年八月二十七日）

为布告事：停业罢市，系商团不良分子煽动之罪恶，盲从商民，误入迷途，至可怜悯。现在不良分子，业已逃避他往，一般盲从商民，独受痛苦。有祸则彼远避，有利则彼独享，商民何苦受其愚弄。如罢市商店，仍复执迷不悟，闭门停业，则军事处置，断不容缓。附乱商店，必难幸免，本省长亦断难为若辈保护矣。特再警告，祸福从违，其各有择。此布。

刊于《扣械潮》，据《扣械潮》刊印

着永安堂养和堂照常办米的命令①

（一九三四年八月二十七日）

现闻各米行停止办米，查谷米最关重要，究竟该行有无停办情事，具何理由，亟应查明维持，合行令仰该行知照。须知米食关系民生，倘有缺乏，扰乱立见，万不能停辍须臾，致滋纷扰。即由该堂转知各行，照常贸易，源源办米，政府自必力任保护，仍着先将劝办

---

① 《扣械潮》刊印本命令时，未注明发布时间，从内容分析，似为8月27日前后发布。

情形具复。切切，此令。

致廖行超函①

（一九二四年八月二十九日）

品卓师长同志惠鉴：

　　昨晚经麾下与军长饬令今早八时先行开市复业，嗣闻商团方面以政府枪决反抗政府、密查驻兵人数之商团中人，遂致反复，殊属刁顽已极。若不制止，必至酿成大祸。似此今日之事，不能不以快刀断麻之法处之，否则滋蔓难图矣。专此敬颂
大安

恺　廿九日

原件藏中国革命博物馆。据原件刊印

辞财政部长职通电②

（一九二四年九月十七日）

广州胡总参议、各部长、杨总司令、谭总司令、许总司令、刘总司令、樊总司令、朱军长、范军长、胡军长、宋总指挥、鲁军长、谢军长、吴

---

　　① 廖行超，字品卓，时任滇军师长。在商团事件中出面为商团辩解，与军长范石生一起，提出"调停"政府与商团的"争端"，实际上站在商团一边。廖仲恺的这封信，没有注明年月，从内容分析，应是1924年8月29日发出的。

　　② 1924年9月12日，孙中山任廖仲恺为财政部长、兼军需总监，及广东省财政厅厅长。时广东财政为各军所把持。廖仲恺为促成财政统一，发此通电。后杨希闵、刘震寰等各军阻碍财政统一之施行。廖仲恺终未就职。

军长、陈军长、卢军长、梁军长、李军长、刘军长①、各局、探送各军、师、旅长鉴：

顷呈大元帅一电,文曰:"案奉钧座令,委仲恺为财政部长、兼军需总监暨广东财政厅长等因。奉此。窃维仲恺自民元以还,数管度支,剜肉补疮,无裨府库。现复委长财部、财厅,兼绾军需。值兹大军北伐,帅座不辞冒暑遄征之劳,从军将卒,亦忘披坚执锐之苦;仲恺力苟能至,何忍规避。维默察现状,广东财政,已濒绝境,虽欲负责,诚恐力不从心。辗转思维,实有不忍言,且不能不言之痛。粤省虽号富裕,而军兴以后,财政久陷分裂。厘捐粮税悉为各军截收,赌饷烟捐亦由各军支配。是全省税收,业已瓜分豆剖,点滴无遗。计吏职权,情同告朔。挹注势有不能,整顿亦无从着手。故迄今两载,财政命令,不出署门。财厅五易长官亦都束手无策。此中困苦情形,为有目所共睹。现在财政状况,较窘于前;而千里馈粮,军需之急,百倍昔日。仲恺自问乏统一财政之能,即无因应军需之术。强就重任,适误时机。一身不足惜,其如大局何！故就目前事势论,为仲恺所不忍言者此也。若夫去私言公,按症发药,则核实兵额,统一财政,洵为目前唯一办法。民十粤省养兵十万,且有援桂之举,而按口给粮,未尝或缺。今则烟赌弛禁,岁增千万,而士卒苦饥寒,人民频嗟苛敛。同一粤省,富瘠悬殊。岂真兵多财绌,有以使然！毋亦财政分裂,军饷虚糜,有以致之。倘及今改弦更张,剔除私利,以维大局,则广肇罗、南韶连防务费一项,

———————

　　① 总参议胡汉民、滇军总司令杨希闵、湘军总司令谭延闿、粤军总司令许崇智、桂军总司令刘震寰、豫军总司令樊锺秀、直辖第一军军长朱培德、滇军第二军军长范石生、滇军第三军军长胡思舜、湘军总指挥宋鹤庚、湘军第二军军长鲁涤平、湘军第三军军长谢国光、湘军第四军军长吴剑学、湘军第五军军长陈嘉佑、直辖第三军军长卢师谛、直辖第四军军长梁鸿楷、讨贼第三军军长李福林、直辖第七军军长刘玉山。

岁收可及千万；禁烟收入，约得二百万；粮税厘捐盐饷，共约二千万；合计当在三千万以外。现在各军有枪之兵，不过八万人，以每名月饷八元计，月需仅六十四万元；官长伕役补充兵以及服装各费，按照恒例，应值兵饷三之一，即从宽计算，亦不过一倍而止。合计月需至多不过一百廿八万元，年需仅一千五百三十六万元而已。至兵舰要塞及其他军事机关，经费有限。以三千万之收入，支一千五百余万之军费，所余正多，何至匮乏若此。又就兵力论，东江之敌约三万人，南路亦不过万人。我军现有八万余，以四万布防东江南路，一万分驻省会及各县外，尚余三万之兵力。江浙、奉直战事正酣，曹吴自顾不暇。倘以精兵三万，北出江西、赣州、南昌，指日可下；西南半壁，大势立成。从此联络奉浙，饮马黄河，全局底定，翘足可俟。是就因应财政，以整饬军事计，可见现有兵额，不必扩充，而军力财力，两皆足用。惟图财政计划，见诸实行，必须各军长官，躬自警惕。先行切实点验，期有一枪，始支一兵之饷，以此饷额，定为军需度支准绳。一面将粮税、厘捐以及防务、禁烟各费，统归财政机关接管。用人行政，不得干预。经收款项，不得截留。苟能如此，事有可为。不能如此，功无可见。盖理财与整军，必须相辅而行，非单独可以收效。亦必赖群策群力，而非一手一足之烈所能为。各军长官，诚能以大局为重，核实兵额，归还财权，涓滴无私，饷糈自足。若仍前分裂，利不相让，害不相救，则剥肤皮及骨，仲恺虽愚，亦知补苴无术。二十年来，以身许党，生死毁誉，在所不计，岂复珍惜羽毛，畏难思退。惟明知大厦非一木所能支，与其勉膺难巨，终贻覆𫗧之讥。何若据实上闻，以免偾事之诮。尚乞俯鉴微忱，收回成命，另简贤能，俾资整饬，实感公便。"等语。窃维大军北伐，关系全局安危，而师行利钝，实以财政是否统一，军需能否接济为断。仲恺救时有心，回天无力。知难引避，实负初衷。诸公热诚毅力，十倍仲恺，当有善法，济此艰难。庶几风雨同舟，危亡共拯。临电神驰,伫候明教。廖仲恺叩。篠。印。

致王天任函①

(一九二四年十一月)

天任兄鉴:

此间屡次致函,关于夏园乡农民徐基、李松兴、何炳荣三人,被贵处捕去一事。至今未复。前经台驾亲至舍下说明,可押到部讯明。嗣经本部查确,向属安分之农会会员。故函尊处释放。本部为保护农民计,必不任令徐、李、何三人久受不法军队之鱼肉。此事尊处如何处置,请于三日内作复。倘逾限不复,本部当取积极办法。贵部既隶属锡卿②,弟为锡卿名誉计,决不许其蛮横至此也。

初刊于《犁头》第十三期罗绮园《回忆》
文中,1926年8月20日又转载于《农民
运动》第四、五期合刊,据《农民运动》
刊印

---

① 1924年广东农民运动开展以后,军阀官僚土豪劣绅一致攻击农民协会和农民自卫军。地主所把持的民团,地主所勾结的土匪,地主所操纵的县署游击(县的武装)竟以武力来攻击农民,一些军阀也派兵捕杀农民领袖与农会会员。1924年11月中央直辖第三军王天任部竟将番禺县夏园乡农民协会职员三人捕去,并声言要枪毙。时廖仲恺为农民部部长,得此消息后,一方写信给王天任要他放人,一方派人要农村调查。调查确实被捉者为农民,而王天任竟拖延了一个星期还不放人。因此,廖仲恺亲笔写此信给王天任。此信发出以后,不到两天,被捕的三个农会职员均恢复自由。

② 卢师谛字锡卿,时为中央直辖第三军军长。

中国实业的现状及产业落后的原因

（一九二四年十二月）

诸君：

今天承实业部长汪先生的招邀，到来演讲中国实业的现状及产业落后的原因。关于这个问题，在座诸君，较兄弟所知，或更为清楚些。因为中国的实业现状，可以看得见的，其衰落的原因，也是很易明白的。我们在街上往来，常有两件事情，令我们注意的：一是茶居、酒楼、旅店等，一是辉煌的钟表铺、电器公司、先施公司、大新公司等。除这种消费的而非生产的实业外，尚有那一种实业，能比这类的实业多而且大呢？试问工场的烟筒，有几许能比大新公司更为崇高呢？依据我们所能看见的，只有数条不甚高大的，如士敏土厂、电灯公司、自来水公司、无烟药厂、兵工厂等罢了。这件事已可说明广东实业的现状是什么样子。而现在中国的实业，也可想而知了。

欧洲自机器发明，产业革命以后，他的生产的事业，和封建式的产业大相悬殊。其不同的地方是在那里呢？是在生产的方法。所以产业革命的意义，简单说来，就是生产方法的改革。欧洲产业发达，生产的事业，蒸蒸日上。然就生产方面来讲，已发生毛病了。即是生产的问题，没有完善的解决。究竟为什么而生产呢？是为着需要，抑为着戏弄呢？唉！兄弟明白了：生产的计画，原来为消费的，按人的需要而供给的。即是有几多人需用，应该有几多的生产以济之。一国的生产，应该供给一国的消费。英国的生产，应该供英人的用；德国的生产，应该供德人的用；法国的生产，应该供法人的用。一国的生产，当和该国人口及消费力，有密切的关系。只在消费力中求经济的独立,则当为其消费上设想,先满足该国人享乐的需要,然后分配于别国。这是经济独立的真正解决方法。但自机器发明,生产的方法改革以后,生产率既为之一变,而产业制度仍是依旧。现在全用机器,不需人力,所以生产的量度,大大加增,比于往日,不止大过百倍。然考其产业制度,则象数千年传下的资本私有制度一样。因此产业革命以后,方法和制度,不能相容,结果必致一部分为之牺牲。若想维持之,使生产方法和资本制度并存,则不能单在一国经济独立上着想。当谋别的方法,以养其机器,滋其生产,而又能维持其物价,使资本制度不因生产的方法改变而变更。所以生产,不特以满足一国人的需要和享乐为足愿,又当广寻销路,售之异地,以世界为其市场。一方面可以免了供过于求的弊病,俾得以维持其物价。一方面生产虽过多,可免过剩的损害。其势必于供给范围以内,不至有过度的扩充;只见其略多,而不见其过多。如是,则物价不跌,可以获利。同时生产界有这样情状,生产的量额也极为丰富了。现在拿米来作例,以证明之。广种禾稻,得了天时地利,则米的出产必定丰富,而米的价格也可跌落。因此一般贫民,沾福不浅了。但是欲维持其物价,即须转售于别处,使在生产的地方受供给上的限制,仍觉得缺乏,由是价格得以维持。而生产虽多,于社会大多数的人,无所得益;只见资本家掠取厚利,归入私囊。因此,可知这样生产的事业,不是解决消费,满足某地的需要和达某地人生乐利的目的。我们观此,也可想见欧洲产业界,所谓生产,非为消费而生产,特为生产而生产而已。为什么呢?因为他们只求生产力的增加,出产愈多则愈妙;所产出的东西,非为供给出产地各人的需用,乃供给世界有资财的人购用。所以自产业革命以后,只达资本家掠财的目的,而全民需要的目的,尚没能达到。如是,则他们生产的问题,虽能解决,而享受幸福的问题,则仍没能解决。

中国产业的状况，需要和供给方面是很适合的。在海禁未开以前，我国的经济，是自给自足的，独立生存的，生产和消费，适成正比例。例如有几多人食，即有几多人造米。有几多人衣，即有几多人养蚕种桑。其他百业，皆是这么样子。若无天灾水旱的祸，则在这样自然经济状况之下，其需要和供给是自然适合的。但自海禁开后，这样情况，为之一变，供给不因自然的需要，以致供需不能自然适合。这是为什么缘故呢？因为有许多政治的、经济的原因，交参妨害，必使我国的经济不能独立。中国的现状是生产不足的。从社会看来，供给直接消费的很多，为生产而消费的很少。所有饮食馆、杂货店、洋货店等，十之八九是供直接消费需用，而非供生产的消费需用。这是现在的实业最不良的情状。然这种情况，果从何而起呢？乃在海禁开后，和外人通商愈弄愈坏，以至于这个田地。凡一国对于实业，必须有他的自然方法，使生产和消费适合，即是使需要和供给相符。其最上的，是用科学方法，使最大的生产，满足最大的需要，而能自然适合，这是最好的。其次，则要一国的供给和需要，因自然的方法而使之适合；其间若无政治和经济的原因，为之作梗，自然能实行的。若两法皆不能做到，须依赖其他的原因来补足他，这是最劣的方法。现在的中国，就是这个样子了。

前说中国的经济，若无天灾水旱的祸害，则供给和需要，是自然适合的，这是产业上的常态。但自鸦片战败后，外人要求通商。通商原是好事，以有易无，经济共通，以全人类的生产，供全人类的需要，本是正当的道理，而且又有补益于世界。但是他们所要求通商，不本这种好意，乃用极苛刻的条件，迫我们承认。这种条件，只求有益于他们，而损害于我，使我国的产业，不能自由发展，以致竭尽国民的膏血，适足以供他们生产的营养。然考求外人所以能保障他们的权利，要有三端：（一）关税权归于他们的掌握；（二）海关税率是和他们协定的；（三）他们在中国沿江海的航线，通商的口岸，均可自由航行。他们得了这种优胜的条约，足以保障他们产业的发达，使生产的盈余，得以尽销于中国，视中国为市场。又象灰搂（垃圾）缸，废坏无用的物，尽投于那些地方。于是一方面可以维持物价，一方面可以滋殖生产。现在试拿制造布匹来作一个例子。倘若向来造布二万匹，而今需要二万匹，可以不必向外销售，而价格也可以维持。但是现在用机器来制造，产额增至四万匹。这四万匹，除了二万匹足供本土的用外，尚余二万匹。如果拿所余的二万匹，尽售于市，则价格必跌落，而贫民也可以购用。但是制造家、资本家，因为这样不能获得利益，所以拿二万匹来维持物价，所余的二万匹，则发售国外，希望掠得厚利；而贫民没有衣服可穿，他们也不顾及。货来中国，我们相争购用。本来不用劳力，而得有布可用，岂不是好事吗？所以单从消费上看来，本属便宜的。但有毛病，不可不知道的。因为这样消费，不能刺激起生产的原动力。用金钱来交换货物，专靠他人的供给，自己不理生产。在他们固可以减少生产的敌手，而又可以维持物价。在我们则因利乘便，争用洋货，以致丧失了刺激生产的原动力。而且他们国内的贫民，因为本国产货即多，仍无平货可用，转而怨我。我们既受他们的平民怨恨，以高价酬答他们，营养他们的机器，使他们的生产发达不已，岂不是一件最可痛心的事吗？

或有人说，我国应该自己制造货物，象他们的货质的美好，象他们的货价的低廉，振兴土货，来抵御他们。但是始初制造，必不能象他们的货质的美，货价的平。如果想和他们竞争，应该加重入口税，使他们的货价高昂，不能比敌土货的低平，然后本国的实业乃可以渐次发展。这种理论，甚属正当的。但依据实在的情形，势必难为。条约上的束缚，关税上的钤制，怎能从心所欲，如愿以偿呢！倘无税关为之障碍，则我国人的消费和欲望的巨大，应该使生产的事业，日进不已。惜乎关税，可象横隔膜一样，为我国生产力和消费间的大障，使实业不能自由发展。为什么缘故呢？因为国家政治上的原因，有以致之。政治上的问题不能解决，则经济上的问题也不能解决；而国内的实业也不能发展，这是一定的道理。倘我们不能收回关税权，不能自定税律，则只成为消费者，专养外国资本制度的生长，愈养愈大；而我则愈贫愈弱，受他们的蚕食也愈甚。所以现在中国的实业，在这样情状之下，实无独立经济的可言，是专靠他人的供给，而后可以生活的。倘一旦和外人停止贸易，断绝交通，想我们所受的痛苦，必定较帝国主义的资本家为尤甚。这样情形，就是通商以后，产业大变的结果。

然通商而无政治的原因为之妨害，则未尝不可以促进国内的生产事业。试举日本以为例。日本和中国，皆因被迫于武力，而后和外人通商。中国则因鸦片战争的失败，日本则为比亚①总督所驱迫。然日本自甲午战胜满清以后，就能收回关税权和领事裁判权，十年后，产业的发达，一日千里，反视美人为他们恩人。为什么呢？因为他们向守闭关主义，不知道通商的利益。自从比亚叩关以后，乃得通商的实益，而有今日的地位。然追求他们所以能得通商的利益，是在那些地方呢？岂不是在于他们能收回关税权和领事裁判权吗。为什么收回关税权和领事裁判权有这样大效呢？因为收回关税权和领事裁判权，就能够使他们国内的实业得以自由发展，和外来的货物竞争而可以占优胜的地位。日本和美国通商，统计日本对美国输出入的结果，是输入大过输出的。但是日本输丝于美，而美国输机器于日本。丝是直接消费品，机器是生产的工具。两相比较，即使输出入的统计，不能相等，而日本已占优势了。因为日本得着美国的机器，就可以从事生产，制造过多，便可向外销售，输于中国。同时又可在中国取回原料，俟制成工艺品时，又复

---

① 比亚，即美国人 Perry，或译为皮雷或贝雷。

售于中国。所以他们获利很大,而我们的损失,不可胜数。而且原料品的出产,吃亏是很大的。考求吃亏的原因,约有三端:(一)天时的限制;(二)地利的限制;(三)经济上的限制——资本的报酬递减。有这几种限制,则原料品每年所出产,实是有限的。充其量,不过当工业国家采用机器来生产的,费了三个月工夫便罢。而且原料品的价格是贱的,精制品的价格是贵的,他们费了三个月的工夫,便可赚得我们一年的钱。机器的生产,是易而且快的。人工的制造,是难而且慢的。我们费一年的劳力,只可敌外人费一季或两个月的工夫。因此知道,我们对于时间和价格,双方皆受了大亏。日本输丝于美,而得回机器,用来制造工艺品,输于中国。他们能因消费而刺激起生产的原动力,且可使之加增,得通商的大利。所以通商而无政治的原因为之作梗,自然使其经济发达,有这样的大效。所以日本视美国为恩人,也是为这样的缘故了。

中国则不然,始初通商,虽象日本为人所迫驱的一样。但自通商以来,只有不能刺激生产的消费,徒供外人生产的营养,为人作牛马。但是这种情况,究非通商的错过,实有别的原因为之束缚。这种原因是什么样子呢?就是损己利人的条约罢。如果长此不能解除这种苛约,则中国产业界上,无论有甚么高深学问的人才,化学、工业、矿学等等研究无论那样精深,资本无论那样巨大,皆不能有所作为。所以虽有资本,虽有人才,也不是一定能振兴我国的产业。即如先施公司、大新公司等,他们的资本不可谓不大,他们的办事人才也不能说他没有。但是他们所发售的,是外人的制造品,专替外人谋销路,为外国的资本家发大财,而于己国的生产,没有丝毫的增益,反足以供外人生产的营养;只在外人的盈余里,偷取微利,便是心足意满了。若欲从这里发大财,赚大钱,或为子孙异日着想,也是梦想的。

广东的潘、卢、伍、叶四大姓,统是因和外人通商而赚大钱的。

教国人用洋货，为外人寻销路，他们以为能够欺骗外人，可得厚利。殊不知专用洋货，利益终流于外，而外人所得的利益更为重大。所以传及三代，就堕落不堪，男盗女娼，无所不为。昔日兄弟由外归省时，尚见有伍氏花园，所布置的极为壮丽，不及数年，便化为乌有了。昔日拥资巨万，今则囊空如洗。他们的子孙，不是全不谋及生计的，也有为商的，为甚么前富后贫，有这样巨大的区别呢？因为他们以为能骗外人的钱为得计的。殊不知自己被人束缚，不能解脱，所以三代后，所有家产便荡然无存了，而外人则发达不已。

现在我们可拿商业和输出入来说明其原因。拥资愈多，去之也是愈多；愈贪钱，也是愈失钱。只有陈李济、黄祥华、王老吉① 等项商业，可以常存不败。为什么呢？因为中国人深信中国的药材，倘若这种心理长此不变的，则这项商业，也可以长存的，而且获利也是很大的。若作有国际关系的商业，只有愈钻愈薄。如果贪心，则连自己所有，也化为乌有。潘、卢、伍、叶可作这个明证。

现在又拿输出入的统计来说明之。从前输出超过输入，糖、棉、丝、茶、麻等产物，为输出品的大宗。七八十年以前，日本人那知道造丝，印度的棉那见有发售于市。中国人在这个时候，那个懂得穿洋服。所以外来的货品，只有海虎、珍珠、玻璃、洋灯、钻石等东西便罢。所以利权不但不外溢，而且我们还可赚得金钱回来。这就是因为他们拿金钱来买我们的货品，我们拿货品去换他们的金钱。在这个时候的情状是很好的。但是后来，中国人喜用洋货，所以洋货的输入，逐日加增，遂使利权外溢，有今不若昔的感叹。他们的金钱不来，而我们的金钱又去了。时至今日，一年的所出，不及他们三个月的用。而他们三个月的所产，足以供我们两年的需用。如果就从输出入的统计来讲，今年的输出入是一万万的，明年

①　陈李济、黄祥华、王老吉，均为广州市历史悠久的、著名的中药厂商。

的输出入是二万万的,表面看来,可谓商业有了进步。然而中国处于民穷财尽的时候,在于这样情况之下,商业愈进步,则愈损失。现在试拿十数年来的输出入统计来做个参考,便明白了。

	输　入	输　出
1910年	462,964,894	380,833,328
1911年	471,503,942	377,338,166
1912年	473,097,031	370,510,403
1913年	570,162,557	403,305,546
1914年	569,241,382	356,226,629
1915年	454,475,719	418,861,164
1916年	516,406,995	481,797,366
1917年	549,518,774	462,931,630
1918年	554,893,082	485,883,031
1919年	646,997,682	630,809,411
1920年	762,250,230	541,631,300
1921年	906,122,439	601,255,537

从这个统计看来,三年前的输入,和十四年前输入相比较,是多一倍的。但是三年前的输出,和十四年前的输出相比较,也是大一倍的。欧洲大战的时候,我国的产业,本来可以乘机发达,输出应该大过输入。但是他们仍能维持他们的产业原状,而我们的产业,也没有什么增加,便可知道我国的产业不兴了。输入和输出,若不用金钱,则用货物。外人和我们贸易,不是贪取我们的资财,但欲吸收我们的膏血,尽掠我们的货物。至到无可再取的时候,然后取我们的资财。这三万八千余万增到六万万的输出数,是要我们给至无可再给的。因为他们所想获得的是货物,不是金钱。一九一〇年的输出380,833,328,输入462,964,894,相差不过是八千几万。但一九二一年的输出601,255,537,输入906,122,439,相差则为三

万几万。这个相差的数目，比于一九一〇年的输出，几乎相等，我们吃亏，可谓大了。至于十四年前和三年前的输出和输入，各增加一倍。表面看来，似属平过的，两无损益的。但是相差的数目很大，不可不注意的。前者相差的数，是八千几万，后者相差的数，是三万几万，如果拿两者来比较，便知道我国民的膏血，被外人所吸收的，更为利害。我们的输出是有限的，输入则年年加增。所以我们吃亏，日甚一日，年甚一年。一九一〇年的输出入，共计是七万万几，而一九二一年的输出入，共计十五万万几。输出入的总数，是年年加增的。从商业上看来，本属好事。但当注意的，就是须问我们是为牛马，抑是做主人翁呢？从实际上来讲，输出入的总数愈大愈增，则我们为牛马愈甚。为什么呢？因为他们用机器来制造，我们用人力来制造，生产的方法，既有这样天渊的分别。而且他们的输出东西，又是工艺品，是精制品；我们的输出东西，是农产品，是原料。因此我们的输出，必不能和输入比量齐观。加以国人好用洋货，广人的销路，促人的生产，而自己只知消费，不理生产。所输出的原料品，又是被天时地利和经济上的限制。恐怕此后必至输出的不及输入的一半，这是可为我国产业的前途的隐忧。然而欲使我国的产业发达，应该采用什么方法呢？其最重要的，应该从政治上求解决。收回关税权和领事裁判权，并且修改通商的条约，使中国的实业，得以自由发展。反是，被外人的束缚，做外人的牛马，永无振兴的希望了。

现在德国也处在相同的地位。我们平时谈论德国，他的教育是很普及的，人才是很多的，工艺是最精的，科学是最良的，经济是最深的。但今日的列强，用武力来压迫他，摧残他的工商业，占夺他的煤矿、铁矿，掠取他的机器；并且要求巨大的赔款，加重税率，阻碍交通，使他们受经济上的压迫；好象掩塞他们的口鼻，使他们不能呼吸，以至于死而后止。所以德国如果不从政治上解脱，虽有人才，虽有数十余年所整固的国基，不及十年，将自涸自灭了。现有的人才，只有离开本国，而去到别国，为人所利用，供人的驱使，替他人谋产业的发达。所以不从政治上求解脱，打开一条生路，必至败亡而后止，这是一定的趋势。

现在中国，尚没有德国的人才，又受了条约上的束缚，已成了习惯。虽有国民出洋游学，得了学士、硕士、博士等衔头回来祖国，也是无所施其技。为什么呢？因为政治上的问题不能解决，则经济上的问题，也无从解决。倘若长此经济不能独立，怎能够生存呢？怎能够干大事呢？所以非先从政治上求生路不可。现在德国，尚可以称为产业落后的国；而我国今日，实在不堪言产业落后，直可说他无产可落。在国际上说来，可以称他为无产阶级。这是完全因为政治上的问题不能解决，所以有这样的情状。日本因通商而得益，视美国为恩人，我们则视他为仇敌。这是为什么缘故呢？就因为日本能够设法解脱政治上的困难，战胜中国以后，便可废除苛约，得以自由发展他们的经济，得着通商的利益。我们则仍受政治上种种的束缚，所以对于通商，只见受害，不见有利，以致国民的膏血，尽被外人所吸收，遂使中国贫弱不堪，变为列强的殖民地。所以为今日计，应该合全体国民的力，共谋政治的改革，以至能够自由发展我国的实业而后可。否则，只知用洋货，专事消费，不能生产，受外人的束缚，不特不能独立，并且要步潘、卢、伍、叶的后尘呢。

刊于1924年12月出版的《中国国民党实业演讲集》，据《中国国民党实业演讲集》刊印，据《廖党代表讲演集》校过

致胡汉民函①

（一九二四年十二月十四日）

展兄大鉴：

芳村农民协会执行委员林宝宸日昨行至招村地方，为崇文两堡联团局总稽查招铎等枪毙在途。招铎（闻系积匪）等闻已畏罪逃匿。此事原因实由林宝宸反对联团局加抽田亩，藉口办团，以行剥削；团局衔之，故出此毒手。查团局局长为彭础立，副局长为苏春荣。拟请政府先将彭、苏两人扣留，令其交出凶手，并将该两堡联团局封禁，以为白昼任意杀人、阻碍农民运动者戒。如何之处，惟卓夺。

初刊于《犁头》第13期，1926年8月20日又转载
于《农民运动》第四、五合期，据《农民运动》刊印

关于广宁农民运动为大元帅草拟的命令②

（一九二四年十二月十六日）

四会郑师长、广宁蔡县长、铁甲车队廖党代表乾五、彭特派员湃均

---

① 1924年12月13日下午五时，广州市郊第一区农民协会执行委员长林宝宸在招村被民团包围枪杀。民团首领彭础立，曾做过广州商会会长，神通广大，又是廖仲恺的亲戚（妹夫的妹夫）。14日晨，廖仲恺得知此事以后，立即写信给胡汉民，请政府严办。当时孙中山已北上，胡汉民为广东省长兼代大元帅职务。此信发出后，经过几次催促，广东省政府终将彭础立扣押，勒令交出凶手。

② 广宁农民反抗地主的武装斗争开展以后，当时担任国民党中央工人部长兼农民部长的廖仲恺，对事态的发展极为关切，先后派出铁甲车队及粤军第三师官兵一营前往支援农民，并决定组织绥辑善后委员会作为解决此次事件的领导机构。这是由廖仲恺起草、以大元帅名义发布的命令。

览①：

　　前派大本营铁甲车队①开赴广宁，保护农会，剿办匪徒，续经第三师派兵一营，前往当地协同动作，谅匪徒不难平定。惟此次调兵，全为护卫农民，清除土恶，务使横霸乡曲、损人肥己者，绝迹销声，不为农害。凡属良民，毋许侵扰丝毫，用符政府捍卫人民之本意。兹为顾全地方秩序起见，特委蔡县长鹤朋，彭特派员湃，廖委员乾五为委员，并请郑师长即派高级副官一人前往广宁，会同蔡、彭、廖三委员，组织委员会，办理该地方绥辑善后事宜，并将情形随时具报。事完之后，各队伍即当调回原防，毋得违误。

第十二期，据《犁头》刊印

佛山金鱼堂族谱序

（一九二四年十二月二十二日）

　　余昔读宋史，以陈了翁论蔡京、蔡卞被谪，其处心发露，其情愿深佩，其锄奸卫国，具真精神。而当时张浚、游酢诸人，或许其才济天下，或称其姓名足与日月争光。由是益倾慕其人格，亟欲得其所著两汉议论、尊尧集、璧记诸书而读之，以深窥其生平之抱负，而卒不可得，因藏诸心不能忘。陈君刚（健行长子）在执信学校任教职，余忝董校事，时与周旋，谂知陈君为了翁先生后，心窃窃焉。喜以平生所欲得读之书，或犹有珍藏于家族者，而不料访诸陈君，亦以

----

　　①　即粤军第三师师长郑润琦，广宁县县长蔡鹤朋，大本营直属铁甲车队党代表廖乾五，中央农民部特派员彭湃。

　　②　铁甲车队是在周恩来等同志领导下创建起来的、以共产党员和青年团员为骨干的革命武装，直属大本营指挥，队长徐成章、党代表廖乾五都是共产党员。

末由搜讨，抱兹遗憾，固与余等也因同声太息者久之。既而陈君释余曰：先生幸勿怪，吾距了翁公，盖二十四世矣，了翁公闽籍，越六传，始迁居佛山，其中更多少变迁，则手译之能否保留，诚一疑问，惟了翁公之事略，亦有存焉者。旋出其尊人健行先生手修之金鱼堂陈氏族谱稿，标示了翁先生传曰：可见者仅此。余读之，则录自《宋史》，此外无他获，遂还之。君忽肃然前席而请曰：吾父重修兹谱，聚精会神者数月，比脱稿则以变更前例，竞竞焉甚虑有遗议，愿先生审定之。余翻阅全帙，复读健行先生所自为序，瞿然曰吁，君固新青年，何犹若是之拘圩也。四千余年专制帝王之国家，尚可以改革之，而为全民所共有，天下事第知沿袭前人之故步，而不思改良，以谋方便与利益，则今日当仍然穴居而野处，茹毛而饮血，安有所谓悦口之膏粱，安身之厦屋乎。况夫谱牒颁行于全族，将使全族人，皆能一目了然也。是当为普遍人，谋了解之容易，不当为智识阶级，作如何之史例观。世之纂修谱牒者，津津然谈谱系之学，视同著书立说，以饷学者，皆未尝不笑其迂，而远于事情也。君与尊人同居教育界，恒喜以平易之说，阐深奥之理，冀低能者，亦有所领悟，而叙思得普及，何独于一谱而疑之。请归语尊人，能革新而后可以称志士，毋多虑。

中华民国十三年冬至日

惠阳廖仲恺谨撰

据手抄件转录

致郑润琦漾电①

（一九二四年十二月二十三日）

四会郑师长鉴：

密。马电奉悉。委员会②自应遵令从速组织，以资裁判。至江淮英、江汉英③两人请先逮捕交委员会审讯为要。此层贵部能否办到，来电并未声明。查许总司令④巧（十八日）电已令尊处严办，勿任土豪劣绅狡逞，淆乱黑白。良以恶草不锄，将来滋蔓，必为吾党之害。请兄立下刚断，切勿游移。仲恺。漾。

初刊于《犁头》第十三期，1926年《农民运动》

第四、五合期又转载，据《农民运动》刊印

---

① 广东广宁一带地租很重，一般是收获物的百分之六十，以致农民"裈不蔽体，食杂芋薯"（广东政府对农民运动第二次宣言）。因此农民协会成立之后，农民急迫要求减租。1924年11月广宁县农民代表大会决议减租，于是发生了减租运动。地主们为压制减租运动，先后组织了"保产大会"和"业主维持会"，并组织民团，武装收租，对于欠租的农民，施行拉牛、烧屋、锁人，并且武装攻击农会。地主们反而乱发文电，污蔑农民协会"纵匪围村，抢谷拿人"，要求把农民协会"迅赐解散，以遏乱萌"（广宁地主们的通电）。当时广宁县长蔡某帮助地主，驻防广宁、四会的粤军第三师（梁鸿楷部）表面表示中立，但也替地主转递诬蔑农会的消息。因此，廖仲恺复电第三师师长郑润琦，叫他不要再帮助地主。

② 1924年12月14日，廖仲恺为大元帅草拟的命令中，委蔡鹤朋、彭湃、廖乾五及第三师一高级副官，组织绥辑善后委员会，全权负责广宁事件的绥辑善后工作。

③ 江淮英、江汉英为广宁反动地主的首领。

④ 许总司令，即粤军总司令许崇智。

在粤军讲武堂特别区党部
成立典礼上训词

（一九二四年十二月）

粤军讲武堂各职员各学员同志：

今日为粤军讲武堂特别区党部举行正式成立典礼。此特别区党部，为国民党内之一个组织，犹如军队中之有连排。各位都明白，乌合之众，不堪一战，所以必要有良好之组织，然后能有伟大之力量，此特别区党部之所以组织也。

但是吾辈有负担中国革命之重任，而三民主义、五权宪法，又可以解除中国人民之痛苦。而主义之能否实行，则在乎党人之信仰坚与不坚，党人对于党之主义明与不明。故吾辈务要努力，使三民主义、五权宪法实行，然后目的方能达到。

有连排组织之兵，富于战术上之经验，然后才能应战。否则兵不晓放枪，即晓放枪，亦不能命中。所以成立区党部，要受中央执行委员会指挥，而对于党之主义，党之政策，自易明白。

今日成立区党部，各同志对于党之主义，务须努力宣传，方不辜负此种组织。若不专心去做，则党之主义，不能实行，即革命不能成功。所以革命之成功与否，可看国民党主义能否实行为判定。而主义之实行与否，则在党人对于党义之信仰如何。吴佩孚之失败，皆因无主义，故无良好之精神。所以军队中必须具有不能消灭之精神，然后能长久存在。而精神乃从信仰主义产出，无主义则无精神。故各国练兵，必有各国之固有主义，以养成坚决之精神也。今日许总司令粤军讲武堂特别区党部，造就军事革命人材，定能发扬中国光辉,实行三民主义。

刊于1925年1月《建国粤军月刊》,据
《建国粤军月刊》刊印

孙中山平均地权论释^①

（一九二四或一九二五年）

民生主义这四个字,他的内容很繁复,他的派别也很分歧,真
是一言难尽。但其中对于土地问题,是有个解决方法的。这就是我
们"平均地权"一个目的,就是我们先要拿土地政策来做解决社会
经济问题一个手段。我们大家都知道,要人类各遂平等的生存,不
能不使人人有相当的衣食住;想求社会一般有向上的生活,不能不
改良社会之经济状态。太古时代,人少地多,自家出产东西供养自
家,工也不分,交易也未有,无所谓雇主、工人、地主、资本家的分
别。在这个个人自足经济的时候,各人劳动多一点,所得的结果就
多一点,劳动少一点,结果就少一点,清清楚楚的自作自受。所以只
有个人经济问题,没有社会经济问题。后来人口渐多,分工渐趋渐
细,交易越弄越发达,经济组织也由简单变做复杂,因地位职业及
经济的条件,这一群人和那一群人不同,社会就分成为几种阶级。
其中一个阶级,拿他所占得的便宜,不绝的欺骗、掠夺别个阶级劳
动的结果。而当时之法律制度,都是由特权阶级为特权阶级而定
的,承认这种欺骗、掠夺的行为,为做当然之权利。所以有整天劳动
求不得一个温饱的,有独占社会经济的利益坐享其成不劳而得的。

---

① 本文原载1925年出版的《孙文主义讨论集》,该集未注明本文写作日期。这里
暂作为1924年或1925年所写。

被欺骗的阶级，便渐渐地不服，常要奋起来抵抗他们，这就是阶级战争的起点，也就是社会经济问题的起点。大概经济越发达，这阶级战争越激烈，社会问题越难解决。

土地这一件东西，就是能令人独占社会经济的利益，坐享其成，不劳而得的事物中之一种。土地何以能够使人不劳而得呢？这就不能不把土地的性质简单说说：

第一、土地是有定限的东西，地球上面积有多少陆地，是定规了的，就是有沧海桑田那一说，也不是人类寿命里能够多见的事。用人工填筑的地方，比较人口增殖的数目，是微乎其微，不能作数的。人类和万物不能离这块地生存，而人是靠物来养的，人占的面积多了许多，物占的面积就少了许多，这叫做物理上的限制。

第二、地球上的面积虽阔，都是要地位离民居不很远，出产的东西可以拿得来给人利用，不至于劳费过于所得，才有经济上的价值。所以山顶的旷地和远离的孤岛，都没有人要，这叫做经济上的限制。

第一个限制，现时人口发达的程度还没有感觉这苦处，暂时可不管他。第二个限制，拿现代机械的力量可以补救，单就这个限制说，也不是了不得的害。但是，社会里有一种会想发财最便当最有效方法的人，专利用这土地限制的性质来达他们之目的。以最少数的阶级，每一个人买占了可以养活几千人几万人的地皮，交通越便，他们更买最便最好的地来居奇。这土地物理上、经济上两重的制限，都归到他们手里来操纵，农工商去生产，他们去收生产所得最大部分的利益，一般社会就是替他们做牛马了。他们得这好处，是不是他们的气力、聪明弄得来的呢，决不是的。比方人口极少的地方，有最能生产、最近民居的一块地，这块地的价值，总是由这地方出产的物价总数来定的，在经济学上说，这就是原始地价。今假定这原始地价是一百元，到人口增加，这块地出产不够用，物价当然照供给不足的比例腾贵；于是有人开耕次等的地，这地虽瘦些，出差虽少些，却是因物价高了，次等地的物产，拿到市场，照时价卖去，他所卖得的数目，和头等地产出的东西，在从前平价时候所卖得的数目，差不多一样。所以次等地价也值一百元，而头等地价，便不止值一百元了。到人口再多，物价再贵，再有人去耕三等的地，这地出产虽不及次等地多，也照时价卖去，他所得的，和次等地物产从前所卖得的总数目差不多一样，这三等地也值一百元，而次等、头等两块地价，也照前例腾贵了，比方次等值百一十，头等地就值百二十了。人口陆续增加，物价陆续腾贵，耕地陆续由最好最近的开到最坏最远的，地价就由原始价值递次推升上去。若是平常耕种的地方，因有交通的新设备，忽然变了都会，这耕种的地价马上就变了都会的地价，较前不止贵了一两倍三四倍。若是这都市地周围都起了铺子，前头或有个公园，附近或有个码头、车站、戏园之类，这都会地的价值，就比较耕地的价值不只百倍。所以这些较原始地价增殖的部分，经济学上叫做地租。以上所论的，是普通一般的说法，若拿土地来投机居奇，那更不得了。

所以人口越发达，社会的建设越宏大，国民经济越进步，大地主不劳而得的利益越占得多。英国受这种害最深，有些大地主，把他们所有无限大的地皮，宁可丢荒他来做猎场，不给农民耕种。英国农业之衰，贫富阶级相去之远，完全是这土地问题不解决之故。千九百十年，劳合·乔治当财政厅长时，仿德国的方法，颁布一种土地增价税法，对于丢荒不用的地皮，抽很重的税，在英国算是一件很大的改革。俄国受这种害比英国更深，农奴解放之后，因为未曾解决土地问题，弄到这回革命，才把土地完全收归国有。这就可见，受害越深的地方反动越大了。澳洲、纽丝伦①那些新殖民地，都是

---

① 今译新西兰。

行土地公有制度，一个人享有土地的限度不能过法定的亩数，所以这地方人民生活，一般的比英国好得多。我们中国交通不便，尚未有很多大地主，商埠之外之地价，百分之九十九是原始价格。小地主不劳而得的租很有限，到交通设备好了，大地主是一定发生的。

社会经济发达的结果，以地租的名义，八九成归了地主，其他一般人民只享得一二成，国家拿人民的税来做公共的交通及其他建设的事业，做好了只便宜了一阶级的人，是不公道的。所以民生主义者主张新都市所在和铁道、运河所经过的，经济上有重大价值的地方，收归国有，或归地方公有。其他土地，经过测量报价之后，颁行土地增价税。这一来土地自然增殖的利益，归地主就叫做不劳而得；归民国的国家，拿这宗款项做扩张教育、交通改良、社会改良等费，这就叫做以社会经济发达的结果归还社会。土地的权利就是国民大家平均了。土地问题解决之后，社会别种问题，可以循着次序想方法解决，到这个地步，中华民国就是"民之所有"，"民之所治"，"民之所享"的国家，可以光耀于天下后世了。

刊于《孙文主义讨论集》，据《孙文主义讨论集》刊印

在黄埔军校之政治讲演

（一九二五年一月十日）

前次业已将民族主义讲完，各位想已明白。现在关于三民主义之研究与国民党之政纲及历史研究，不特黄埔军官学校为然，即桂军军官学校与及滇军干部学校等，亦均热心研究党之主义。因各陆军学校，非单系讲求军事教育，同时须要研究党之主义及党之纲领也。各位现在系军人，又系党员，而党员对于党之主义，必须

明白然后可能为党奋斗。三民主义能得实行，方算是革命成功。若三民主义未能实行，则革命未得成功。民族主义业已详为讲解，且各人均手有一本，若能专心研究，自能明白。民族主义系要使中国人民得世界上人类平等之幸福，而遂完满之发达，此便是民族主义之目的。盖因现在世界人类种族不一，有最享幸福者，如英国民族、法国民族、日本民族、美国民族等是。此数国民族，均能享人类完全之幸福也。而常被他人压迫之民族，则如非洲之黑人，全为奴隶；美洲之红色人、马拉人及安南、高丽等国人民，此数国人民，均系时被压迫，而人类幸福无半点享受也。现在中国民族与非洲之樱人，美洲之红人，相差不远，若不从民族主义上做工夫，则难享受人类上之幸福。所谓人类之幸福者，即人类上应有享受之幸福。外国人有享受者，吾国人民亦应有之。现在外国人吸收吾国人民之脂膏，而为制造其物质之文明，享其幸福，所以一定要打销不平等之条约。因中国从前受外国欺凌，割地赔款，不可胜数。至袁世凯当国时，欲做皇帝，大借外债，中国今日负担之重，皆因此。吾国人民应不承认此债，宁将此款，振兴实业，使吾人得能生活。现在中国无论士、农、工、商均为外国侵略，若不即行挽回外溢利权，损失之数，不可胜计。现在外国每一年输入中国货物，共值十几万万；而中国输出外国货物，每一年不过只得几万万。由此比较起来，每年损失十万万。以吾国四万万人口计算，每人每年损失二元余。若能将一年损失之数，将之开垦吾国荒地，使农民均得其所，则工、商亦赖以辅助也。吾人若欲免此债务，则必要大众努力奋斗，使国家富强方可。而欲国家富强，则必要国民党之三民主义能得实行，方能有济。故谓三民主义，即救国主义也。

刊于《廖仲恺集》，据《廖仲恺集》刊印

各派社会主义与中国序

——试从孙文主义出发的一种新研究

（一九二五年三月二日）

甘君乃光拿他今年夏天在岭南大学所讲演之"各派社会主义与中国"稿本来请我作一篇序文。我于社会主义各派之著述，虽略为研究过，但还没有下过深邃的工夫，对于各派固不敢谬然为学问上的批评，对于甘君专门的讲演，也不敢妄肆论列。因为各派社会主义各有其特殊的观察点，观察点不同，那么立说与结论当然也是不同。由理论上说来，各有颠扑不磨的精义，始终一贯的论理，甲论乙驳，所谓牛头不对马嘴，自然不成说话。至于实行那一点，则又因乎一社会、一时代经济发达之等级，智识进步的程度，地位、环境之因应，而难易成败不能一律概括断定，是学者的态度所不应有的。甘君所讲演的虽稍单简，但对于各派社会主义之来历和宗旨，还算叙述明了。有心研究社会主义各派学说的人，由此先得一种明确的概念，再进而博览各派所著书，探求各派之真理，很觉获益不少。这是我对于读者声明的地方。

中国自满洲鼎革至今十二年间，革命战争尚未了期，将来结果如何，能借革命之机会，将国计民生两个大问题，滚作一团，为比较彻底的解决，不得而知。从目前那方面看去，自然是悲观多，乐观少，便说大话，也难说出一个所以然的道理，使人人相信而生希望。就多数的趋向来说，无论与各派社会主义，实际上没大交涉，就是英美国民之个人主义，中欧国家官僚主义，也发见不出怎样关系。但研究世界文明史学的人，常说……"文明之光往往从暗黑中透露出来"。中国将来之光，也有星儿隐约，可以寻见的。今日的黑暗，若是已往千百年之思想制度结来之恶果，则今日之思想制度，也许为将来光明发扬之导因。制度方面现在变迁未定，暂可不论，至于思想方面，现今之青年学生，确有倾向于社会主义。中国将来之光，就是在这一点。

最近代国家之政治组织，非确确实实地立于经济基础上头，断不能希望他能够永久生存发达。但其中有两个不同主义，给国民来选择应用的，一个是资本主义，其他一个是社会主义。

资本主义是人类历史上经过许多变迁，因利乘便发达下来的东西。他的要点，是依赖资本家发展他的私人经济，借他荫庇以求造福于社会。在这种主义之下，资本家就是社会的中心，一切生产尽靠他来把持，激励国家行政，不过从消极那方面排除些障碍罢了。社会既靠着资本家，往往一个资本家破产，就牵动到数万人数千人失业，反要求国家社会来救济。所以法律、政治、经济种种之制度，多半为拥护资本阶级而设，使他日益发达。资本家之地位，既是如此，那么，百凡生产所赢余之利益，自然都趋归这一阶级手上。因为资本家之生产，是为自己利益而生产的，至于消费者那方面之利害如何，他却不顾。所以欧洲自机器发明，产业革命以后，有生产越多，贫民愈众，这种怪象，就是国家社会的病症，资本制度的破绽。政府为补偏救弊起见，就拿一种所谓社会政策，来调剂盈虚，调节贫富。但社会政策所能够收效的，究属有限，而社会之偏枯，阶级之争斗，到底是免不了的。政治组织之经济的基础，那就是从根本上摇动起来，非至崩坏不止。

社会主义当人类有史之初期，社会组织之简单的时代，于实行上，思想上，已经有了多少萌芽，但尚未有十分成立。到十九世纪中叶以后，才有科学组织绵密的条理，他的要点是以社会全体动员，来做福于社会全体的。所以在这种主义之下之生产，是社会全体生产的，为消费而生产的。生产之利，不归一人，而归社会，所以生产越多,社会全体之享受越多。人人有平等之机会,社会无偏枯之病,但生产之成绩如何,社会之福利如何,仍要看他所能够利用之资本之大小,知识之多寡,机器之良窳,人民之勤怠,这是与资本主义没有分别。不过上举各件若都有利益,那就是较资本主义收效力更大,基础更固,这是可以断定的。

中国在这时代,自己经济的基础这样薄弱,而所受国际经济的压迫这样深重,若能够有所树立,除非是建一社会主义的国家,依科学的组织用集合的(collective)方法,解决生产问题不可。生产问题解决,其他一切问题,都可迎刃而解。这是我所希望于研究社会主义一般之青年的。

刊于1925年3月2日《民国日报》副刊《觉悟》,
据《民国日报》刊印

对教导团全体官兵演说①

(一九二五年三月十六日)

各位同志:

仲恺奉孙总理命来到此地,慰劳各位同志,并且来犒赏本军将士②。

总理对大家此次为革命而奋勇的同志,得到这样的胜利,是空前的成绩,使世界上及全国人士对于我们党中的革命军,生出无限的敬仰,这是各同志平日受党中主义感化的精神,为人民奋斗的结

① 这是1925年3月16日在河婆讲演。

② 1925年3月革命军东征胜利。13日廖仲恺奉国民党中央命令到前线劳军,16日在河婆讲演。孙中山已于3月12日在北京逝世,当时前线并未宣布。3月21日下午,前线才接到孙中山逝世的讣闻。

果。故自出征以来，打很多胜仗，而且以昨日棉湖一战以十倍于我的敌人，我们只有一团人在前敌抵抗，使敌人十几次冲锋，不能破损一点，到最后还要被我们打退，这样子的勇敢，真算是空前之举。我们革命军不过受了四个月的训练，而能得此成绩，可与黄花岗的烈士比美，这样的精神现在革命军中独一无二的了！革命的前途，全靠我们这支教导团的力量，我们本军所到的地方，都能表现出革命的精神来。军纪都是很好的，所以人民都非常敬爱我们，沿途预备有茶有粥给我们吃。人民既如此优待我们，我们更要努力，赶快扫除敌人，使农民发展，安居乐业，一般的人安心发展社会生产，实行三民主义。

我们军队，现在已现出光彩来了，此光彩不止照耀一地，普天地都能见着我们光彩；要保持这光彩，长久照耀于普天地，是望各同志奋斗努力，使此光彩光生不灭，仲恺代表总理很诚恳致敬诸君，并祝诸君努力！

原刊于《廖党代表讲演集》，据《廖党代表讲演集》刊印，据《黄埔丛书》校过

对黄埔军校第三期入伍生训话

（一九二五年三月下旬）

各位同志：

大家入伍之后，有了数个礼拜；因为兄弟到前方去了，没有机会来同大家讲话。我十九日由前方回来，在省的事情很多，所以没有时候来讲话，到今天才与各同志相见，这是我很抱歉的地方。我今天把我在前方所知道的一切，来同各位同志讲一讲。

我在途中，就接到总理逝世的凶报，我还不敢相信——当时我

由汕头到揭阳，由揭阳到普宁，由普宁到河婆——校长此时率教导团第一团，有粤军第一师第一旅、警卫军第一团，协同前进，进击林逆虎。那天校长才得到总理逝世凶报；在前线同学，都不知道。许总司令于十二、十三两日接到总理不幸消息，许总司令对我说，我才相信确实。此时我军犹在进击中。我们要继承总理未竟之志，一定要打败陈炯明这个叛贼，才有革命根据地。我们教导团系真正党军，自当要出死力打东江，才能表现我们真正革命的精神，所以就有这样快——如疾风扫秋叶——的胜利，当时我觉得总理逝世凶报，不得不宣布。于是即准备宣布各军官长士兵左臂缠黑纱布以挂孝，并开一追悼会以表哀悼。此时加崙将军①顾虑总理逝世消息，并不要将此消息传到前方，免致在前方将士受影响。所以在汕头举行总理逝世哀典，在前方仍未通报。加崙将军非常悲痛，我想在省对总理逝世悲痛情形，谅是一样。

我们总理已经逝世了，想起死回生是不可能的。我们的总理四十年来奋斗的精神如一日，是为民众利益而奋斗，是谋民族解放而奋斗。总理奋斗的精神，一年更增一年，就是青年，也远不如总理。在这革命四十年中间，落伍者不知凡几，淘汰者盈千累万，惟总理站在民众先头，大喊冲锋，才推翻满清，成立民国。民国虽然成立了，革命党仍是失败，不得不继续革命。总理是国民革命的首领，生了很多麻烦，以他所得的经验，所受的困苦，真是一言难尽。总理对于某事判断，其精确非吾辈所能及，所以他要怎样行，我们就怎样行，没有一点儿怀疑念头。这种信仰，是很要紧的。如拿破崙带兵，不是他的战术战略很完全，就是靠他的经验。因得他的经验好，遇事判断即精确，所以他的军队碰着他的命令就赴汤蹈火的

---

① 加崙将军，又译加伦将军，是从苏联请来的军事顾问。在东征战斗中，加崙将军亲临前线。

去战,所谓攻无不克,战无不胜,这完全是他的经验好而生出来这样大的力量。我们党内的信仰,只要有总理的命令,马上即照着命令实行。现在总理逝世了,我们党内失了一个导师、一个指导者,这不但我们五十万党员悲痛,即是全世界弱小民族,被压迫阶级,亦都为之悲痛!受莫大的损失!

我们知道:中国在这政治纷乱廉耻丧尽的时候,只有国民革命的一个办法,乃能挽救,方可以争回平等自由。我们国民革命的指导者——总理——不幸,我们既不能起死回生,我们要继承总理未竟之志。我们的三民主义,是我们总理四十年来所研究成功的。由十五世纪到廿世纪,需要三民主义,更其厉害!在从前同盟会的老同志,多不明白三民主义是什么东西,以为三民主义是很平常的,拿起来作口号的,不是相当的彻底的办法;以为满清一倒,不经人力自家就会进化。所谓知识阶级,也是这样想。当时同盟会的同志们,也是这样想。于是就放弃了自家的责任,不知道进化听其自然是不可能的;完全要人力来制造,才有进化的可能,才能得到平等自由的地步。总理四十年来研究成功的三民主义,全国青年都知道是救国唯一的方针,就是党外的非同志也都知道底蕴的很多。我们总理已经逝世,应该要把总理遗留的三民主义,作为国民革命的唯一南针。总理虽死,但是他的精神不死。他的精神不死,就在这般青年军人良心没有死。如果这般青年军人良心没有死,那末,总理虽死犹生。这般青年军人必能依总理的志愿去奋斗,不久三民主义就会达到实现的机会。我们党立陆军军官学校完全就在这一点,必能继承总理的志愿;不然,何必多此一举。

我们开口讲革命,闭口讲革命,到底是怎样革法?是革这般工农阶级的命还是革这般普通群众的命?不是!我们革命,预先就要革自家的命。革了自家的命,才配革人家的命。不然,革命怎样能说得通?我们为什么要革命?怎样叫做革命?因为要实现我们的理想。想要实现我们的理想，不得不用一种力量——强力——使他实现。以力量——强力——来实现理想就叫做革命。以理想来结合群众——工农商学阶级——使他们自家去武装起来扫清障碍，这就叫做国民革命。我们所谓的理想即主义。如果军队只知道打仗，不知道行主义，并不知道主义是什么东西，这就叫做捣乱，不叫做革命。这样捣乱的军队，一定要变成反革命的军队。以主义为主干的军队，就是我们实现理想的力量——强力。

俄国革命成功，完全赖以主义为主干的军队——红军。如俄国的军官学校，军事政治是并行的，而且是并重的。偏重军事而轻于政治，是不可以的。偏重政治而轻于军事亦不可以的……短期间三个月、半年毕业，他们能够继续列宁的生命下去。他们的党员只有二三十万，比我们的党员少一半。他们能够成功，完全在他们的二三十万党员能够个个奋斗、个个负责。

现在我们这个军官学校，关于训练方面与他们的军官学校是相同的，完全以主义为主干组织军队的。以主义为主干组织成立的军队叫做革命军。所以这回本校教导团出发东江，完全是为人民利益而奋斗的，沿途居民，非常欢迎，男男女女老老少少都报告教导团，说陈炯明的军队，是怎样蹂躏他们，要我们教导团替他们报仇。他们担来许多粥饭给我们吃。有人说，十几年来才看见这个军队。人民众口一致。我们教导团这种声誉，可谓无以复加。

自改组以来，总理创办这个学校，校长有时去问他，他说："你只专心的去办，日后自有办法。"可见总理对于黄埔这个学校，也是这样希望。党内一般的同志，也是这样希望。我们有这种声誉就要负得起这种声誉。所谓盛名难负，名不符实，反为见笑。前期同志能够这样奋斗，俄国加仑将军，非常赞羡①。以教导一团，能够

---

① 1925年3月16日加仑将军在河婆对教导团全体官兵讲演，甚为称赞教导团东征的战绩。讲演全文见《黄埔丛书》。

抵抗林逆虎数师之众，待我军左右翼一展开，遂将敌人包围，完全缴械。俄国加崙将军说："我们红军算是利害，他们比我们还要利害。"当时加崙将军送宝刀（金的）一把给何团长以示鼓励。各位同志要知道，革命党只会骂人，不愿意受人家恭维的。现在我们有这个先例，我希望各位同志继承总理未竟之志，奋斗下去，以慰总理在天之灵。

刊于《廖党代表讲演集》，原标题作《对第三期入伍生训话》，据《廖党代表讲演集》刊印，据《黄埔丛书》校过

孙文主义丛刊序

（一九二五年四月十五日）

先生倡行易知难之说及三民主义、五权宪法、建国大纲，于修齐治平之道，已提其纲而挈其凡。顾国人思想禁锢过深，解放发皇，为日尚暂。故先生之主义，未能家喻户晓。孙文主义研究社诸同志，既刻其周刊于前，复汇而成集，以便检讨。将来宣传日广，必有以促吾党主义之实现，以完成先生未竟之工作。吾族之兴，于此操券矣！

中华民国十四年四月十五日

廖仲恺

刊于《孙文主义丛刊》，据《孙文主义丛刊》刊印

孙中山先生文集序

（一九二五年四月二十二日）

先生逝世后一月，甘乃光同志急以其平日所搜得先生之遗文，集而刊之。呜呼！先生远矣，不可追矣，然先生崇高之人格，伟大之思想，革命之精神，犹足感召吾族有为之士于百世以后。读先生之遗文者，能体化而力行焉，则此集之刻，为不虚矣。

中华民国十四年四月廿二日

廖仲恺

刊于1925年4月出版《孙中山先生文集》，
据《孙中山先生文集》刊印

工农联合大会的演说①

（一九二五年五月一日）

现在中国遍地都是压迫的，所以我们想组织起来，图谋我们利益及改良社会制度，是不容易的。故我们得到利益，当然只有革命。工农利益与革命是不可分的，但是革命是工农为主才行。革命要成功，第一是要工农大联合共奋斗，若是分离，革命便不能成功。这是欧洲有许多历史上的事实可以证明。如一八四八年法国三月

---

① 1925年5月1日，第二次全国劳动大会和广东省农民代表大会，同时在广州举行，两个大会联合举行开幕式。廖仲恺以国民党中央代表身份出席了大会，并发表了演说。这是报纸登载的演说的记要，标题是编者加的。

革命，一八七〇年①巴黎共产团革命，所以终于流产，终于不能成功。就因只有工人革命，农民不起来，反为反动，反是消极不援助。等到农工联合，都是成功了。这也有事实在我们面前明明白白摆着。

现在我们已有此工农联欢会之盛会，证明中国工农有很大团结，只有这样一致奋斗，才能达到革命的成功，得到我们胜利的保证。

帝国主义、军阀及一切压迫者不许我们革命，然而我们必要革命。所以，工农联欢会是有很大意义的。我代表国民党，恭祝工农联合万岁！中国革命万岁！

原载1925年5月9日上海《民国日报》，

据上海《民国日报》刊印

国民党欢宴工农代表会的开会词②

（一九二五年五月二日）

今日中国国民党中央执行委员会以至诚至敬之意，欢迎全国农工代表及各来宾，并望经此次各代表大会之后，即将吾人此后对于革命之战略计划研究清楚，一致实行革命。

今日本会之宴会，无一非由工人之血汗得来。本会应感谢各工人，诸君可勿谢本会。

原载1925年5月10日上海《民国日报》，据上海

《民国日报》刊印

---

① 疑为1971年之误。

② 1925年5月2日，国民党中央设宴欢迎工农两大会代表，廖仲恺主持宴会并发表开会词。这是报纸登载的开会词记要。

革命派与反革命派

（一九二五年五月）

在殖民地半殖民地的国民革命运动，对内要打倒官僚军阀及一切反动力量，对外要抵抗帝国主义者的重重压迫。但是国内的反动势力与国外的压迫与侵略的力量，因利害的一致，常常互相勾结。所以在殖民地与半殖民地的国民革命运动，在殖民地与半殖民地的国民党中，必然发生革命派与反革命派。我们中国既然处在一个半殖民地的地位，所以我们的中国国民党亦不能有例外。反革命派之所以发生，是因为他们为军阀官僚及帝国主义者所利用，他们或竟亲自去勾结军阀官僚与帝国主义者以谋打倒革命派的势力。这种压迫阶级的联合战线，是国民革命进程中必不能免的病症。

原来社会科学的律令，确不是妙想的玄谈，我们看看最近的事实，如陈炯明之反动与冯自由之捣乱，便是这条定律下的例证。我们不能徒然害怕这条定律的真实，我们实在要民众认识那种是革命的或反革命的行动，要给革命派有团结的机会。

北方的官僚军阀很纤巧的利用反革命的势力，所以分开国民党为稳健派与激烈派，以遂其勾结排挤的阴谋。这种老把戏，不意到了袁世凯、冯国璋、曹锟、吴佩孚没落后之现在，还有人拿来试用，实在他们口中的稳健派就是反革命派。我们想衡定国民革命成功的速率，就要视革命派与反革命派势力的消长以为断。

现在的反革命派，不见得比从前的反革命派聪明许多。他们一面利用现成的恶势力以遂其分赃的阴谋；一面利用人民脆弱的心理以稳健自称，以维持现状来相号召。到了末路，他们固然得不到什么的利益，不过做了卖身的猪仔。至于利用人的主顾称他们为稳健派，以为国中无革命之需要，以为半殖民地的局面还要维持，他们若果不是利令智昏，没却良心，断不说出这种瞎话。我们随便拿起各省中一两件小事，便可以知道国中平民所处的苦况。就云南来讲，人民绝无生计可言，只营鸦片者可以谋生。后来因为驴马为军队所夺，无运输之具，不特百货不能转运，连鸦片亦无销路。云南之米，百觔值二十七八元，一包盐之价亦需十八九元之谱。最下层阶级，单米食一项每月至少要费八元，而最低之工值每月不过四五元，下层阶级无论用何种能力都不能谋所以自给。省中自发生食饭问题，所以婴儿生则握其颈而死之，免长而为饿殍！其中不足食而死者无算！失业犹其余事。至于流为土匪，不过生活有方而已。不特云南如是，四川、贵州亦同受唐继尧辈之摧残。就贵州来讲，女子虽年长至十七八岁竟无蔽羞之裳。其余各省亦兵匪遍途，惨不忍述。名中国为半殖民地，已过恭维。实则我四万万人已陷入泥犁地狱。并且加以国外帝国主义者经济力之摧残与掠夺，民主更不堪问。

自从帝国主义者强我国订立不平等条约后，夺我国自定关税权，强行出入口货值百抽五之制，俾洋货可以从容输入，而绝我国人振兴工业之机。并且强夺我国沿海内地航行的独立权与自定运费权，故我国商品之运输，要受他们的操纵。他们的阴谋，不过欲破坏我国国民经济之建立，使我国永沦为半殖民地。欧美帝国主义者固不欲东方有第二个日本出现，而日本亦不想破坏他们自己货品的销场。况且我们革命派主张民生主义的国家，与帝国主义者的主张根本冲突。如果我们国中革命派得了胜利，不特国民经济完全成立，并且帝国主义的根据亦必同时受莫大之打击。所以帝国主义者不特不欲我国国民经济之完成，并且不欲革命派得到丝毫的胜利。外国明白这个道理，所以拚命助长内乱，增加反革命的势力,反革命派亦勾结外人以自固。我国处在这个恶循环圈内,若不谋民族革命的成功,不至国灭种亡不止。革命实在是我们唯一的出路,我们不独要革军阀与帝国主义者的命,我们并且要革"反革命派"的命,这才是彻底的革命工作。

我们实在见得我们的现在无可姑息,所以主张革命。我们的革命工作,是为民众利益的革命,是建设的革命事业。

现在吾党中所有反革命者皆自诩为老革命党,摆出革命的老招牌;以为做过一个革命党以后,无论如何勾结官僚军阀与帝国主义者,及极力压抑占我国最大多数的农工界,还可以称为革命党;以为革命的老招牌可以发生清血似的效力。不知革命派不是一个虚名,那个人无论从前于何时、何地、立过何种功绩,苟一时不续行革命,便不是革命派。反而言之,何时有反革命的行动,便立刻变为反革命派。

若要详细解说,革命与反革命实在是比较的名词。但是有一条通则,我们可以说:"那一派代表较多数人民利益,便为革命派;那一派反对较多数人民的利益,便是反革命派。"我们依着现状,可以说官僚军阀与帝国主义者,是我们全国人的公敌,那一派人代表民众来打销这两种力量便是革命派。占我国人口最多的是农工阶级,那一派人替农工级阶打销压迫他们的力量,便是革命派。反而言之,凡与军阀帝国主义者妥协,并压抑农工的人们,便是反革命派。我们要十分明了,才不陷入他们的圈套。现在反革命派已经互相勾结,我们若果真正想民族革命功成,我们革命派要赶快团结起来了。

原刊于1925年《革命周刊》第一期,1925年5月20日转载于上海《民国日报》,据《民国日报》刊印,据《农民运动》第四、五合期校过

在大本营重要会议上的发言[①]

（一九二五年六月十五日）

以前的广东，非国民党的广东，都是寄生于不良军队暴力之下，故种种措施，多不能遵行党纲，徒取民怨，故党政府此次遂决定扫除此反革命的暴力。现在这反革命的暴力杨、刘，经我们陆军、海军同志，于此数日之短时间，已将其扫除。此后应把政治一切障碍，一律扫除，一切政治，确设立于民意之上。此举能成功与否，全视我有实力之同志能奋斗尽力遵行党纲与否。现在吾党的力量，已推行于长江以北，如冯（玉祥）、樊（锺秀）等同志，其力量服遵先帅遗训及党纲，实比广东为大。

刊于1925年6月16日《广州民国日报》，

据《广州民国日报》刊印

在广州市政委员会成立会上的演说[②]

（一九二五年七月五日）

市民诸君：

今日为市政委员会成立之好日子，我广州市地位，大家应知道

---

① 杨希闵、刘震寰的叛乱被平定以后，1925年6月15日，大元帅大本营召开了重要干部会议，旅长以上人员都出席，会议专门讨论肃清杨、刘以后，如何统一军政、财政等问题。胡汉民、廖仲恺、汪精卫、蒋介石、谭延闿等都参加了会议。会议决定财政、民政、交通机关，一律交还政府统一管理；废除滇、湘、粤、豫等军的名称，所有军队一律改称国民军，廖仲恺在会上作了重要发言，这是发言的记要。

② 1925年7月5日，广州市政委员会（即市政府）成立，廖仲恺以国民政府委员身份出席会议，并发表了演说，这是演说的记要。

在世界上是可以自负的。以世界都市面积计,广州人口为最多。以此人口集中地方,河道交通,经济能力,实无限量。可发挥其交通地位,以改革都市。故广州市地方应能发达,因其地位甚关紧要也。广州市之不能发达者,系由帝国主义之垄断经济侵略压迫所致,若将帝国主义打倒,则广州市必更形发达。今日市委员长伍先生①对于海外事务极为熟悉,对党甚为热心,兄弟敢信必能备市民之希望,望市民协助市政府以谋发达。广州市能自由独立,则广东能自由独立;广东发达,中国因之更加发达。

刊于1925年7月6日《广州民国日报》,

据《广州民国日报》刊印

在省港罢工委员会代表大会上的报告

(一九二五年七月十五日)

诸君此次罢工,是为国家为民族,不顾一切而奋斗。比兵士去打仗,尤为难能可贵。当此国家危急存亡之秋,若果一旦死了,比之兵士冲锋陷阵,尚觉得更有精神有毅力,令人钦佩。所以诸君此次奋斗,比倒清、倒袁、倒段、倒曹、倒吴什么都大。诸君!我国因关税权握在外人手上,所以工业不能发达,我们所以往外找工作,外货流入内地。我们要解除这个痛苦,当要大家奋斗。此次罢工含有社会问题、经济问题等要素。但我们现在所最重要的,是由各团体选举代表,速开国民会议,试由群众公决不平等条约是不是要废除,海关要不要收回。我党现乘此次全国民族运动澎湃之期,通电全国党员,一致主张,于最近两三月实现此会议,应首先开预备会

---

① 伍朝枢,当时任广州市政委员长。

议。仍有一点最小而最重要的,孙中山先生曾说过:一个领袖本无多大能力,能力是在大多数国民的,领袖不过是总合能力之领导者而已。罢工委员会其本领不是在几个委员职员,而在各个之工友,所以各工友要聚精会神去奋斗。此次诸君费了惊天动地的牺牲,此种牺牲,一定我们民族要得胜利后,始能赔偿。此次之损失,在政府方面,尽力为全民而争,在党方面,也出尽能力而争,所望全体工友一致奋斗。

刊于1925年7月16日《工人之路特号》第二十二期,据《工人之路特号》刊印

在广东省政府招待各界会上的演说①

(一九二五年七月中下旬)

各界诸君:

今日请各位到来,乃省政府将省政府行政计划报告。兄弟担任财政,故特将财政计划报告。当七月三日省政府宣言,关于财政者有二项:一、取消苛细杂捐,停办官产市产,另谋适合原理之市政收入;二、禁绝全市一切赌博及鸦片之贩卖。凡此皆为省政府之义务,如不实行,政府即为不职。

今日仅就以上所举关于财政之二者,对诸君说明。第一,吾粤人民年来最感痛苦者,即为财政不统一,军队截留税饷及增加恶税。国民政府及省政府成立之后,军队已将财政交回,而向来各军

---

① 1925年7月1日国民政府成立后,广东省政府随即改组,廖仲恺以国民政府财政部长兼任广东省政府财政厅长。7月中下旬,广东省政府招待各界人士,报告施政方针,这是廖仲恺在会上的报告。这次廖仲恺的演说词在报上分几天刊出,刊登演说词后段的报纸仍未找到,今只好暂缺。

擅设之苛捐亦已免除，其由政府所办者亦陆续免除。至于订定合于原理之税则，言之甚详。单简言之，则所谓合于财政原理者，其最要之原则有六①：一、负担须公平；二、收入多而费用少；三、租税不妨碍国民经济之发展，且能扶助之；四、人民乐于负担缴纳，不感痛苦。本此四原则，以研究现在之税则，言之可痛，实完全不合原则。其最明显者有二：一为厘金，二为盐税。

厘税之弊，人人皆知，深刻言之，此项厘税，作弊则合原则，不作弊则不合原则。以一河面设数卡，如一船货物由广州至佛山，……② 逐物抽税，则商人不胜其烦，驯至百业凋弊。此项厘金即为入市税，除巴黎之外，近世已无之。各国除关税之外，即无其他税饷，盖此等劣税，实为病商害民。依正逐物抽厘金，守正不阿，则商民将不胜其苦；舞弊营私，受贿放行，则商民反觉便利，此真为世界万国之恶税。我国关于裁厘加税问题，已研究十余年之久。如能实行裁厘，则关税可望加至百分之十二·五。但此项计划，均为军阀把持政柄，迁延至今尚未实行，现财政部已着手研究。实行裁厘之后，收入短少约三百万，但加关税之后，国民实业发展。关税增加几何，斟酌损益，即定实行之期，大约一月至二月即能将说明书报告。

其次盐税。盐为贫民日用必需，现在政府竟视盐税为收入之大宗，实违背"公平担负"之原则。因贫民食品以咸料为多，富人则少，现重抽盐税，则不啻抽贫民者多，而富人少，不平孰甚。又如盐税不分何种盐均同一抽收，每包至五、六元。吾人须知盐有食盐与工业用盐两种，如食盐与工业用盐同抽，则妨及工业。工业中最重要之原料乃梳打与盐酸，故此二者实为工业之母，而二者皆用盐

① 原文如此，"六"似为"四"。
② 以上底本残缺二十多字。

制。惟我国因盐税重,梳打、盐酸皆不能制,而须购舶来品,本国缺乏工业之母,故工业亦不能兴。而盐税当袁世凯借外债二万万打倒国民党,即以之为抵押品,此实为帝国主义者之毒计,使盐税未由改良。中国工业之不发达,非国民之愚鲁,而实可为帝国主义者之诡计。现财政部对于盐税正在研究,拟分三等抽税,食盐为一等,腌业用盐为一等,工业用盐则或全免税。

其他关于租税,务令公平,担负大小平均。如地价与人口之增加有关,而地税与地价应同时增加。但我国地税自前清至今,百余年未加以调查,地税失收甚多,且糊涂,故拟决定先从广州整顿。

至于赌,广州已禁绝,但外县仍有,且视为正税,实大背财政原则。但政府何以不禁,此实政府莫大之苦衷。就因政府属下,现仅有广、肇、韶三属,正税年仅一千八百万,亦涓滴归公始得此数,而军饷支出,平均月须一百五十万,一千八百万恰够军饷,其他行政费已无着落。在此状况之下,惟忍痛拟俟三四月内始厉行禁赌,禁绝之后,惟有以武力扩充属地。

此外,则有禁烟办法。鸦片为帝国主义侵略之先锋,虽立条约十年禁绝,但吾粤在二年前已无禁烟之事,自由吸食。夫烟之禁固异口同声,但禁须事实上真禁绝,故财政部现拟四年内禁绝。要使吸食之人民注册,政府详查调查。此办法各界如帮助实行,则一定可以实行,一年并可增加千余万。盖禁烟与厘税适成一反比例,愈真禁烟,愈是利民,愈能增加收入,诸君将来一览公布条例及实行成绩便知。

其次,以广东一般之财政言。广东全省收入年不及四千万元,而人口最少有二千五百万人,平均计算每年一人不过负担一元余,比较外国人民负担不特微乎其微。即以香港言,不过一掌之地,人口不过七十余万,而每年收入有一千九百余万。香港乃一无出入口税之埠,其收入只赖地税、车牌、营业税,以其收入计算,每人年实担负约三百元。负担如此之重，而人人乃说香港比广州好，此可知今日香港之得以塞吾门户，实国人使之。苟国人如能比在香港，负担国税十分之一，则吾粤收入年可达九万万，即以百分一言，亦得九千万。有此财力，广东各种事业之发达已无可限量。但吾人何以在香港能担负如此重税。①

刊于1925年7月22、23日《广州民国日报》，
据《广州民国日报》刊印

在军事委员会召开的重要会议上的演说②

（一九二五年七月二十六日）

军队之性质，乃为达到政治目的之武装团体。土匪与军队之分别，即为一含有政治目的，一则无之。但政府要分工，所以国家分官分司职守。军队有军队之任务，不能与其他混乱。国民政府之组织就为救国，救国就是国民政治目的。但八九年来尚不能达目的，则财政不统一，实为政治混乱之大因。现财政不统一之障碍既除，自宜将财政与军政分离。政府现已筹有相当之办法：一、所有各军截留之税饷，交回财政厅；二、向由县征收之粮税，由县长征收之；三、各军军饷，根据战事未发生前之额定支拨，各军非得命令，不得提取，财厅则计算各军军饷若干，交由军需官支付之。如

① 以下缺文。
② 1925年7月26日，国民政府军事委员会召开高级军官会议，讨论军事委员会的组织及军制改革等问题，通过了将军队改称国民革命军等决议。廖仲恺是军事委员会委员，出席了这次会议并发表了演说。这是演说的记要。

此则财政统一或可成功,然后国民政府政治方有可言。

刊于1925年7月27日《广州民国日报》,
据《广州民国日报》刊印

帝国主义侵略史谈①

(一九二五年七月)

第 一 讲

今日我们所讲的是帝国主义侵略史。我们何以要研究帝国主义呢?倘若我们不明白帝国主义是什么,则我们党中的民族主义就不易清楚。民族主义实是要救中华民族, 使中华民族达到自由独立的国家的地位。我党主张三民主义,并不是闭户造车。我们所定出的党纲,更不是欺人的东西。我们的三民主义,是由孙先生观察我国内情形定出来的。何以孙先生要定出三民主义呢? 因为我们中国发生了一个毛病,中国家族、国族都受着压迫的深病在内 , 所以孙先生才定出这样的主义,这样的党纲来。比如医生看病,那人有病才能看出他是什么样的病。那人若是没有毛病,无论那个医生怎样〔看〕法,也是看不出来。倘若我们中国没有毛病,那三民主义就不会定出来了。因我们中国是有毛病的, 孙先生才定出这三民主义来。三民主义实是救我们中国的良药, 而且那药还能起死回生的。孙先生认定中国的病症,来定三民主义来救他,即如医生

---

① 本文见于《廖仲恺集》,原注"廖仲恺讲" , 但未注明讲演的时间和地点。据《民国十五年以前之蒋介石先生》一书所载:1925年7月14日,黄埔军校开设政治班,廖仲恺等任教官,该班课程有《帝国主义侵略史》一门,依此推断,本文似为1925年7月在黄埔军校讲。

对症来发药一样。所以现在讲帝国主义侵略史，便先要知何以要三民主义来救国。

要讲帝国主义侵略史，我们先讲帝国主义是什么。什么叫做帝国主义呢？照字面说，主义是思想，凡主义是思想、政策、行为的根源。帝国是皇帝统治，故名帝国主义。但此说不甚对，而且不能这样照字来解，因为常常有人误会的。有许多人说为什么推翻英、美的帝国主义呢？美国是民主的国家，何尝有皇帝呢？又如日、法国的帝国主义，法国也是没有皇帝的。所以很容易令许多人误会。因他们不好研究近代史，那就不明白了。我们要知道，有皇帝的国家，固可称为帝国主义的国家。若民主国体，也可称为帝国主义的国家的。帝国主义是一个民族以他自己的政治经济来压迫别的民族，这便是帝国主义。

帝国主义有近代的和远代的两方面不同。在一千八百七十年前的帝国主义，是政治侵略，以一民族国家来侵略别的民族国家，对于经济上的侵略是不甚利害的。到后来的侵略，不但是政治上的侵略，还有经济上的侵略；不只行使政治上的支配，而且并行使经济上的支配。这是最近代不同之点。

政治侵略之帝国主义不大要紧，如英国对于印度，日本对于朝鲜，不过使之附属他们，为他们奴隶罢了。这是政治侵略。这种虽然对于他们人格上有害，可以打消他们自尊心，但是生活还是随他们的，农可自耕而食，工作自活，商可自谋发达，士农工商还有生活和发财的希望。如犹太人，他们亡国二千多年了，他们连国也没有了，民族也散去各国来谋生了，领土也没有了。他们所到的地方，虽是受各国人的轻视，可是他没有领土，他们反可以发财。国家虽亡，到了各国仍有发财的机会。如外国人施行经济的侵略，犹太人也分得一份。而且他们非常爱护他们的民族，如借钱给别人，利钱要贵些；自己的民族，利钱减轻些。所以美国纽约大城的钱银，通通握在犹太人手内。美国若得了好处,犹太人 也 得分一份。所以政治的亡国,寄生别社会还可发达。经济的侵略,就非常利害。故帝国主义行政治侵略还不要紧 , 如连带经济侵略 , 则活也活不成了。

我们中国所靠是什么?是靠和人打仗吗?我们兵工厂每天只出卅五枝枪,连炮也不会做,一年所出不过万多枪,其余皆由外国运来的。我们既没有兵权 , 又没有铁路。比如有人来侵略我们的福建,福建有十万兵之多,广东也有十万兵 , 但是我们广东这十万救兵未到,他们福建的兵或已被外人逐走了。因我们没有铁路,不能到得快。我们专靠水路,但是大只的火轮船也不多,如何能接济邻省呢!我们中国全是这样,所以中国已是亡了。叫不亡的,是由他们连亡也不许你亡的。因你亡了,他们外国人的利益就不多。如犹太人还可握着财权,因他们的民族未死 , 他们虽是受人的轻视,但他自己有钱,不管你轻视也好,不轻视也好了。现在的帝国主义者,总不许你亡。故中国要是亡,已亡久了。我们被外国人打败仗不知道几多次!如义和团起义,见外国人便杀,他们说枪炮是不能打死他们的。后来联军入京时 , 何尝不打死他们呢!但历来外国人反不敢来瓜分我们,他们怕我们中国人,以为是敢死的 , 不拿枪炮来上阵。而且知道我们的山路是非常险要的,倘他们进了山路,又不知那一条是可以前进的。有此种种的理由,与其灭中国,不如使他不亡,使我们永远养他们这便够了。使中国一日日的贫,外国一日日的富,留中国的民族永远来做牛马。此中国不亡之原因,使他们专施行经济侵略政策。

经济侵略比政治侵略利害得多。经济侵略成功,同时政治侵略便告成功。但单独的政治侵略,未见能收经济的效果。所以帝国主义之侵略,在经济而不在政治。你们若已了解这一层意思,便可以往下说帝国主义侵略史。

我们是中国人，现以中国为本位来说帝国主义侵略史。在政治方面来说，我们也曾做过帝国主义的国家。如我们的老祖也是皇帝。当黄帝时代，欲扩充土地，起兵逐蚩尤，北逐獯鬻，这便知我们是黄帝起家的。外国都是一样。但我们不必说这是帝国主义，只说是民族构成罢了。从前之民族，由一千数百人成一族，即如现在军队中之一团，数百人成一团。当时由一民族征服别一民族，彼此婚姻。初时乱婚，再过是抢得来的。一个团体要征服别的团体的妇女为妻，故现在尚有在嫁时哭得非常利害的习惯，也是由祖传至今日了。民族之构成，是由征服来的。但过久了又去征服别的。再过则又变为同等民族了。凡民族之构成都是这样，故不能说他是帝国主义。后来我们中国在秦汉的时候，便稍有帝国主义的意味，所以和民族构成之初不同。

国家有三样重要的要素，如领土、人民、主权这三样。没有领土就不成国家。如黄帝由崑崙而来游牧，马蹄到的地方，便是他们的，生活他们也没有一定的地方，牛马足迹所到，这就是他所有了。既有土地，没有一定的主权，还未能成一个国家。要是有一定领土，一定人民，一定主权，才可成为国家的。所以我说中国已经亡了，就是领土为人夺去，土地被人租借、被人割据，主权也不能完全操在我们手里，所以叫主权不全，已是去了一半，主权既不完全，国家便不完全了。

我们中国领土、人民、主权最发达的时候，在秦汉时是非常利害，故有天无二日，民无二皇说。可见得天下只有一个皇帝，故有不服的便讨。当时各国若不来朝贡，就起兵去打他。故中国在秦汉的势力，是发达到极点。但当时和他们打仗的结果，对于他们兵马所到的地方，自然有害于该地。但汉人自己亦受害不浅，因路途是非常远，被征服者还没受多大的损失，汉人受害反多过他们。他们被征服者，只称臣和年年进贡、岁岁来朝便了。而他们的进贡品，不过是些土产，没有贵重的东西；我们中国回礼过他们的，全用珠玉丝帛等物，看来不还要赔本？他们生活并没有损失，汉人只委太守一人便了。故在汉时，只是政治侵略。在唐时也是一样。历史上批评他们的有"好大喜功，劳民伤财"这两句话，真正适当。中国有志的人们都不赞成他们的所为。

但中国亦同时受帝国主义侵略，在元朝及金人，宋朝南渡不能于数十年复位，这都是政治上的侵略。在元朝征欧洲、印度、中国，这种征服，只是游牧土地上扩张罢了。但中国受压迫不过数十年，便为明朝得回。这完全是政治上的侵略，非经济上的侵略。

我们汉人的本身力量非常之大，如黑和白一样，不久白也变为黑了。这是中国民族的力量。如北京所用胡同两个字，这是蒙古话。他们的民族可是没有我们的强，故为中国逐回。最近如满洲，亦拿政治来侵略我们，但我们亡国不过二百多年，就为我汉人同化去了。现再过数十年，恐怕我们五族中便要少了一族了。故满洲之征服中国不大紧要，因他们民族小。又如罗马为法国所侵略，因法国强过罗马，故罗马没有同化他的力量，罗马便为法国所同化去了。

从前所用以侵略他人的，全是政治上的侵略。但是一路至近代则不，同时又带有经济的侵略，这便是近代的帝国主义。现在暂讲到这里，下次再说近代的帝国主义。

第 二 讲

我们前次讲至古代一千八百七十年以前的帝国主义和民族的构成。在那时不能叫做帝国主义，故名民族构成。但其中略有帝国主义的色彩，如汉朝、元朝时中之有帝国主义。但当时的和最近代之帝国主义略有不同。前五六十年之帝国主义，是政治侵略，拿别民族的政权，人民经济上没有发生多大影响。最近代的是注重经济侵略,但经济中还带有政治的侵略。帝国主义以政治侵略可以亡国,但于人民经济上不发生大影响。但注重经济侵略的帝国主义,就影响到人民的生活,使被侵略者一天难过一天,使其民穷财尽,完全不能自由。我国不至于亡,人民便先亡了。因他们不只经济侵略,同时带有政治的侵略。亡国虽是利害,但灭种更是利害。政治侵略只亡国,经济侵略则亡国灭种。试举一个例,如犹太人,前次已经说过,犹太人不过为政治侵略所亡,但经济上不受侵略,故不至灭种。这是前次已经说过的。

今日所讲的帝国主义,其政策何以如此变法呢?从前中国被人打,或者人被中国打,对于人民方面不大利害。何以近代要弄至经济侵略,亡国还要灭种呢?何以要用经济来侵略呢?因他们生产方面,自欧洲出了机器之后,先有机器生产,要养那些机器,要资本家来栽培。他们政治不能发达,要经济才能够发达。而且那些权力不在政治之上,是在资本家手上。所以欧洲各国自生产机器发达后,他们的权力皆在资本家手上。因此,不能不行使经济侵略。倘不行经济侵略,他们的政府便不能成立了。故欧洲各国欲发展他们国家,先发展资本家。他们资本家一日日的受着压迫,就是这个原故。

如非洲黑人,他们国家没有了,被欧洲人瓜分了。又如印度,受英国的压迫,已经一百多年。我们中国之所以不亡的原因,是由他们不许亡的。我们中国经济上的权,全在他们资本家手上,这是中国经济受人配支而难发展的原因。但我们若不速谋发展,便有灭种的祸了。

用政治侵略来灭人们的种族,从前虽曾试过,但若非用最大的力量,不能做到;倘民族大的和强的也不行。我们曾为满洲人灭了,后来得孙先生提倡革命,十余年便将他们推倒。蒙古人当时占有印度、匈牙利、亚洲、欧洲一带,当时他的武力算是非常利害,故现在俄国有小孩子哭到不得了的时候,若说是有蒙古人来了,那小孩子便止了哭声,可知当时俄人是非常怕蒙古人的,而且现在俄国还有蒙古人的种存在。当时他们的势力那么利害,后来被满人用一个法子,几为满人灭了他们的种。因蒙古人武力虽是利害,但文化是低极。所以军人不只要有武力,而且文化是更不可缺乏。满人文化虽低,他们有中国人来替他想法子,又遇着康熙皇帝在位六十年,这简单头脑的蒙古人,那有不为他们所感化呢。他用宗教来灭蒙古人的种,因他不怕汉人,所怕的便是蒙古人,故用喇嘛教来亡他。使他们有了信仰的心,然后由政府拨钱来起庙堂,起得非常美丽,地方又阔大,多么好看,引动他们觉得做和尚所住的地方,比较他们自己的蓬帐好千万倍,那个不愿意做和尚呢。而且每年皇帝又有赐赏和召见他们,或出使大臣来训谕他们,使他们家中有三个儿子便要一个出家。他们那些和尚是不能娶亲的,由此他们生产一日日的减少,生不补死。由康熙一弄,蒙古人几乎要亡种了。即如欧洲各国灭非洲黑人一样的方法,也是先用教来亡他,遣教徒去使他们进教,后来便用教来亡他们。倘和人民生了恶感,或有打死他们教徒的,他们便起兵来问罪。即如外国兵舰初到中国时,于名义上也说是保护经商,实则保护他们教徒来行使他们的计划。所以中国有智识的人们要提倡反基督教,就是这个道理。故用宗教来亡人的国,非只是满洲人才有这样办法。

经济侵略则不同,利害就是一样相等。我们耕田是用人力和牛和粪料来耕的,数千年来都是如此。纺纱也是用籐机来纺,一天纺得不多。种田一人一牛耕十亩,除一家数口外,所余则有限了。故生产方法不变,则货必不多,除个人所用外,所余便不多了。这是未有机器以前所耕田、纺纱的法子。但机器生产后,同时侵略也变更了,外国的货物充(滞)〔斥〕中国。从前中国货物,可足中国之用,不过运输不便。因当时是用牛马来拖货物的,路远或过重,牛马则会拖死,故又没有运输出外的货物。但出了机器之后,如广九车的车卡，每卡可载货物多而快，牛马会拖死的，车卡是死不去的。所以机器发明后，牛马是没用了。当时中国既没有货物运输，一则出产不多，二则运输不去，故亦无须多纱，多则价贱，所以便不多做了。若有暇时，他们便去另做别的事业。故中国非外人要一定销流洋货，是中国土产贵而劣，外货平而美的原故。

我们要知何以要机器呢？因人工贵而作事迟，欲快而人工少的，非用机器不可。有熟练的人工，一人可管数机。人力每天可织数丈布，机器每天可织数十匹布。机器一天可成，而人工要十天才能成得。故出了机器，人工便没用了。但货物虽然是多，要钱才能买得的。但钱何由来呢？没有工作的人便没有钱，有工作才能有钱。但人工为机器夺去，织布用机器，别的也是用机器，故在一千八百十二年有工人打机器的举动。他们说机器食人，因出了机器之后，他们便没工作了，故要打他。美国所有机器，几乎被他们打精光，弄到政府下了命令，如有打机器的人，处以死刑。本来当时不必怪机器的，实是社会制度变更，非是机器食人，是制度使机器食人的。故俄国要废私有和资本制度。因他们资本家，每日所得的利益，和那时钟一样，每分钟的速度，他们资本家便是又多了千元、万元的利息，这不过是少数人得的利益罢。还有他们种田是用汽车来耕田的，每车可耕十余里之多；杀猪也是用机器，故人也没工作了。

货物多了，资本家是要卖出去。买他们的货物自是要钱，人没工作便没有钱，没有食和穿。他们人少货多，中国货少人多，因此外国把他货物运输到中国来，中国和他们销（受）〔售〕，他们那些工人便有工作便有钱了。这时机器便变为食我们，我们和他们养机器了。我们从前是由人力纺纱，但外货一来，则纺纱的人也不必纺了。人力是不能胜机器的，岂不是洋货充满了么。

当时他们不欲制度变更和工人革命，但机器夺了他们工作，不能不另为他们想法子。有此原因，故要找殖民地。当时中国闭关自守，不与外通商，这是很本分的事情，何以他们起兵来打我们呢？因我们不和他通商，他们制度因有变更；机器一出，本应有革命了；故资本家不能不侵略，我们便成为他们的半殖民地。故欧洲制度不变，皆由中国销流他们的货物。

由此可知帝国主义的侵略，是机器发明后必然的事实。是有益他们欧美的人，是损害我们的。我们中国现在变为半殖民地的国家，便是受他们的赐了！

第 三 讲

前次讲工业革命后的生产方法，本来是不会生毛病的，有人误用了他，才会发生毛病。机器发展后，货物比未发展前增加了。因机器和人力不同，机器用马力，一马力的力量，等于八人的工作的力量。如电船，每只最小五十匹马力，计起来等于四百人的力量，所以电船比民船便快得多。倘若一只船有一百马力，便等于八百人的力量。机器做工多，故产出的货物多。货出产过多，本国不能销流，便要运到别国去。因别国人民为买了洋货，便不用土货，而制造土货的人便失业了。随外国的机器既替工人做了工，本国的工人便没有工做。没工做便没有钱来买东西，资本家的货物是要钱才肯卖的，现在没有钱如何可以买东西呢。不特不能买东西，连从前的工作，如纺纱、耕田等种种愚笨的法子，都给机器夺去了。但外国的资本家既有了机器，机器是要生产的，生产出货物后是要找销路的，本国的销路既然已经因供给太多而停滞，则因为要支持机器的生命，便不得不占领人地方以养其机器。要占人地方才有销路，有销路才可以维持他的货价，而他们的机器才可生存。所以一方面运货到印度、非洲、亚洲等处，对于他们商业有利的便来压迫这等弱国。若不能达到目的，便以武力来解决。一方面要你用他的货物，他的货物是由机器做出来的，自然是比人力美而且平。比如中国布厂要十天才做得起，外国用机器，则不须十天。价钱又廉，做得又快，人人都想买廉美的货物，而中国布厂不能做得到，所以洋货便充满了中国。中国不能御外的原因，实在是生产不发达之故，所以帝国主义侵略变为资本侵略。

当时欧洲各国都怕美国的工业利害。从前美国地大人多，而且是农业的国家。在一百多年前，美国革命要保护国家财权，不受外人侵略。外货来到他国内，便加重抽税，价值一百元的货物运到他处，每件抽至三四毫之多，一元的货物，便变为一元三四毫成本了。因美国品物，不如英之进步，倘英国货物成本一元可做得到，美国要一元一毫才得。美国人虽是爱国，没有不买廉货而买贵货的。但外来一元的货物加至一元三四毫的成本时，则本国的货物除本外也有利了，而且货同价，则本国货虽是劣些，国人亦买本国货用。还有些货物不许他入口。一方面禁外货入口，一方面使土制品充满国内，这是美国救国的一种方法。又如日本，也是用重抽外货的一样法子。即如上海的六神丸，他仍非常信任的，即如我们所谓万应如意油一样。我们说六神丸可能医百病的，但本国不会做，要由中国运去。在上海的价值每瓶一毫，但在日本要卖六毫钱，这是因税重的缘故。德国也是一样的办法。从前只有英国是欢迎外货入口的，因他工业发达，只由他支配各国的货物，若外货到他处，无论怎样都不如他本国货的廉而美，一定是销流不去的，所以他提倡自由贸易。因他的货不能运去美国、日本、德国等处，只到得印度、非洲、亚洲的地方。印度为他所亡，自然全用他的货物。如非洲则又不同，非洲已是为各国所瓜分了，如葡萄牙、西班牙、德国、法国、比利时等国，分得的地方，各为维持他们的货物起见，各用重抽关税的法子，来抵制外货入口，所以对于英国及各国，也没甚大利益。但我国何以至今还不为外国所瓜分呢？最重要的原因便是恐怕又如非洲前车一样，变至各国各自维持他们的货物的销路，并且很易惹起战事，那么便对于各国均没有甚利益，故他们不把我国瓜分。但他们用什么方法对待我们呢？他们现在所用的方法更毒。先把关税来讲，我们现时关税抽外来货物，不能抽过百分之七·五。所以他们的货物多运来中国，我们便替他们销流。否则他们资本家食清工人的钱，工人还不起工人革命吗？货物若不能推出，则机器又怎能养得起呢。非洲瓜分对于他们没甚利益，故不把中国瓜分，留为养他们机器之用。故帝国主义侵略中国，最初是欲瓜分的，故最初外国侵略事实，起于鸦片之役。

我们在一百年前，尼布楚及恰克图条约是为中俄两国和西伯利亚土地问题。当时中国地方有几多，自己还不能了然知道。俄国当时对于西伯利亚这样大的地方，非常垂涎，因那地方非常多矿的，但当时那地方是否我们中国的，也不敢说。那处是甚远的，大约是蒙古人所有是真的。西伯利亚并没有多河流，非游牧的人不能到得的。当俄国人一路过西伯利亚来，见没有人在那里居住，矿山甚富，直至恰克图、尼布楚也是一样。当时中国执政的人，以为是多余无用的地方，划给他们不甚紧要的，因此一划便给了数千里的地方别人。但是地方失了可惜吗？中国并没用着西伯利亚的东西，当时没知道他有何可惜，不过看地图上知道中国是少了一处地方便了。实在这一划便去了西伯利亚这样大的地方，倘再一划，或连中国也没有了。当时俄国得了利益，同时英国又来侵略。至鸦片之役，便是一个例。

我们讲英国如何能灭吞印度呢？何以要使印人运输鸦片来侵略我们呢？英之所以亡印度，是由一个公司来亡他的。即如英国亡印度，初时在印度开间东方印度公司，后来便把印度全国买了，由东方印度公司一变为印度的皇帝，这是他们亡印度的法子。何以他们要印度把他的鸦片烟运来中国呢？印度为他亡了，便要用他的货物,但货物是要钱才能买得的,若是他实业不发达,钱何由来呢。要他们实业发达后才有钱,才可以买他的货物,而且他们不许印人用别的人的货物的,所以要他们实业发达,便是他们要人和他们养机器一样。若要印人来种棉花,但一时不能即刻发财。故想出一个法子来,一方面使他种棉,一方面把鸦片烟运来中国,这便可以快发财了。本来我们中国向来是不会食烟的。现在的人们以为口含烟仔是时髦,岂知以前是野蛮人才食的。从前那红皮土人未发达以前,在荒岛来居住,一切害人的东西是非常利害,他们发明用树叶来卷成一条又长又大的一口烟,用来辟山林的瘴气和毒蛇等物。后来西班牙人寻新大陆时,发现了这红人所食的烟,便带了些烟叶回国。后来又传到葡萄牙人,当他们来澳门时,也带了许多雪茄和鼻烟来,中国人由此便学了他们的食烟习惯了。但当时尚未有鸦片烟出现,因鸦片烟只有印度是有出产的。故当时英国人知道中国人心理是爱安乐的,故使印度运输鸦片来中国发售,卖了便有钱可以销他的货物了,而且鸦片又可以亡人种的,岂不是好办法吗!

当时林则徐做两广提督,将印度所有运来的鸦片烟通通把他烧了。何以当时林则徐有这样大胆呢?因中国是人口繁盛的时代,人人均有工作,以中国做工的人数来比较他们机器做工的数目,虽然一机可做八人的工作,平均来计,当时中国比较他们仍是多过他们二十余倍。他们工作生产能力没有中国利害,又没轮船到得这样容易,在七十五年前英国人不容易来到中国,因船又细又慢。因他们力量不到得原故,故林则徐敢烧他们的烟。怎知英国得了印度,由印度来中国是近得多,英之所以能起兵来打我们,因得了印度的原故。英兵一到便是炮火连天,我们当时并没有这利害的东西,我们自然是败了,这是鸦片战争的结果。到第二次联军入京,把南京、天津、广东、福建、山东的港湾并香港割了为他们的根据地。所以说到近代政治侵略带有经济的侵略，与三十年来的侵略不同。当时他们是想瓜分中国，自鸦片战争后，他们另从别条路走了。此时中国闭关自守之策不行，便为人捉手捉脚了。他们所有一切食物运来中国，是不能抽税的。他们说中国的食物他们不能食，他带他们本国食物来自食，不准抽他的税。如别的货物抽税，也是限制抽得很轻，入口税百分之五，子口税百分之二·五，统共不过百分之七·五。由海关抽了后，到各处均不能再抽他的税。又如外国人的船可自由在我们沿〔海〕岸线来行走。本来各国对于本国沿〔海〕岸线的权利是专有的，而且视之非常重要。如日本，在本国到本国内的地方，所有来往的火船，全是他自己专利的，外国船是不能载人来往。倘违了他们的条例，便是要罚。但当时这条例非是日本自己所定出来的，是由英国定出来的，日本不过效他便了。英国更是利害，他从前定了所有经过他国界的海船，完全不能载别国货物，载他的货物可以，否则将那船收为己有。所以当时英国有海盗之名。荷兰经过他国界的海船，被他没收了二十几只。不到数年，荷兰国所有的海船，完全为他收去了。英之所以定出这样条例，实为保护他们航业专利之故。美、德、日等见了这样情形，不能不为自己计，也定出这种条例来保护自己的海权和航业专利。

但我们中国怎样呢？我们中国无论何处，有水可行船的地方，便充满外国人的船。中国沿海岸线的专权，已是完全失了。中国航业损失是很大的。航业、火车是怎样重要？以最单简的例来说，比如中国自做的木棹，每张原值二元，如欲抬到黄沙去，是要请工人来抬的，工人的抬工便化了二毫，那张棹子的价值便要增加到二元二毫了。再欲运到韶关，照步行来计，二十天才可到得，若每工银是二毫，则二十天便去了四元，合计木棹在韶关出售的价值便是六元二毫了。但由火车运去，运费要平宜一半。倘这铁路是外国人办的，则这一半价值先送了他。船运同火车是一样，所以航业的

270

问题很紧要的。土货内地销流，而土货一半运输的价值已为外人得去了。我们航业非是不能发达，是为条约的束缚。条约束缚的结果，便是经济的损失。故我不先取消这不平等条约，则我们无论怎样也是受损失的了。

第 四 讲

前回讲鸦片战争后，中国连沿海岸线都失了。本来各国对于本国航路是要专利的，自英国海权发达后，要多做兵舰来保护商船。商船多，兵船也自然多，船做得多，自然有进步，所谓熟则生巧的原故。他们商业发达，自然是海军也发达，当时并没有能斗胜他。所以荷兰的商船，不到数年，便完全为英国收没清楚。但当时做兵船是由国家出钱来做的，国里怎有这样多钱来做这样多的兵船呢？因他们能保护自己的航业，在本国内行走的商人便自己专利，利权不至于外溢。他们的沿海岸线是很长的，船户由此更容易发达。国家的兵船是要保护他的，也自然随着发达了。日本也采用他的方法，所以航业也能发达。当时日本的商船在中国只有几只，由政府协助，逐渐发达。我们招商局的轮船，当时也有二三十只船。现时日本已有百多只船了，一万吨的船也有了，我们招商局船仍是三十余只，最重的只有三千吨。日本之所以发达，是由日本沿海岸线是专利的。中国海权不能由自己专利，所以航业失败。至今沿海、长江、珠江所有有水能行船之处，航业权统被外人占去了。

又如要塞的地方，别国人的船应该是不能进去的。如我们虎门炮台，每天必有洋船在那里来往，炮台里边情形，外人完全晓得。一旦有事，虎门的要塞绝无险可守了。

还有重要的，是鸦片战争后，不单只是要赔款的，还要把工业、商业的生命放在外人的手。如南京条约、天津条约、北京条约等，都是几万万的赔偿。但当时中国没有这样多的钱来赔他们，可是他们不即要现钱,只要写欠单和发出些公债票便了。他们说:"我们可不要你来还,我可替你们设立海关来抽税。因我们是要贸易的,倘我们的货入口,或是你们的货物出口,便要纳税来,这海关将所抽得的钱来还我们。每年只要你们还我们若干, 其余的钱仍是送回你们的。"当这无智识的政府,以为是打败仗不要赔钱了,我们反得着利钱,当时便欢天喜地的允了他们,使他们在五通商口岸设立海关。他们又说是:"你们中国人是不会抽税的, 等我英人来替你们抽。"算是我们中国请他抽的。但是我们并没换他的权。他们定下条例,输入口货是不能抽过百分之七·五;入口货由海关抽了税后,无论到何处,不能再加抽算之例。这种经济的方法,是利害极了, 又有钱也是不能赎回了。要到所定之期三十年或四十年内才可以清还他了。在这三四十年内,海关的权在他们手上,我们欲改良也不能了。所以我们航业不能发达,农、工、商业样样都是失败的。这是条约的结果了!

在五十五年前法国为德国所败,连法国京城也打进了。法国和他们讲和,赔了二十五万万法郎。当时法国没有现钱给他,只给以公债票。不到五年,法国便完全将所出公债收回了,且弄〔得〕德国有钱多的恐慌。因他们有了钱,危险的生意也去做了。在这时期德国银行倒了数间, 法国便一日日的发达。那象我们中国战败之苟条,条约所载,每年还若干,有钱不准多还的呢。这样,所以帝国主义,我们要打倒他,条约我们要推翻,我们才有翻身之日。否则被帝国主义侵略入了地狱,三民主义永不能实现了。

何以航业在他人的手上呢?土货也是为他们得了一半的利益呢?因海关不能由我们自行加税。他们的入口货物, 如日本做杯一只,每只二毫半可做了。若我江西的瓷器,在江西做杯一只,即如日本所做的一样美丽,至少要五毫才可做得出来。倘是关税权在我们手上,我们便可重抽他的税,使他运到中国货价也要五毫才够本。那时中国自做的也是和他外来的同价，虽然中国做得没有外来的美丽，因是同价，人民必买本国货而不买外来的货物，从此江西瓷器便可以发达。因外货来到不能销流，本国货自然要发展了。但重抽了外来的货物，人民岂不是要买贵物吗？在那时政府便要在海关内提出那抽外货的税，来补助他们江西的做瓷公司，或补助他们设多数十间，瓷器发达，自然不如前的贵了。倘不能，则外货虽平，但中国和他买清了他的货，他得了利钱便回去起多间制瓷公司，出产多些货物，运来中国销售，这岂不是送钱给人家发达，来侵略自己的经济吗！所以说，海关税不收回，中国便永无发展的希望。因各国均在关税来抽重，如英国在二十年前欲想法子来抵制德国铅笔入口，抽重他的税，可是他仍然销流甚广。德国的铅笔实在好过英国自制的多多，买笔的人看看是德国的才买。当时英国没法子想，只可冒充德国的招牌在他本国来出售。因当时用惯了德国的，本国的总是觉得不好用。从前英国说自由贸易，现在已经不能了。所以我对于海关无权来加外货的入口税，而且航业也失了，在那时已经定中国日弱不能再发展了。因当时条约，定要几十年才可以清还的债，有钱也不能一时清还的。而且海关的钱由英人手收，有钱便要寻地方来放好，他便放在汇丰银行内。便汇我们的钱，也由汇丰银行来汇兑的。

我们要知帝国主义的第二方法，便是银行。时钟每秒钟的行动，那银行便是每秒钟的来打你。所以帝国主义侵略第二方法，就是银行。汇丰银行是由南京条约后才成立的，先时在香港只有几百万的资本。我们中国的银行何尝没有同他一样的资本呢。但他们海关每年几千万的收入，通通是寄入汇丰银行里边，后来到了联军之后，各国来和他争，要分向各银行寄存。这时变为花旗、正金、台湾、荷兰等银行来分存了。以前汇丰所收入的钱，是只有进去，没有出来的。所以香港这样辉煌，是由他英政府拿钱来起成这样辉煌的吗？实是我们中国的钱起的，发源便由汇丰银行得了钱后，便去发达的商业。中国何以没有他那样发达呢？是由他们不用本钱来发财。比如他想来做生意，他只要熟识一个中国人和他做买办，他可向本国公司来领出代销的字号；而且这买办是要按柜钱的，他得了按柜钱，便可以起他铺户，竟成一间代销场了。而且汇兑也有汇丰银行，所以有了汇丰银行后，英国人来中国做生意便可无本也行了。英国的商业是拿中国钱来收中国钱的，这是洋货充满的原因了。

还有北政府年年打仗，国家那有这多钱呢。便向外国银行来借债。抵押的铁路，主权当然是他们的，清还的期也是照海关一样办法，三十年或四十年才可清还的。如南满铁路主权全是日人的了，他们所抽的税，也如海关一样的苛例。

故航路都不行，要航路和运输政策发达才行。日本所以发达，也由这办法。但我权在外人手上，有航路也是不行。（一）要数十年才可还清。（二）运输政策不能用。故有铁路也是利便他们商工业罢了！

在大连湾直到奉天晖春，从前是俄国借地，后来日本败俄国，得了这条铁路。日本的商业在二十年间发达至等于各国一样，所以别国人在那里，完全不能生活。英、美、德本已利害，但在大连、奉天做生意，不够日本人，因日本人用的运输政策。比如同时美人和日人做豆子的生意；当豆子涨价的时候，欲由大连运到奉天，但先要去定车卡来载的。虽然别国人先去定或多出运价，同时日本人来定车卡，所定运费不如别国人来定的价钱一样，而且还少些，若果来得迟，日本人也有优先权，总是给他们先载去的。到了豆子低价时，他们才允别国来运去，这岂不是要亏本吗。他的运输政策一行，不到十年来，由大连到奉天所做生意的人，全是日本人了，别国人的影子也没有了。所以海关、银行、铁路是非常重要的。

日本之兴起，由马关条约得了台湾和二万万金磅而兴起的。何以日本要我们赔金磅呢？因日本没有金钱。商业没有金钱，定不能沾大利益，故日本要我们赔金磅给他。日本得了金磅后，中国损失更大了。他不只改了金币来侵略我们，农业、工业、商业、航业亦由此发达。由中国农、工、商的血汗钱，拿来赔偿日本，助他的农、工、商来发达。

还有是和外国人借债。在"拳匪"时，债务本将近清还。到袁世凯等又来再借。以还无了期，故中国是自己置自己于死地，益了外国帝国主义侵略的人罢了。所以非中国人没智识，非农、工、商没智识，是替国家办事的人卖国！农、工、商之事业为外人夺了，人们还不去奋斗推翻他的条约吗！若不推翻他，中国是永不能兴起的了。或者我们国内有些少人可以得着商业或农业、或工业的利益的，但是不能长久的。钱是会用去的，各样权力是在外人手中，你的钱便只有去无还。若不是由你手用清，或在你儿子的手上便要散清；不在儿子手上去，便在孙子手上去；总之，是不能长久的。因此，若非由根本来解决，或许有少数个人可以幸免；但就全社会来言，照全社会来看，则农、工、商都是失败。故我国之贫弱，实业之不发达，实是由帝国主义侵略的原故。所以中国国民党主张三民主义。三民主义是为国家谋，为人民谋，要促进我们成为民族、民权、民生的国家。大众要起来奋斗！我们若要实现三民主义，要先打倒帝国主义才可达到目的！

刊于《廖仲恺集》，据《廖仲恺集》刊印

在省港罢工工人代表第七次
大会上的提案①

（一九二五年八月一日）

　　这次罢工,其目的在图中国国家民族之自由独立。为达到这个目的,非先使广东政治上、经济上能脱离香港之压迫而独立不可。故香港系我们对帝国主义,尤其是对英国帝国主义攻击之第一线。要这回战争胜利,我们就要有统一之作战计划,统一的号令。故关于货物之输入输出、船舶之往来,应有统一之特许机关,以收攻击香港维持广东之效。政府方面,已委任商务厅长、公安局长与罢工委员会所指定之委员一二人,共同办理发给特许证。此种特许证,经外交部长签名之后,即完全有效。罢工工友必须信用委员会所指定之委员及商务厅长。凡经给证,经商务厅长、公安局长、罢工委员会委员及外交部长签字之后,纠察队即当放行。各工友勿生异议。

刊于1925年8月2日《工人之路特号》第
三十九期,据《工人之路特号》刊印

在省港罢工工人代表第七次
大会上的报告

（一九二五年八月一日）

　　今天大会听见有一位香港出狱的同志报告。象这样强毅不屈

---

　　①　这是1925年8月1日,廖仲恺在省港罢工工人代表第七次大会上提出的提案。

的精神,实足为工人胜利的证据,所以我先对于出狱的同志, 表示无限的敬意。

此次的罢工,是非常重大的罢工,实可说是打仗。如学生军①之打平东江,而又打平反革命的杨、刘②一样, 而且更有重大的意义。学生军打倒陈、林③与杨、刘,而诸君所打的是帝国主义!滇军素称善战,在这几年间打得北军片甲不留,打得沈鸿英流离无所,不上三点钟把近郊的陈炯明打退至石龙、平山,何以这次作反, 不上数日,就被革命军消灭了呢?因为滇军从前有人指挥, 又有作战的方略;作叛时候,因为没有作战的方略与统一的命令,是以大败。我们知道,作战要有统一的作战计划与统一的命令,如抬轿的人,撑艇的人,亦要有同一的举动,才能走动。罢工犹如打仗,更要有统一的计划与号令,才可以得到胜利。

第二点,要知道我们的目的。这次罢工的目的,是为国家谋自由与独立,争国家的地位,和争民族的人格;不是经济的斗争,要求增加工资的斗争。但是我们可以说,此次罢工, 虽然不是为经济的目的,而经济关系,亦寓在政治斗争之内。如果罢工胜利以后,诸位的生活情形,当然能够更好。我从前讲过,广东工人在本地做工,工资甚低;在香港、新加坡、新金山各处,则工资比较增高。为什么同样的工夫④,而在异地,则工资有不同的情形呢!这就是因为 社 会需要的关系,外国需要工人多,所以价值大,内地需要工人少,所以价值低,因是中国的工,被帝国主义所掠夺。现在罢工,就是把中国的工通通收回来,为自己的国家谋生产,那是我们的目的。

我们此次罢工,如打仗一样。打仗有第一、第二、第几防线, 我

---

① 即黄埔军校的学生。

② 滇军杨希闵、刘震寰两部,曾在广州近郊叛乱。

③ 粤军阀陈炯明、林虎。

④ 广东话工夫即工作之意。

们罢工,所要打破的第一个阵线,就是香港。香港不只是关系广东、广西二省, 而是关系于中国全国的命脉。我们攻击他们第一的阵线:(一)不要为香港打工。(二)断绝他们的粮食。(三)凡香港 的 轮船皆不准进口。香港的形势如中国之喉咙,现在我们要把喉咙塞了去。另外开进一个喉咙,这个新喉咙,就是广州。所以我们从前为香港做工,现在要回广州做工。香港为一孤岛, 每年收入达一千九百多万,广东大了香港数千倍,每年收入只达三千万。香港这么多的钱,通通是利用我们工人的血汗所生产的,平均每年每人至少送给了帝国主义者三百元以上,如果我们不同他做工,香港倏忽就变成荒岛了。现在国民党拟定很精密的计划,以收容返国的工人, 从前工友为帝国主义生产,现在要为自己的国家生产,以 谋 广东 的 发展, 这是何等完善的事!这个方针,现在由政治委员会议决后, 交给商务厅、建设厅长施行了!

但是要收回经济的效果,一定要有统一指挥的将官与决 定 战略的参谋。罢工委员会是一个司令官,商务厅是一个参谋团,各个代表犹如营、连长。士兵能听营、连长的命,营、连长能听司令官的指挥,司令官与参谋团有密切的筹商,那么这件事便很容易活动,很容易得到胜利!

我现在归结起上面所说的,简单的作为一种提议,请大会各代表表决之。

昨日贵会向国民政府提出几条议案,有一条是请发行债券。政府方面,非常之同情。希望各位工友把此议案竭力鼓吹进行。

刊于1925年8月3日《工人之路特号》第四十期,据《工人之路特号》刊印

在省港罢工工人代表第十二次
大会上的报告
——关于工农兵大结合问题

（一九二五年八月十四日）

各工友同志：

我们现在的事，其关系的主要，已经讲了好几次。今天何师长又说，历次扑灭反革命势力的胜利，都由于工农兵的结合，我们此次反抗帝国主义，要更加联合工农兵为一气，而共同奋斗！我们知道：只靠兵士去打仗，很难得到胜利，惟有工农兵的大联合，始可达到成功。过去的事实，实是给我们一个大教训。

前次代表大会决议惩戒梁子光同志一事，只因梁子光同志前日一时出言不慎，我们现在为顾国家大事起见，应仍旧的和好结合，以一致对外。现在兄弟向各代表为梁子光同志讨一个人情。梁同志以前的错误，望各代表原谅之。现在请梁子光同志表示意见，向大会道歉。

刊于1925年8月14日《工人之路特号》第五十一期，据《工人之路特号》刊印

最后一篇的教训①

（一九二五年八月十四日）

今天省港罢工委员会，在此招待各界，大家欢聚一堂。兄弟代

---
① 本文为1925年8月14日在省港罢工委员会招待各界时的演讲。标题是《工人之路特号》编者加的。

表广东政府说几句话：

此次罢工，是以广东为根据地，这种罢工运动与广东政治上、经济上，有非常重大的意义。我们知道，此次的罢工，不是经济的，而是政治的。其目的就在取消一切不平等条约，为国家政治上、经济上谋独立的运动。这是为中华民族上最大的事，所以很望工人和商人相需相助，不可分开界限，才能得到完满的效果。这次罢工既然是为国家谋解放而罢工，如果罢工失败，即是一个民族一个国家的失败；如果能够成功，不只是工人和商人某一部分的胜利，而是全民族的胜利。

我们知道现在中国的大毛病，是在于教育、工商业之不发达。其不发达的原因，由于社会秩序不良和盗贼横行。但是盗贼横行与秩序不良，又是什么的原因呢？我们可以说，是政治受束缚的缘故。中华民族在国际间的地位，当中古时代，产业革命以前，不过只受政治的束缚。这种现状，不只中国，即在各国，或因战败而被迫订此种不平等条约者，亦所在多有。但自中世纪以还，机械工业发达，中国就加多一层经济的束缚。因为时代的关系，由不平等条约至到经济的侵略，现由经济侵略反响到政治的束缚，这就是一个循环论，如蛋之与鸡，是孰先有的问题一样。迨至十九世纪以来，银行事业，日益发达，中国受列强的侵略，更加厉害。这就所谓新帝国主义。新帝国主义与旧帝国主义不同。新帝国主义，就是银行团，银行团能操纵全世界的金融，其权力就是帝国主义的最高点。新帝国主义完全靠着不平等条约为护符，所以得恣肆的发展。中国自受政治的束缚以后，又复受经济的束缚，国家经济与国民经济，都困苦到了不得，所以士农工商各业，都不能发展。在此种情形之下，我们非力谋解脱束缚不可。但是怎样去解脱呢？我们一定要有很长期的奋斗。

我们现在要谋取消不平等条约与打倒帝国主义，只有和平打仗的一个方法——罢工。罢工的力量，比什么枪炮战舰的力量都大。我们现在正用这和平打仗的方法，以与帝国主义者奋斗。我们此回能够打到胜仗，就能够解除一切束缚。士农工商才能上自由轨道的发展。这就是我们此次罢工唯一的意义。我们在此次平和的战争，最紧要的就是大家要挨着辛苦，放下绝大牺牲的决心。如做生意一样，假使商家斤斤自守，不敢牺牲，即尽量发达，亦属有限。有眼光有气概的大商家，往往不惜眼前牺牲血本，而得事后绝大的赢利。商业之理如此，即国家之大事亦如此。我们此次运动，工商各界能够同心合力去奋斗，以达到取消不平等的条约，然后士农工商才有充量发展的余地。广东从前是靠天然之利，及三条铁路筑成以后，工商发达，就此止步。此后非开一新局面，则无发展之希望了。我们就要尽此次罢工的力量，开辟一个新局面，以收获将来经济上、政治上最大的效果。广东在经济上，有种种发达的可能，只要靠工商合力去做。我很希望在座诸君，一齐努力向前奋斗。

刊于1925年8月22日《工人之路特号》第五十九期，据《工人之路特号》刊印

消费合作社概论

（一）导　论

欧美各国，自机械发明以后，人类之劳日省，生产之力日进，财富之积日厚。孔子曰，"生财有大道。生之者众，食之者寡；为之者疾，用之者舒；则财恒足。"自经济纯理言之，其说诚是。顾征诸现状，事适相反。生之者众，而病在人无所得食；为之者疾，而病在人无所得用；财恒足，而病在物恒贵、民恒困。于是有诅机械而目为

食人之鬼者,是岂机械之作祟然耶,毋亦人为之不臧故尔。原夫生产之事,结果由于人工,而目的在乎消费。故工人与一般之消费者,实为经济界之栋梁,缺一则不立。而货财之分配,必于斯两者,求得其宜,夫然后社会组织乃能无憾。但在产业私有制度之下,资本主义绝流而渔,操母财而营商贾者,利乎人群生活之需,因钱币以购劳动,缘供给以肆征求,剩余价值之所归,咸趋于一。而嗷嗷待哺之众,乃与牛马牺牲同其命运。于是愤懑不平之气,酿成阶级之斗争,经济革命、社会改造之声,嚣然噪于天下矣。昔者机械未兴,农法尚稚,交通梗阻,调剂困难,故人群之患侧重过庶,必使之者寡,而后物质乃以不穷。今则生产力宏,运非畴昔之比,而人口之增又不如杞忧者所言之甚,以现代物力之所及,满足人类之欲望,则问题不在食者之寡,而在用者之舒。近世合作运动之兴,胥于此而图其解决。而消费合作社之制,即在其至稳和而至易措者也。

　　社会现象之所及,与近代人类之理想相悬,靡不造因于经济组织之不善。欲改良而掀进之,固有赖乎较善之组织。顾徒善非贵,易行为贵。盖不善之组织,所以垂数千年,或数百年而未废者,良以行之效,有以彰小善而蔽不善。社会行之既久,习然相忘,虽有不善,人亦以为泰。反乎此者,虽善亦无由显。而避难就易之天性,万物同然,人类尤甚。况夫社会改良之务,以现在之社会为目的,行诸现存人类之间,旧染之污,非一时之激扬为涤,由渐由易,乃克图功。故近世社会主义之说,虽着眼不同,办法各异,然万派争鸣,莫不竭力以求其实现。顾言者谆谆,听者藐藐,舍乘革命之良机,挟权力以俱济,终难以平和收效,立人民自发动之良模。惟消费合作社以简单易行之故,自小而大,举措裕如。远则为理想的国家奠基础于将来,近则为社会除绞取之弊端,为人民免生活之困苦。而经济的自治,或于不知不觉之中,友爱同胞之观念,因以增进,人类社会之本能,因以发达。千九百十年,万国社会党集议于海牙,其所以赞成消费合作社,谓为劳动者实行斗争有效之武器,举凡社会党员,宜于加入者,职此故也。论者或据拉萨尔佣值定则说,非难此制,意谓消费合作社行,则工人生活之费减,而佣值必因以日趋于下。主斯说者,盖在蔑视工团之力量,尤不知消费合作社于工团有补助之功能。此点后当别为论列,兹不涉及。论者或又谓消费合作社徒资中等阶级,则亦不然。试观德国之产业合同法(一八九六年),以保护阶级及小卖商人之故,特设规定:禁止消费合作社以其所贩卖之物品,供给社员以外之人民;禁止服务于政府机关之加入;限制合作社之特约店制度,且课以特别赋税。其所以禁止之者备至,则其非是,从可知矣。

近世产业进步之国家,当社会之经济制度未经彻底改革之先,为防资本集中于个人而牺牲社会故,对于交通、食水、煤气、电力、制盐、卷烟、炼钢、织造、保险等事业,其尤进者则并土地、矿山,与夫凡有专占性质或有关于公共卫生者之属,行公有公营政策。诚使范围推广,则一种集产的社会主义于以达到。故论者谓消费合作社所经营之事业范围,恒以小卖店为限。其生产分配之大者,与其委诸自由团之合作社,毋宁委诸国家都市之机关,而最近之经济趋向,亦在此而不在彼。此其为说,未尝无见。顾公有公营政策之行,苟非人民在政治制度上对于国家都市机关之营业,能为有效之监督,且能有所适当之处置者,斯其流弊所至,轻则浪费,甚则腐败,名则以利社会,实则有以饱私囊。其在政治罪恶昭彰之国,厥弊尤不易免。而消费合作社则反是。合作社社员,虽仍以营业之任务,委托所选举之少数人,然其对于业务之进行,比诸国家都市所经营者,监督之机会较多,且较直接而有力。盖恒例消费合作社经营事业之责,在选任之经营委员会;而社员全体大会,年开两次或四次,以听既往营业上一切情况之报告,借知将来范围之弛张,进行之缓急,职员有不满人意者,由大会改选之,流弊未易滋蔓。至于国家都市之公营事业,人民处代议制度之下,所以行其监督者,惟赖代表者列席于年仅一度之议会,加以会期甚短,而议案极繁,虽以贤能负责之议员,其意志亦难专注,而人民既不能直接任免公营事业之主务者,则其间接监督之精神,亦因而涣散不属,凡弊生所忽,此其例也。且合作社置重人民之自发运动,其所向以为进展之途径不同,语其极则将趋于共产的社会主义,故手段目的,皆与公有政策异致。但合作社所造之因,既本于人民之经济的自助,则其所结之果,以较凭借政治之机关,养成依赖之习惯者,佳胜多矣。若夫消费合作社之营业范围,在理论上、事势上皆非有必然的划一限制,其广狭大小,惟以社员之众寡、消费者购买额之多少为衡。苟能扩充及于全社会之消费者,则凡为人类所需用之物,合作社皆将有以供给之。回顾英国七十余年前,发轫于罗迟达尔市之团体,仅成于二十八人,其所经营之小卖店,每星期仅开业两次,其所供给之物品,不过面包、牛油、麦粉、茶叶之类。今则全国消费合作社之数达二千四百以上,社员之数,过三百五十万人,各合作社共同组织之合作批售社所直接经营之生产机关,其重要者有:磨粉工场、肥皂工场、烟草工场、棉麻丝毛织物工场、制革造靴工场等类,一千九百十三年之生产总额,达一年数百磅。此外复在加那大、锡兰等处购地种植,兼有远航船舶,以资运送。以过去而例将来,其进步所趋,觉能划定,故谓消费合作社营业之范围有限者,非的论也。

　　中国社会现状,无一非贫乏之征,欲救贫乏,自非改良生产方法不可。今之所谓利用机器,扩张工场,振兴实业,皆图所以解决此生产问题,以致富裕。顾国人所望者,为生产故而生产乎?抑为消费故而生产乎?将借机器以制造大多数之贫乏乎?抑借机器以增进大多数之幸福乎?将蹈欧美产业革命之覆辙乎?抑从现世经济革命之暗示乎?将益资本主义之流毒乎?抑采社会主义之条理乎？凡此数端，皆急待国民之审慎选择。若欲一面改良生活，而同时解决分配问题，以平和渐进之方，达理想组织之域，计只有两途：一为履行公营政策；一为广布合作社组织。欧美各国，两者并兴。因经济发达而育成资本的贵族，故兼有工团之制，以相对抗，皆图有以补偏救弊。俄国革命以后，私有废除，生产分配之事，掌诸国家机关与人民合作社。空前之举，震慑全球，前途曙光，必能出人群于黑暗。顾中国政治革命顿挫频仍，腐败势力，以利相结，扫除涤荡，尚不知竟于何时。公营政策之成功，自难企于现行制度之下，则所余以为解决生产分配问题之平和手段者，惟人民之合作运动耳。倘消费者能互相团结，以谋自助，则资本主义之跋扈，不致自灭，而产业的民主之基础，于以构成矣。

（二）消费合作社之略史及其发达概要

一千八百四十四年，英国兰加舍之罗迟达尔市有纺织工二十八人，组织一公平倡导社，每人出资一磅，设小卖店于虾蟆巷，贩卖最主要之生活必需品。以其营业所得之利，按消费者之购买额分配，斯即近世消费合作社之起源，所谓罗迟达尔制者是也。此制之诞生，由来甚远，约而言之，可分为三期：第一期始于十八世纪末，终于十九世纪初二十年顷。当是时，拿破仑战祸掀动全球，民生困苦达于极度，有心济世者，于是与慈善家协力，设立一种合作团体，以廉价售食品于工人。顾其组织办法，未尝有定，惟使一般消费者知商人中饱之非，为后来合作运动之导线而已。

第二期始于一千八百二十一年，终于四十四年。合作社组织之理论与实践上之试验，皆于此期发达。而其所以致此者，则当归功于罗拔阿温鼓吹实行之力。罗拔阿温生于工人阶级中，年十龄即离家庭而自食其力，由小商店之仆役，进而为支配人，最后为工场主。当时英国佣值之贱，物价之贵，劳动时间之长，民不聊生之状，皆彼所身受目击。环境如此,乃悟竞争赢利,金钱授受之劳动,私产制度之雇主,贩贱卖贵之商业,皆遗害于生产界之主因。非除去之,而代以较完善之组织,则此之所谓文化真理,人道正义,皆无稽之谰言,劳作不息者,终堕人为的地狱而不得拯。故主张以合作代竞争,废赢利以除私有之雇主,免金钱之工价。夫如是劳动之结果,劳动者收获之,他人不得而蚕食焉。欲图实现此种理想,则须组织一自助社会,协同经营生产之事,即所谓生产合作之制是也。阿温怀此理想,除游说当时之大人先生中下阶层外,乃于一千八百二十一年发行一经济杂志,为宣传机关,同时在伦敦成立之一合作经济社,为实行地。此社之目的,在于伦敦城市中心营共产的生活。而其组织之大概,乃以二百五十家同聚一处,各尽所能,制造所须之物品。顾二百五十家不果得,仅能开张一店而止。一八二五年,阿温往美,在纽哈门尼之华伯氏河沿岸设一合作社会,是为阿温主义合作社之创。其时阿温之信徒有詹士咸美尔顿者,发一种奇想,欲集俏俊之裁缝工人,与美丽贞洁而身长不过五尺之女子五百人结一新村,然皆无成。其后咸美尔顿与亚巴林、元比等纠合同志,集资二万磅,在古拉斯古近之阿比斯顿购地三百英亩,容三百余人,自为社会,并耕而食。元比以不惯耕作故,得病而逝。至一八二七年,资金荡尽,而团体遂亦云散。一八三一年,有地主万得雷为阿温主义所化,以其所有一千二百英亩之地为基础,立一农工合作社会,会员五十二人,皆其佃户也。经始之时,成绩略举,盖农人励精于所事,除每年输租九百磅于万得雷外,无所担负,会员处此,其乐陶陶。不幸一八三三年末,万得雷以赌博破产,惟时合作团体,尚未得许为法人,而佃户耕作权利,亦未认定,于是两年美满之经验,与地产同归于尽。考此期合作社之内容,多与土地问题有关,阿温式合作共产新村之制,亦举其解决方法之一。一八三〇年以降,有所谓合作常年会议,以宣传合作社会主义。一八三二年,第三次例会开于伦

敦,公决信条如左:

凡为合作社会,无论其所经营者为贩卖、为制造抑为农业,其最大最终之目的,在土地共产。

由是观之,此期合作运动之特性可知矣。当时合作团体之分子,纯为劳动阶级,其所设立之小卖店,成于社员每星期所纳之小款,以此作为资本,购入生活必需品,售诸社员,同享其利。利积既厚,则由社员用以从事制造,或购共产之土地,而社员劳动之结果,纯为公有。顾个人主义之毒,潜伏既深,引诱之来,一触即发,故利积厚者,反为破坏团体之媒。盖共同之积聚不厚,则共产生活之实际不举。反乎利积既厚,则群主分而不主合,一唱百和,而解散随之。凡此之例,十居其八九。是非人类天性所必然,诚以外界经济社会之组织,纯以个人主义、资本主义为纪纲,众寡之势殊,则感化之力薄,成效之数,昭昭然矣。阿温式之合作殖民地制度之试验,最重要、最长久而最后者,为皇后林之试验。先是阿温组织诸民族阶级协会,以图改革人类之性质状况。一八三六年,阿温被举为理想社会之父。一八三九年,协会与民族共产社合并,更名为唯理教派之共产社,于舍尔之泰达利地方,税皇后林中之地五百余英亩,以居合作社会主义者为实行共产之试验。徙居者五十七人,皆纯洁奋斗之劳动者,公举阿温为殖民地长。经营资金为九千磅,皆由劳动者所纳之小款凑成。然而资金不足,经营不善,所费于建筑与夫机械者过巨,所余以为维持活用者过少,加以耕作上之智识经验乏,故然失败。至一八四三年,即罗迟达尔制发生之前一年,损失达一万四千磅,全社财产,遂为四周之资本主义者所吸收矣。总计在一八二五年至一八四四年凡十九年间,合作团体之数,几达三百,然皆旋起旋灭,不能逐渐成长,而阿温主义之合作运动,于此告终。

第三期始于罗迟达尔式合作团体发生之一八四四年,以至今兹。后起之消费合作社,以此为模范焉。此制之创始者为威廉勖伯、詹士斯蜜提、查尔士火华三人,皆阿温派社会主义之徒也。此三人者,鉴于前此之合作经营屡试无效,乃约同志之纺识工共二十八人,立一公平倡导社,此目的可于其最初发起之社章见之。其原文如左:

本社目的在以数种经营,增进社员之金钱上利益,暨改良社员之社会上及家庭上状况。而其方法,则每人出金一磅,集足资本,举行下列诸事:

(一)设买物店,以供粮食衣服等物。

(二)建筑或购买若干房屋,以居社员之自愿彼此互助而改良其社会家庭之状况者。

(三)制造本社认为必需之物品,使社员之无工作或因短给工价而受窘迫者,得佣工之所。

(四)租借或购买土地,使社员之无工作或因减给工价而受窘迫者,得耕植之便,以增加及保障社员之利益。

(五)至有可实行之机会,本社即当进而为生产、分配、教育、政治之事,易词言之,即设共同利益之自助家庭殖民地,或助成其他有同一目的之社会殖民事业。

观此社社章所列诸项,即知罗迟达尔制合作社社员之目的,仍在立阿温派社会主义之共产社会之基础。阿温式之合作社,其方针在由生产者做起,而罗迟达尔式之合作社,在由消费者做起。造端虽不同,及其成功则一而已。欲速不达,历史事实足为明证。后者之制,发起虽由社员,然其利益并及于一般之消费者,购买愈多,事实之范围愈广,而理想之境域愈近,所谓产业之社会化者此也。

——未完——

据《廖仲恺集》刊印

双 清 词 草

幽禁中感赋①

吾生遭不造,芒鞋肆所之; 　廿载茹酸辛,努力思匡时。

魔障满人寰,霈泽安从施! 　内忧起萧墙,世变招危疑,

险阻已备历,缧绁曾何奇! 　落日恋西山,倦鸟哀南枝,

对此物外景,怅触心中悲。 　愁来睡不得,推枕还长欷,

俯首忆弟兄,瞠眼见妻儿; 　欲语无友朋,欲哭先踌躇!

嗟予洁白躯,出污而不淄! 　浊世莫予谅,予曷求世知!

圣哲亦云逝,劳生胡足希? 　愿言谢时彦,去矣毋相违!

壬戌六月禁锢中闻变有感

珠江日夕起风雷, 　已倒狂澜孰挽回?

徵羽不调弦亦怨, 　死生能一我何哀!

鼠肝虫臂唯天命, 　马勃牛溲称异才;

物论未应衡大小, 　栋梁终为蠹蝼摧!

妖雾弥漫涸太清, 　将军一去树飘零。②

隐忧已肇初开府,③ 　内热如焚夕饮冰。

犀首从谗师不武, 　要离埋骨草空青。④

---

① 1922年6月,军阀陈炯明在广州炮击总统府,公开背叛孙中山。事变前两天,陈炯明拘禁廖仲恺于石井兵工厂,至八月十九日释放。廖仲恺在被禁期间写了若干首诗词。

② 邓仲元。

③ 总统府成立时,陈炯明即声言:"我不愿任何人骑在我的头上。"见何香凝著:《回忆孙中山与廖仲恺》。

④ 指朱执信。

老成凋谢余灰烬,①　　　　愁说天南有殒星。

咏到潜龙字字凄,　　　　那堪重赋井中泥;
当年祈福将刍狗,　　　　今日伤心树蒹葭。
空有楚囚尊上座,　　　　更无清梦度深闺;
华庭鹤唳成追忆,　　　　隔岸云山望欲迷。

朝朝面壁学维摩,　　　　参到禅机返泰初;
腐臭神奇随幻觉,　　　　是非恩怨逐情多。
心尘已净何须麈,　　　　世鉴无明枉事磨!
莫向空中觅常相,　　　　浮云苍狗一时过。

留诀内子

后事凭君独任劳,　　　　莫教辜负女中豪;
我身虽去灵明在,　　　　胜似屠门握杀刀。

生无足羡死奚悲,　　　　宇宙循环活杀机;
四十五年尘劫苦,　　　　好从解脱悟前非。

诀醒女承儿②

女勿悲,儿勿啼,　　　　阿爹去矣不言归。
欲要阿爹喜,　　　　　　阿女阿儿惜身体。
欲要阿爹乐,　　　　　　阿女阿儿勤苦学。
阿爹苦乐与前同,　　　　只欠从前一躯壳。
躯壳本是臭皮囊,　　　　百岁会当委沟壑。
人生最重是精神,　　　　精神日新德日新。
尚有一言须记取,　　　　留汝哀思事母亲。

---

①　指在陈炯明炮击总统府事变期间逝世的广东省长伍廷芳。

②　《双清词草》未刊此诗,据《辛亥革命回忆录》第一集载何香凝《我的回忆》一文补入。

刘君一苇不见垂十年，闻予被禁锢，托人将折扇来乞题诗，为口占三绝应之

（一）

半壁东南共挽推，　　十年前事首重回，
莫嗟岁月蹉跎老，　　曾阅人间几劫灰。

（二）

元龙豪气可曾销？　　时雨春风久寂寥。
芳草自饶人自隐^{君寓芳草街}，未应犹复弄吴箫！

（三）

年未称翁头半白，　　额上眉端聚国忧。
我作楚囚君遁世，　　天心人事两悠悠。

有　感

难行果否在难知，　　凿渟为椠孰是非；
扣马夷齐思止暴，　　亡羊臧谷共伤时。
窃钩盗国将谁咎？　　扃镭缄縢只自欺！
我欲乘风归不得，　　江南空赋庾公辞。

如此江山　题白云远眺图

尺方矾纸丹青染，居然岭东形势。万壑龙绵，千寻练锁，谁遣江山如此？苍茫眼底，有多少荣枯，沧桑人事？野绿畦黄，依稀犹是

太平世。　　　滔滔浊流注海，浪花淘不尽，今古王气。日暝云寒，风翻叶乱，那更萧萧秋意！孙郎①去矣！只目断鱼珠，几重烟水，天堑长存，恨阴霾未霁。

金缕曲　题八大山人松壑图

未合丹青老，剧怜他，铜驼饮泣，画才徒抱。丘壑移来抒胸臆，错节盘根写照。想握笔，愁肠萦绕。国破家亡余墨泪，洒淋漓，欲夺天公巧。缣尺幅，碧纱罩。　　　繁华歇尽何须吊！且由他，嫣红姹紫，一春收了。地老天荒浑不管，空谷苍松独啸，经几度，风狂霜峭。如此江山归寂寞，漫题名，似哭还同笑。诗四句，古今悼。山人自题，有"盐醢食何堪，何堪人不食；是义往复之，粗飡迈同列"句。

迈陂塘　题北郭秧针图

傍城根，倩痕纤影，亭亭初擢清渌。锋芒如许禁磨折，风雨晦明相属。青簇簇，便燕蹴莺翻，也衬松篁绿。春浓野沃，想宝汉茶寮，北园酒肆，有客泛醍醐。　　　田间路，到处疏篱断续，依山邻结茅屋。斜阳芳草无聊赖，静悄觑人耕读。堪避俗，袛燕子，殷勤归伴檐前宿。生涯自足，趁著灶烟销，瓮窗日暖，一枕昼眠熟。

渔家傲　题画

狎得风波浑自苦，朝朝打桨乘潮去。媚水蓁葭还故故，烟和雨，苍茫那是相思处！　　　散乱飞鸦凄告语，宵来霜露凋秋树。者里乾坤谁作主？君莫诉，芦中有士侪鸥鹭。

卖花声　题画

烟雨罨淙濛，万绿丛中，亭亭遥认木棉红。怕是离人迷望眼，特

---

① 孙郎，指孙中山。

292

地撑空。　　鸳瓦冷欺侬，叠嶂云封，车尘鞭影盼无踪。春梦家家谁唤醒？萧寺疏钟。

一翦梅　题五层楼图

叠阁层栏倚晚风，山上烟笼，江山霞红。兴亡阅遍古今同，文只雕虫，技祇屠龙！　　莫问当年旧主公，昔日名隆，今日楼空。跳梁小鼠穴其中，昼静潜踪，夜静穿墉。

右诗词若干首，为予幽禁中穷极无聊之作，借以排遣胸中傀儡，工拙不计也。　　仲恺。(两字原为篆文印——编者)

蝶恋花　余自广州脱险后，陈璧君暨苾依九妹、香凝内子送余趋海上。居旬日，复南归。徐君又铮招饮于其家，为唱昆曲，中有阳关一节，时刚七夕，枨触予怀。率成此解。

冷雨敲窗风扫叶，未算凄凉，莫便凄凉说。待到风消和雨歇，菰蒲犹复争秋热。　　天上双星今夜合，不道人间，我又伤离别。听唱阳关频击节，暗中却自挤愁绝。

罗敷媚　有赠

燕钗蝉鬓重围绕，便值销魂，不敢销魂，留取心情付与君。残红褪尽春犹炽，一度生嗔，一度相亲，一样欢怀未许分。

相见欢　秋柳

无言瘦损眉痕，怨黄昏。博得寒蝉偎抱死生亲。　　莫系马，白门下，送行人，已自不禁憔悴况销魂。

菩萨蛮　庚戌除夕吉林作

春归腊照惊孤凤，年来年去愁迎送。遑(边)冷雪如尘，随风狂扑人。　　拥衾寻梦睡，梦也无寻处，便许到家乡，楼头少靓妆。

虞美人　壬戌九月赴日本舟中①

兰舷百尺凭都遍，目送吴江远。白鸥追逐口呢喃，欲问海波何处漾深蓝？　　山形树势随舵改，日上孤云碍。画舡付与载鸳鸯，不载秋风秋雨惹神伤。

忆江南　壬戌双十节，承荔侄女以小册索书，填此令予之

江南忆，十一载今朝。画角吹残珠海月，战云荡漾汉江潮，人尽识天骄。

千秋岁　许君志澄，服官广州时，由余作伐与承
荔侄女订婚，壬戌九月，余因事赴日本，
约与俱东，以十月二十四日在中国使署
行合卺礼，赋此催妆，并祝偕老。

节楼天际，挹尽风光丽。丛菊暧，山枫醉，秋色湛蓬莱，良夜谐人事。劳月老，不辞红线牵千里。　　璧合成双美，阿娇归学士。瑶瑟弄，华堂启，翩翩鸾凤集，息息心情契。齐按拍，高歌为唱千秋岁。

黄金缕　壬戌重九，偕路君丹甫、许志澄侄婿暨
荔、荔、芝诸侄女，同登箱根山顶。路君陕中
将领，去年逼于冯玉祥军，率所部退驻蜀
边，沈机观变，故末句云。

万古青山头尽皓，鬓发初斑，未许侪年老。簇簇枫林秋更好，红深印入人怀抱。　　几队登高惊窈窕，不插茱萸，念是乡关渺。

---

① 1922年9月，廖仲恺代表孙中山赴日本与苏俄代表会谈反对帝国主义及中苏联系问题。

风助驱车云作导,期君叱咤长安道。

自芦湖望富士山,积雪之下,紫石斑烂,
盖火山熔岩所累成之绝色也。为赋此
词,以纪佳胜。

排去屏山开面影,十里湖光,供作临妆镜。腻粉凝脂宫样整,亭亭玉立秋空迥。　　世事推迁浑不定,昔日烘烘,今日清清冷。覆雨翻云凭记省,海枯石烂惟君剩!

念奴娇

月华光处,认年时,絮泊萍飘曾惯。鸥使忘机应了了,弱水盈盈深浅。红叶传来,微波送去,依旧蓬山远。危栏独倚,满空寒雾笼晚。

惝怳卷地西风,只扬尘土,不把穷愁剗。梦觉沧江蕉鹿幻,惟向天南凝盼。蝶粉零残,蜂黄褪尽,尚有金英粲。霜荣露瘁,等闲痴与评旦。

一斛珠 壬戌岁暮,张君星羽赴福州谒许总戎,
为陈炯明说合,值余于旅次,因出所
购张子祥花鸟画幅索题。赋此寄意。

夜来风雨,一枝依旧繁华去。红情绿意聊将与,剩水残山,犹有双栖处。　　逐浪随波朝复暮,夭桃也自含羞顾,借问情深深几许?七七成行,梦里还痴语。

南歌子 落花为某君赋

含笑东风侧,飘零一夕伤,不防春燕与商量,好藉衔泥随拾上雕梁。　　芳意辞花萼,空铃护子房,也知没分嗅余香,任逐马蹄尘过别家墙。

青玉案　泉州道中纪见

西风画角悲征戍，人意也消何处？一卧沧江惊岁暮，归帆数尽，日遏（归）还未，又上泉州路。　　河山梦觉成今古，骑鹤缠腰几人去？除却冬青无别树，颓垣断井，荒烟蔓草，凄切城乌吁！

黄金缕　抵海安感赋

五里长桥横断浦，不度还乡，只度离乡去。剩得山花怜少妇，上来椎髻围如故。　　冉冉斜阳原上暮，罂粟凄迷，道是黄金缕。彩旆红旌招展处，几人涕泪悲禾黍。

贺新郎　题大兄忏盦主人粤讴解心稿本

讽世依盲瞽，一声声，街谈巷话，浑然成趣。香草美人知何托，歌哭凭君听取。闻复瓿，文章几许？瓦缶繁弦齐竞响，绕梁间，三日犹难去。聆粤调，胜金缕。　　曲终奚必周郎顾，且仿来，蛮音觼舌，痴儿騃女。廿四桥箫吹明月，那抵低吟清赋，怕莫解，天涯凄苦。手抱琵琶遮半面，触伤心，岂独商人妇？珠海夜，漫如故！

声声慢　题池上秀甫作月雁秋林图

潇湘不到，枫荻萧飔，天涯谁共清悄？旧约重寻，几点低徊云表。西风别情易冷，恁团圞，夜阑犹照。平远处，认林疏濑浅，烟苍波淼。　　镇日横空绝叫，且莫讯，前踪雪泥多少。去为春残，来更月寒秋老。相思寄将何所？早分付，水乡芦蓼。关塞恨，一行行书也难了！

临江仙　题柳亚子江楼秋思图

万里长江排闼入，画帘高卷秋阴，西风芦脸耐人寻。天涯呖遍，依旧故园心。　　笛声频唱江南好，却怜景物萧森，烽烟寂处漫登临。吴山楚水,霸气易消沈。

　　民国甲子年① 春初,以党事赴沪,柳亚子出其所存江楼秋思图属题,为填临江仙阕与之,附五七诗。

　　　　　　1922年冬写本,1928年开明书店影印,据影印本
　　　　　刊印, 据《廖仲恺先生自书词稿》(民智书局版
　　　　　本)校过

———————————

　　① 　1924年。